Humanizar las organizaciones

JUAN MARTÍNEZ

HUMANIZAR
LAS ORGANIZACIONES

GUÍA PARA COMPRENDER
Y ACTIVAR LA CULTURA ORGANIZACIONAL

PRÓLOGO DE
SERGIO CANCELO

bubok
EDITORIAL

Manuscrito registrado en con asiento registral 16/2025/945, de fecha 21 de febrero de 2025 por el Registro Territorial de la Propiedad Intelectual de la Comunidad de Madrid con el título «EL AMOR, EL MIEDO Y LA CULTURA ORGANIZACIONAL. Hacia la humanización las organizaciones».

© Juan Martínez
© Humanizar las organizaciones

Octubre de 2025

ISBN Libro en papel con solapas: 978-84-685-9185-8
ISBN eBook en ePub: 978-84-685-9184-1

Depósito Legal: M-21999-2025
SafeCreative: 2510063238763

Editado por Bubok Publishing S.L.
equipo@bubok.com
Tel: 912904490
Paseo de las Delicias, 23
28045 Madrid

A Araceli, por su apoyo incondicional.
A mis hijos, para que vivan y hagan organizaciones más humanas.

CONTENIDO

INTRODUCCIÓN

Da el primer paso con fe.
No tienes por qué ver toda la escalera.
Basta con que subas el primer peldaño.

MARTIN LUTHER KING JR. (1929-1968)

Hemos llegado a la resignación ante el hecho de que el entorno laboral no puede cambiar, que el ser humano es como es y que es imposible vivir otras experiencias más allá de pequeñas mejoras. Cuando llegas a tal conclusión dejas de esforzarte, entras en un estado colaborativo al tiempo que reactivo y ya los comportamientos humanos no te sorprenden, deja de sorprender hasta qué punto podemos llegar a tratarnos entre nosotros. Sin embargo, no es así, la humanización de la organizaciones es viable, múltiples organizaciones avanzan hacia ello y, como recojo en el libro, no es una meta, es un paradigma cultural que se trabaja de manera continua.

A lo largo del libro describo experiencias, perfiles y arquetipos tras los cuales es muy probable que pongas rostros, nombres o situaciones que has vivido u observado. Es posible que al leerlo nos sobrevenga un sentirnos abrumados y alimentemos la resignación de que es así. Tras cada experiencia, tras cada perfil, tras cada capítulo ofrezco ejemplos de cómo se puede evolucionar en la humanización de las organizaciones. Es un trabajo que requiere disciplina, no muy diferente del individuo que quiere vivir en mayor plenitud y coherencia consigo mismo; sabemos que en cuanto te dejas, tras los descuidos se vienen los pilotos automáticos, los automatismos, la rumiación, y volvemos a nuestra versión menos virtuosa. Como los órganos o las células de nuestro cuerpo, que notan cuando nos cuidamos y nos trabajamos, así las personas que conforman una organización también lo viven y reaccionan ante ello.

La investigación que recoge este libro está lejos de buenismos. Extendiendo la metáfora anterior, incluso cuando una persona se cuida pueden surgir células cancerosas en su cuerpo. También lo revisaremos y, precisamente, lejos de buenismos, tras la biopsia y el diagnóstico sin sesgos, si no hay otro remedio, es la desvinculación a modo de quimioterapia una última pero necesaria opción.

11

Cuando bajamos a los pilares del comportamiento humano, a lo más esencial, nos es posible conectar lo complejo con una mejor comprensión del desafío que nos lleva rondando desde hace milenios: comprender mejor nuestra especie. Te invito a acompañarme a lo largo de esta investigación en un recorrido por los pilares fundamentales que conforman el liderazgo y la cultura organizacional, porque ambos contextos no solo están relacionados, sino que los forjan o desempeñan las personas que forman parte de estos sistemas llamados organizaciones.

Dedicamos una gran cantidad de tiempo a definir e implementar políticas, tecnologías, procesos y una infinidad de diferentes acciones para evolucionar el liderazgo, así como lograr una mayor coherencia entre la cultura organizacional y la experiencia del empleado (EX), es decir, lo que realmente viven las personas, para que no sean solo palabras como los típicos valores escritos en una pared de la oficina. Hay que reconocer que solemos tener objetivos; sin embargo, nos falta estrategia, porque habitualmente carecemos de una visión que conecte con la esencia a partir de lo cual todo emerge. Esto es, como el *yin yang*, fuerzas opuestas y al mismo tiempo entrelazadas: el amor y el miedo.

En los siguientes capítulos conectaremos el liderazgo con ambos contextos de la persona. Por ejemplo, los líderes, por mucho que estén investidos de un aura de poder, influencia o riqueza económica, siempre son personas, tienen miedos, así como capacidad para amar. Contra todo pronóstico, lo contrario del amor no es el odio, sino el miedo, este es el axioma principal que sostiene esta investigación. Aquí te comparto esta primera reflexión: en absoluto voy a hablar de amor romántico ni erótico, que están excluidos del contexto laboral, sino de una competencia mucho más básica y un segmento del espectro de dicha competencia que es, sencillamente, estar para otras personas, escuchar, ayudar, tener curiosidad, acciones que son tan sencillas. ¿Y qué nos separa de poder tener comportamientos más fraternales en el día a día, incluso con compañeros que vemos a diario?, ¿o de ellos hacia nosotros? Mi respuesta es clara: el miedo.

Soy consciente de que ambos son temas tabú en el contexto laboral, pero si te sigues preguntando por qué a pesar de todos los esfuerzos avanzamos tan poco en cultura y liderazgo, es posible que logremos cambiar la dirección hacia donde dirigimos la mirada, y explorar allí donde no lo hemos hecho antes. Será mi formación como físico la que despertó en mí la necesidad de profundizar en los fenómenos de la vida para comprenderlos y gestionarlos mejor. En la investigación científica aprendes que las explicaciones están debajo de la superficie, que es donde solamente vemos síntomas y no causas, por lo que corremos el riesgo de identificar aspirinas para el dolor de cabeza y no la solución.

Por último, en la segunda mitad del libro conectaremos juntos las conclusiones de la investigación para la evolución de las culturas organizacionales desde una mirada sistémica. Posiciono el amor y el miedo como principios fundacionales para el diseño de nuestras culturas, con el individuo y las relaciones como elementos principales en su diseño. Por encima de todo ello, te propongo acciones desde ese ente que llamamos organización, con sus políticas, estrategias, modelos de negocio y de gobierno, y con su propio lenguaje: el lenguaje de las organizaciones.

Son diversos los libros e investigaciones de referencia que encontrarás a lo largo de esta investigación. Sin embargo, son dos los que dan base y fundamento a los dos primeros capítulos: *El arte de amar*, de Erich Fromm, del año 1956, y *Cómo superar el miedo en todas las trincheras de la vida*, de Mayte Carrasco, del año 2024. Ambos nos permiten ampliar y profundizar en ambos contextos. El clásico del filósofo alemán disecciona y profundiza en la comprensión del amor. El libro publicado por Mayte Carrasco se apoya en su experiencia como reportera de guerra desde el año 2008, en su entrenamiento y aprendizaje para superar el miedo en conflictos terribles en Libia, Siria, Irak, Afganistán y hasta un total de diez guerras relatadas y vividas desde su interior para los medios de comunicación.

Este libro está lejos de perseguir un ideal inalcanzable; más bien busca construir culturas organizativas con personas reales. Para ello, accederás a reflexiones, ejercicios y herramientas alcanzables y, en numerosos casos, sencillas. Durante su lectura puede ocurrir que tengas un sentimiento abrumador, de hecho, leerás que sentirnos abrumados es un contexto o una experiencia por la que pasamos en la vida y que nos hace adoptar estrategias frente a retos que sentimos que nos superan, es una respuesta humana lógica. Como resultado puede ocurrir que lo veas lejano, difícil o que vaya a requerir un alto esfuerzo, que te conformes, que abandones, que digas la conocida frase «las cosas siempre han sido así». La neurociencia y la psicología no dicen lo mismo, todos podemos evolucionar en un sentido de desarrollar la capacidad de sostener relaciones más sanas, con nosotros mismos y hacia otras personas. Si las personas y nuestras relaciones evolucionan, lo hace la cultura organizacional. La perfección no es el objetivo, lo es mejorar. No tires la toalla.

El enfoque incremental de evolución continua con base en la experiencia y el aprendizaje, la aportación de valor y entregarlo de manera frecuente, es el paradigma que nos lleva más lejos, a mejores resultados, más sostenibles, porque son más contextuales y adaptados al cambio y la realidad, generan mayor vinculación porque son más participativos, empáticos y dan responsabilidad y protagonismo a las personas, que pasan a ser actores, no meros espectadores.

Al comienzo de cada capítulo encontrarás una mirada personal de una persona referente, con la autoridad que le confiere la experiencia, sobre el tema que aborda el capítulo. Mi interés es que otras miradas y las trayectorias profesionales que las enriquecen complementen este libro y los aprendizajes a los que podemos acceder.

Este libro está orientado a directivos, profesionales de RR. HH. o de organización, mandos, y en general a toda aquella persona que quiera comprender cómo evolucionar la cultura organizacional y su liderazgo o su estilo de gestionar hacia la sostenibilidad interna, la humanización de las organizaciones; para aquellos que quieren conocer mejor cómo definir e implementar estrategias y planes de acción transformadores con resultados relevantes.

PRÓLOGO

Vivimos en un mundo donde el miedo se cuela por las rendijas más insospechadas.

Miedo a no encajar. A no ser suficiente. A hablar de más. A quedarse fuera.

Lo vemos en muchas organizaciones: decisiones que no se entienden, reuniones donde nadie se mira, políticas que más que unir, alejan. Y no siempre hace falta gritar para imponer; a veces, basta con el silencio.

Y en este prólogo, de nuevo, el miedo se ha colado sin pedir permiso. Como si tuviera que dominar nuestras vidas, en lo personal y en lo profesional.

Pero entonces aparece alguien como Juan, y algo se recoloca. Como cuando, tras una tormenta, el cielo se abre y entra la luz.

Le conocí hace años en LinkedIn, como tantos encuentros de esta profesión. Estás en modo *offline* y de pronto sucede: os conocéis en persona y conectáis. Coincidimos en eventos, en charlas, en libros... Y con el tiempo, Juan dejó de ser una cara más en redes sociales para convertirse en una de esas personas con las que da gusto compartir espacio. Porque sí, hay gente que lidera desde el ejemplo, sin levantar la voz. Desde el amor. Desde las ganas sinceras de compartir lo que sabe sin esperar nada a cambio. Quizás, simplemente, con la ilusión de que eso que cuenta te ayude, te inspire o te impulse hacia tu bienestar. Desde el agradecimiento más sincero. Y así es como veo a Juan cada vez que coincidimos.

Si no le conoces, te cuento que Juan escucha, piensa, mira con atención, no juzga. Tiene una calma que contagia. Y algo aún más valioso: humanidad. De la de verdad. De la que se nota en los pequeños gestos, en cómo cuida las palabras, en cómo está presente.

Este libro es un reflejo de todo eso. Aquí no hay postureo ni frases de PowerPoint. Hay verdad, experiencia y propósito. Juan no escribe para impresionar. Escribe para acompañar. Para ayudarte a entender. Para demostrar que se puede liderar de otra forma: desde el respeto, la ternura y, sí, desde el amor. Porque el miedo —ese que se cuela por las rendijas— es algo que entre todos podemos aprender a nombrar, a afrontar y, poco a poco, a dejar fuera.

Y no, todo esto no es ingenuidad. Es humanidad.

Gracias, Juan. Por atreverte a escribir lo que muchos pensamos y sentimos. Por ser faro en un mar de métricas y mapas borrosos. Y por recordarnos que, al final del día, liderar con amor no es una moda. Es una necesidad.

SERGIO CANCELO
COFUNDADOR DE HAPPYFORCE

CAPÍTULO 1. EL AMOR

La mirada de Elena Carrascosa sobre el amor

La mirada de Elena nace de su profesión; como periodista ha tenido la oportunidad de entrevistar y conversar con directivos sobre la realidad de las organizaciones, la naturaleza humana y sus aprendizajes y consejos. Elena humaniza las marcas y las conversaciones para crear comunidades. Desde su perspectiva nos habla acerca del amor:

Amor valiente

> *«Qué es lo que está pasando*
> *Qué es lo que está pasando*
> *Está pasando una vez más*
> *Pero fue la última parte*
> *La parte más difícil*
> *Esta vez fue mi propio miedo*
> *Fue mi propio miedo el que casi me deja ciego»*
>
> AMOR VALIENTE, XOEL LÓPEZ, 2007

«Qué es lo que está pasando?». La pregunta que Xoel López dejó suspendida en el aire con su voz rota y melancólica en 2007, sigue hoy flotando en muchas organizaciones. ¿Qué está pasando cuando cruzamos el umbral de una oficina, encendemos un ordenador y dejamos fuera lo que nos hace humanos: la emoción, la vulnerabilidad, la compasión? ¿Por qué seguimos disociando persona y personaje, como si el afecto fuera una grieta en el sistema?

Quizá ha llegado el momento de mirar el amor no como una cursilería impropia del mundo de los negocios, sino como una virtud que ha cruzado los siglos bajo otros nombres: mirada apreciativa, bondad, compasión, amabilidad. Porque el amor en la organización —cuando es auténtico— es también una forma de liderazgo. De ese liderazgo que cuida, que respeta, que escucha y es el pilar de las llamadas organizaciones humanistas.

No es algo nuevo. A lo largo de la historia, el amor ha sido tema central de la filosofía desde Platón, que lo concebía como la fuerza que eleva el alma hacia lo verdadero y lo bello, hasta el filósofo y escritor lituano Emmanuel Levinas, quien propuso que la responsabilidad hacia el otro es la forma más pura del amor. Aristóteles escribió sobre la amistad como la forma más noble del afecto humano, y los estoicos nos hablaron de la compasión como virtud racional.

Hoy, en las organizaciones, el amor se revela en quienes lideran con honestidad y respeto. Así lo compartía en un Desayuno Canal CEO Juan Goñi[1]: *«Liderar es poder mirar a los demás con mirada apreciativa. Querer a las personas a las que dirigimos desde el respeto, la confianza y la honestidad, de modo que la persona que entra en la organización sea la misma fuera. Conseguir una organización que desarrolle a las personas. Es así como se logran resultados».*

En esa misma línea, la presidenta ejecutiva de Adolfo Domínguez, Adriana Domínguez, me confesaba que la amabilidad —tan menospreciada— es en realidad una ética profunda, una forma de estar en el mundo capaz de haber transformado a esta organización de tercera generación e impulsarla al futuro: *«La amabilidad, un valor a menudo subestimado en el ámbito empresarial, revela una visión profunda de las relaciones humanas…, fortalece la autenticidad en la empresa».*

En un mundo que frecuentemente prioriza la competitividad a ultranza, la inclusión de la amabilidad como un valor esencial del amor refuerza la idea de que ser auténtico no solo es un asunto de coherencia entre lo que se dice y lo que se hace, sino también de cómo se trata a los demás en ese proceso. Ese amor transforma las relaciones, mejora la experiencia del cliente, reduce tensiones y cohesiona culturas. Pero no es una simple cortesía. Como expone Mónica Fiori, Health, Safety & Wellbeing Director, que hoy está liderando un proyecto para sembrarla en el corazón de las organizaciones: *«Para mí, la empresa saludable es aquella que integra la amabilidad y la mirada compasiva dentro de su cultura».* La ciencia lo respalda, la amabilidad como gesto de amor noble mejora la salud cardiovascular, fortalece el sistema inmunológico y prolonga la vida, como recoge el neurobiólogo Jonathan Benito en sus investigaciones.

Pero hay algo más. Hay una dimensión invisible del amor que solo se manifiesta cuando el lenguaje se cuida hacia los demás, y también hacia uno mismo. Cuando establecemos un diálogo considerado, tolerante y afectuoso en las relaciones, tanto con el otro como con uno mismo; cuando actuamos con respeto, empatía y comprensión, buscando el bienestar ajeno y cultivando una actitud positiva hacia las propias acciones y pensamientos… Es entonces cuando lo afectivo se torna en efectivo (Juan Carlos Cubeiro, *dixit*). No en vano, un informe de Harvard Busi-

---

1. Think Tank Canal CEO: Moonwalkers, empresas que dejan huella, febrero de 2023

ness Review (2022) demostró que las culturas organizacionales que practican la compasión y el cuidado mejoran en un 30 % los niveles de compromiso y reducen un 40 % la rotación de personal. En palabras de McKinsey (2023), «la empatía y la confianza ya no son *soft skills*: son motores de rentabilidad». El filósofo Luis Castellanos lo ratifica en su obra reciente *Inteligencia bondadosa* y en *El lenguaje de la felicidad*: «Para que la amabilidad y el amor permeen en el equipo, debe existir una coherencia, honestidad y transparencia. Y solo será real y tendrá impacto en la cultura y resultados de la organización si la cultivamos con nosotros mismos».

Sí, lo que está pasando es que el amor empieza a ser visible en algunas empresas. Y cuando lo es, deja de ser un susurro para convertirse en cultura.

Seamos valientes y démosle paso, merece la pena.

«Ahora entiendo el sentido de las cosas
El equilibrio de la balanza
El polvo de las estrellas
Las rocas que ahora son arena
(...)
Hace tiempo que yo ya no sonreía tanto».
AMOR VALIENTE, XOEL LÓPEZ, 2007.

ELENA CARRASCOSA VELA

«El amor es principalmente dar, no recibir»

ERICH FROMM

Podríamos considerar que trabajar en ningún caso tiene como función responder a la realización existencial de los individuos; sin embargo, es innegable que allí donde pasamos más de un tercio del día constituye un entorno que incide en cómo percibimos nuestra existencia como seres humanos. A saber, cómo somos tratados, escuchados, si podemos participar o no, las opciones o la satisfacción del puesto de trabajo respecto de nuestra personalidad y, muy importante, nuestras capacidades. Las empresas que se preocupan por fomentar una mejor realización de sus empleados encuentran mejores retornos junto con una menor rotación, un mayor compromiso, una mayor fidelidad de clientes y contratos, así como innovación, compromiso y productividad.

Según la consultora Lukkap[2], expertos en experiencia de empleado y con una metodología que la relaciona con la experiencia de cliente, ambos términos conocidos como EX y CX, respectivamente, el impacto de trabajar la experiencia que viven los colaboradores en el trabajo mejora el eNPS, es decir, la tasa de recomendación de la marca empleadora por sus empleados y también el NPS, es decir, la tasa de recomendación de la marca comercial por sus clientes. Esto último incide en las ventas.

Es cierto que el contexto laboral tiene sus limitaciones, pero podemos encontrar que fomentar los aspectos más básicos de los retos de la existencia humana es más sencillo que las soluciones complejas o sofisticadas que podamos imaginar.

De acuerdo con Erich Fromm[3], la respuesta completa al problema de la existencia yace en lograr la unión interpersonal, en la fusión con otra persona, en el amor. Por poner un ejemplo, que un compañero se acerque a nuestra mesa, nos pregunte cómo estamos, pues no nos ve como siempre, si necesitamos hablar, y que nos dedique un café para escucharnos sin esperar nada a cambio. Eso es amor.

Si al leer 'unión interpersonal' junto con 'fusión' y 'amor', la idea principal que nos viene a la mente es el sexo y nos cuesta visualizar otro tipo de relaciones humanas

2. Publicación de la Asociación DEC en abril de 2023 con el título 'Correlación entre la CX y la EX e impacto en resultados de negocio, la metodología de Lukkap' (https://asociaciondec.org/blog-dec/correlacion-entre-la-cx-y-la-ex-e-impacto-en-resultados-de-negocio-la-metodologia-de-lukkap/59737/)

3. Erich Fromm, 1956, *El arte de amar*, Ediciones Paidós

que representen el amor, precisamente ahí encontramos el escaso entendimiento que tenemos de una de las competencias más básicas y fundamentales en el entorno laboral: el amor. Y precisamente ahí encontramos la necesidad de comprenderlo mejor. Desde mi punto de vista, Sigmund Freud hizo una contribución definitiva a la psicología, aunque también encontró un ejército de señores encantados con hacer del sexo el centro de la realidad y la interpretación de la misma. Sin minimizar la importancia del sexo en nuestras vidas, el amor es más amplio.

En los cursos de liderazgo que imparto, explico y reflexionamos acerca de la fórmula de la confianza que acuñó Paul J. Zak a raíz de su investigación experimental[4] basada en la neurociencia. El autor nos comparte los factores que suman confianza en las relaciones humanas, también el que la disminuye. Uno de los factores que construye confianza es el concepto de *intimacy*, una palabra que se traduce mal en castellano, pues no se refiere al concepto de intimidad que solemos entender. *Intimacy* es el grado en el que conocemos cómo es la otra persona, sus necesidades, lo que la mueve y motiva, sus sueños, su personalidad o sus fortalezas, entre otros elementos. En resumen, conocer el SER de la otra persona en absoluto está relacionado con entrometernos o cotillear en la vida íntima de la persona. Hoy sabemos que los líderes desarrolladores, tan apreciados, aquellos que desarrollan a las personas de los equipos que lideran, conocen a los individuos en este sentido. Eso es unión interpersonal, en la fusión con otra persona, en amor, en el ámbito laboral.

Es posible encontrar el argumento de que el amor y el mundo laboral son una contradicción; en una empresa te pueden despedir y eso no es amor. Pongamos otro ejemplo, una amiga nos puede querer mucho y decidir cambiar de ciudad o de país porque es una buena decisión para ella y sus necesidades. El amor es diferente de la dependencia, esa es una idea romántica que nos han transmitido. Hay amor más allá de las relaciones de pareja. Un empleado puede comunicar a su empresa su baja voluntaria, es su derecho en libertad, se puede hacer bien y facilitarlo, sin culpas, y ganar un promotor entre los exempleados que te pueda seguir recomendando. Eso es amor. El amor tiene más de libertad y de responsabilidad que de dependencia. Igualmente, una empresa puede comunicar el despido a un empleado, la diferencia radicará en desde qué razones y en qué circunstancias lo realiza y cómo lleva a cabo ese proceso de desvinculación. En bastantes ocasiones caemos en asociar conceptos como el matrimonio y la fidelidad de pareja con la relación laboral, pero son diferentes.

4. Paul J. Zak, 2017, *Trust Factor: The Science of Creating High-Performance Companies*, AMACOM

El reconocimiento hacia otra persona es el acto de amor más básico, y sencillo, que puede realizar un ser humano. Consiste en mirarla, en que sepa que es vista y reconocida. Además de mirar, llamar a las personas por su nombre, conocer un mínimo de información acerca de ellas porque hemos sido curiosos en conocerlos. Saludar, algo tan sencillo. Por supuesto que un equipo o un grupo de personas va a entender cuándo vamos con prisa o el no pararnos a saludar en todas las ocasiones, pero saludar por las mañanas, preguntar de manera genuina cómo están otras personas, o acercarnos a despedirnos. Caminar por el pasillo de la fábrica o de la oficina sin mirar y evitando saludar o mirar y hacer un mínimo gesto no es amor, porque no conlleva reconocimiento, de hecho es lo contrario, ignorar a otra persona aunque esté dentro de las convenciones sociales aceptadas de no saludar ni mirar porque tienes cosas mejores que hacer, transmite falta de interés y exclusión hacia las otras personas. Insisto, por mucho que lo tengamos normalizado, las neuronas espejo de la empatía se encargan de decirnos dónde somos reconocidos y apreciados, o no.

Esto lo explica muy bien Álex Rovira en su video titulado[5]: *La importancia del reconocimiento*. El ser humano florece y se desarrolla desde el reconocimiento, somos seres sociales; además de agua, comida y sueño para el cuerpo, nuestra mente necesita miradas, saludos, apoyo. Pero cuidado, como bien explica el autor y referente en desarrollo personal, entre la exclusión, entre ser ignorados, entre la nada y la alternativa de ser maltratados, tal es nuestra necesidad de pertenencia a un grupo que lo más probable es que elijamos un ambiente tóxico y destructivo. Porque para nuestra mente la exclusión del grupo se asocia con la muerte, con una sequía insoportable, mientras que una pertenencia mediocre o tóxica al menos significa sobrevivir, aunque sea a costa de nuestra salud mental.

Llegados a este punto es posible que nos preguntemos lo mismo, si las acciones más sencillas, que no requieren de estudios académicos porque se nos suponen de serie, son aquellas por las que comienza una buena experiencia de empleado, la fidelización o el compromiso. ¿Qué hace que sea tan difícil? Porque podremos convenir que no es lo común en todas las organizaciones. En los siguientes capítulos vamos a entender qué lo hace tan difícil. Te hago un breve *spoiler*: la escasa capacidad de las personas, incluidas aquellas en puestos de liderazgo, para saber amarse a sí mismas y, como consecuencia, amar a otros.

---

5. Álex Rovira, 2016, *La importancia del reconocimiento*, You Tube (https://youtu.be/8RCF3WNfLjI?si=r-8mX4NNIqHgCml4_)

Considero que quedan sentadas las bases de lo que llamamos amor en un contexto laboral; sin embargo, a continuación revisemos algunos ejemplos sobre cómo saludar al llegar, despedirte al marchar, reservar tiempo para tomar café o charlar con otras personas. La máquina de café también es trabajo. Si has visto la serie *New Amsterdam*, cuando alguien te aborde, repite como un ritual: «¿Cómo estás?» (pausa). «¿En qué te puedo ayudar?», y escucha la respuesta. Mirando a los ojos a la persona, por favor. También necesitamos pasar del «mi puerta está abierta» a cruzar la puerta e ir con el equipo a preguntar de manera genuina. Está bien que sientan la confianza para ir a verte, si además de vez en cuando dedicas proactivamente un tiempo con el equipo, eso es definitivo. Por otro lado, realizar una formación no necesariamente se traduce en desarrollo. Si me das un curso de automatización de la contabilidad pero después no hay licencias para un agente basado en IA que lo realice y las políticas no permiten usar alternativas, aprendo, pero no me desarrollo. Por último, el café con leche para todos fue un avance pero genera frustración; si conoces a las personas, escuchas y entiendes las diferentes necesidades, en la medida de lo posible sabrás adaptar opciones según la diversidad de cada persona. Necesitamos avanzar hacia la personalización.

Te invito a que vuelvas a la lista anterior, leas una a una, y reflexiones acerca de cómo suele ser tu comportamiento o actitud en cada una de las circunstancias que comparto. El desarrollo personal requiere hacernos responsables de nuestros comportamientos. Lo más probable es que al leerlo hayas pensado en otras personas, en tono de crítica. Si ahora vuelves a leerlo desde tu propia mirada, sobre cómo lo realizas tú, ¿de qué te das cuenta? Si quieres completarlo, puedes pedir *feedback* a personas con las que tengas confianza y contrastar tu punto de vista con el de otras personas. ¿Hay algo que consideras necesario modificar en tu actitud o en tu comportamiento?

Continuando con Fromm. Podríamos llamar amor a toda relación simbiótica en la que los individuos conservan su identidad y necesidades, al tiempo que se benefician y desarrollan mejor y de manera positiva juntos, en la relación entre ellos. En nuestro caso hablamos de una relación laboral. Sin embargo, es necesario revisar otras relaciones simbióticas para entender mejor a qué nos podemos referir con amor en su concepción más positiva. La forma pasiva de una relación simbiótica es la sumisión, o en términos psicológicos: el masoquismo. Desde mi punto de vista, Fromm coincide con Rovira, la persona masoquista escapa de un sentimiento insoportable de aislamiento o soledad, estableciendo una relación con otra persona que lo dirige, lo guía, lo protege, cediendo su propia responsabilidad hacia su propia existencia y desarrollo en favor de evitar un sentimiento de soledad para ser aceptados. Existe una cesión de poder, y libertad individual, hacia otras personas. Existe una cesión de la identidad que se moldea para ser aceptados, desde la impersonación o el esfuerzo por ser otros que no somos. Se dan fenómenos de idolatría o admiración desde una inferioridad que otorga superioridad a aquel del que dependemos. En todo caso, siempre es una cesión, coaccionada o aparentemente libre, que realizamos como personas.

Lo paradójico es que en nuestra libertad individual, que no puede ser arrebatada directamente, solemos identificar la coacción por la amenaza y nos pasa desapercibida la cesión por los miedos que nos habitan y que han minado nuestra autoestima hasta el punto de sentir que vivimos mejor en dependencia. En el siguiente capítulo revisaremos algunos contextos y ejemplos.

Incluso si la persona que recibe el poder sobre nosotros tiene buena intención, incluso si carece de intención de sacar partido o dañarnos, el daño nos lo estamos realizando al ceder la responsabilidad sobre nosotros mismos, en una vida que no es plenamente vivida. El problema de base ya no es cómo otros utilicen ese poder que les damos, sino vivir con nosotros mismos, constatando cada día que nos sentimos incapaces de responsabilizarnos de nosotros. Es muy duro para la salud mental, el diálogo interno necesita de un nivel de autoengaño alto para justificarnos y aplacar el dolor emocional de sentirnos incompletos, al tiempo que lo que nos decimos acerca de nosotros mismos mantiene un estado de dependencia y una baja autoestima.

Frente a la postura pasiva, Fromm nos indica que la forma activa de una relación simbiótica es la dominación, en su término psicológico: sadismo. El masoquismo o el sadismo son conceptos psicológicos que se extienden a las relaciones humanas y se proyectan en diferentes dimensiones del ser humano más allá de la sexual. Una persona sádica quiere escapar igualmente de una insoportable soledad o separación del grupo o incluso en la relación consigo misma; es humano sentir la necesidad de socializar, como ya hemos entendido. La persona sádica hace a otras parte de sí misma hacia una adoración o admiración incondicional. Estas personas son tan dependientes como las sumisas, sus opuestas o complementarias: unas no pueden vivir sin las otras. La diferencia está en los roles, la persona dominadora dirige, explota, hiere, humilla. Aunque en un inicio no sea la intención, nunca será suficiente la frustración al no sentirse completos a través de la dominación; la decepción constante acaba llevando a la humillación y agresión moral y/o física hacia los sumisos. Sin embargo, la diferencia es estrictamente relacional; en el plano emocional Fromm nos explica que sumisos y dominadores tienen en común una relación sin integridad, sin llegar a ser completos ninguno de ellos.

Posterior a la sensación inicial de satisfacción, la persona sádica ha de vivir consigo misma constatando a través de sus acciones la necesidad de un vacío que han de llenar otros, de una incapacidad de valorarse a sí misma, de amarse a sí misma. Esta realidad interna se constata a través de sus actos, no de sus palabras, en su diálogo interno se exige merecer, lo cual es una proyección externa porque merece que otros o el entorno le provea. Del mismo modo es muy duro e insostenible a nivel de salud mental vivir internamente un estado constante de dependencia de la satisfacción y admiración de otros porque no somos capaces de dárnoslo a nosotros mismos. Por debajo de la proyección de suficiencia y autoestima inflada, la persona sádica no se valora y por ello no es capaz de sentirse completa y darse el crédito y reconocimiento a sí misma. Esta mirada está llena de compasión, en las relaciones los sádicos o dominadores se observan externamente como los malos y los sumisos como las víctimas. Socialmente infantilizamos a las personas adultas, de nuevo, como si no tuvieran una responsabilidad sobre sí mismas.

Todo esto lo describe desde otra perspectiva el psicólogo Arun Mansukhani en su charla para TEDxMalagueta[6], además con un tono divertido que seguro te saca más de una sonrisa. En su charla nos explica que somos seres sociales y que llegar a la edad adulta no asegura dejar de ser dependientes de otros. De hecho, no deberíamos tener la independencia absoluta como objetivo, pues también sería una patología para nuestra mente. Por otro lado, la relación en un plano de igualdad, desde un 'nosotros', de dar y recibir mutuamente conservando nuestra identidad o sin necesidad de cederla, es la interdependencia; en resumen, volvemos al amor maduro que nos explica Fromm. Estoy convencido de que los diecisiete minutos escuchándole van a valer tu tiempo.

Revisando la teoría del amor de Erich Fromm, cuando enfatiza que la habilidad para amar como un acto de dar depende del desarrollo del carácter de cada individuo, desde mi punto de vista lo relaciono con el concepto de madurez. Podemos convenir, solamente con la observación a nuestro alrededor, en que la madurez está lejos de sobrevenir de manera natural con la edad, menos con la mayoría de edad, ni tiene relación alguna con ocupar puestos de poder. La madurez es diferente de tener la capacidad de tomar decisiones difíciles o aparentemente valientes. Es la ca-

6. Arun Mansukhani, 2016, *Dependencia emocional*, TEDxMalagueta (https://www.ted.com/talks/arun_mansukhani_dependencia_emocional)

pacidad para mirarnos, reconocernos como somos, amarnos, alcanzar una relación sana con nosotros mismos y ganar la autoestima y la confianza para relacionarnos con el mundo, en la capacidad de amar a otros. Con prudencia, sin duda, y con la confianza de que encontramos no solo la supervivencia sino el florecimiento humano a través de las personas que nos rodean. Cuando carecemos de ello, de madurez, los comportamientos impulsivos así como la inhibición son habituales, derivando en disfunciones en las relaciones como la dependencia (masoquismo) o la dominación (sadismo). Más adelante comprenderemos que las relaciones son un factor definitivo en los sistemas que llamamos organizaciones.

La madurez desde esta acepción es un concepto que abundará en este libro. En cuanto a las relaciones entre individuos, cuando se dan desde la verticalidad en las mismas, ya sea la necesidad de que nos cuiden o provean y nos ponemos debajo de otros, o su complementario de salvar a otros o incluso de dominar, que nos posicionan por encima de otros, son relaciones enfermas. Su versión sana se produce desde un nosotros, en un plano horizontal, pues incluso en un momento de necesidad de ayuda se presta en un plano de respeto y en equilibrio.

Fromm nos ofrece, entonces, una definición más apropiada de amor en una relación, que podremos proyectar en relaciones en el trabajo, amistad, pareja, familia u otras, cada una con sus diferentes paradigmas y todas ellas con el factor común de que se sustentan en relaciones entre individuos. El filósofo nos invita a pensar en la madurez, en relaciones maduras, que nada tienen que ver con la edad. La madurez es la relación bajo la que cada persona conserva su integridad, la individualidad, una mirada que conecta directamente con el concepto actual de inclusión en las culturas organizacionales.

El amor verdadero, una relación madura, es una fuerza activa que rompe las barreras que separan a unas personas de otras y que une a unas con las otras; el amor se sobrepone al aislamiento, a la exclusión, a la soledad, que va mucho más allá de estar rodeado de personas y más bien se refiere a la calidad de las relaciones que tenemos. Con todo, son relaciones que nos permiten ser y estar siendo nosotros mismos, manteniendo nuestra identidad e integridad. La paradoja del amor es que varios individuos pueden llegar a ser uno, eso que llamamos equipo, al tiempo que mantienen su individualidad.

El filósofo nos lleva a reflexionar en el entendimiento de la esencia del amor, de las relaciones en la madurez, como una fuerza activa, como una actividad. Habitualmente relacionamos actividad con realizar tareas que producen un cambio y requieren esfuerzo o energía, que suelen estar vinculadas a un objetivo buscado, pero solemos obviar la intención en la naturaleza de la tarea. El autor nos ofrece dos ejemplos: el de un empleado que trabaja hasta la extenuación, dirigido por un sentido de obligación basado en el deber y el honor o por inseguridad laboral y la necesidad de un salario, y el de otro que lo hace por ambición incluso a costa de su propia salud mental o física. En ambos casos la persona es sometida, esclava de un miedo que el autor traduce como una pasión que solemos entender como el opuesto de la virtud. Al estar dirigida por su miedo, sometida a una fuerza ajena, la persona es pasiva, pues responde a una llamada extrínseca dada por el entorno o el aprendizaje que ha obtenido. El individuo lo sufre, es pasivo, no un actor proactivo que decide su acción sino empujado por su miedo o factores externos.

Paradójicamente, en el mundo actual una persona que se sienta a meditar y contemplar es considerada pasiva, no realiza una acción que requiera esfuerzo ni persigue un objetivo determinado. A diferencia de las acciones realizadas por motivaciones extrínsecas, la meditación es un acto de voluntad y una acción con una intención intrínseca y proactiva de la persona. El individuo no es pasivo ni responde a una llamada externa: ejerce su voluntad de meditar.

Desde esta perspectiva es sencillo identificar la relación con la cantidad de acciones que realizamos al día en respuesta a estímulos de notificaciones, llamadas, retos virales, etc., todo aquello que capta nuestra atención y nos moviliza, que aparenta hacernos activos, mientras que realmente es un vacío en el que somos pasivos, sometidos a cada bip de la última notificación del teléfono o el último correo recibido. En la actualidad hablamos del FOMO o *Fear Of Missing Out*, que significa hacer y actuar desde el miedo a perdernos algo y pagar las consecuencias que imaginamos puede tener. Volvemos al miedo.

Si has leído el libro de referencia de Jurgen Appelo[7], *Management 3.0*, entendemos así la razón por la que incide en la importancia de la motivación intrínseca como motor sostenible en el trabajo.

La intención como herramienta

Necesitamos herramientas que nos ayuden a traer la madurez y la mentalidad del amor a nuestros comportamientos y, a través de la repetición, hacerlo un há-

7. Jurgen Appelo, 2010, *Management 3.0*, Addison-Wesley

bito. Posiblemente el concepto de la intención te pueda resultar nuevo. Incluyo a continuación algunos ejemplos que puede que te ayuden a comprenderla como herramienta, no solo útil, sino también sencilla.

Comencemos con un ejemplo ajeno al ámbito laboral. Planificas un día en el parque de atracciones con niños, tienes una ruta, horarios, un plan y unos objetivos como montar en la atracción más demandada o comer en ese restaurante especial. Sin embargo, llega el día esperado y un atasco os atrasa la llegada, la primera atracción del plan está en mantenimiento, en la tercera un niño se marea y hay que atenderlo, todo se demora y el plan no se cumple. Mientras los niños ríen, tu cara es de frustración. Llega la hora de la comida y se confundieron con la reserva, o te confundiste tú, y no hay mesa, otro cambio de planes. Tu rostro se desencaja, a la siguiente eventualidad estallas y el día definitivamente se viene abajo. Tenías un plan y la realidad te lleva la contraria.

Ahora te comparto dos sencillas preguntas, imagina que te haces ambas preguntas por esa mañana antes de comenzar la excursión:

- ¿Qué tipo de experiencia quiero que vivan ellos? No un objetivo tangible o una acción, sino cómo quiero que lo vivan.

- ¿Qué quiero vivir yo? En la misma línea, no un objetivo tangible, sino cómo lo quiero vivir.

La respuesta a ambas preguntas al comienzo del día es fácil. Que sencillamente sea **diversión**. ¿Qué cambia si lo tengo presente a lo largo del día? Hay un atasco, ¡diversión!, contamos unos chistes o ponemos música. No hay mesa para comer, ¡diversión!, jugamos a encontrar un sitio con mesa u otra opción.

Podemos articular la intención en estas sencillas preguntas, dos preguntas que lo cambian todo. Primero, porque recuperamos la responsabilidad con la experiencia que ofrecemos a otras personas. Sí, en cada interacción, en cada relación humana, tenemos nuestra parte de responsabilidad y es bueno tenerla presente. Todas las personas, no solo los gestores de equipos.

Segundo, porque nos ayuda a tener presente el 'yo' con el 'ellos', si lo llevamos a una ecuación: YO + ELLOS = NOSOTROS. Un nosotros en el que conectamos con nuestra responsabilidad hacia los demás. Para algunas personas está claro qué quieren para sí mismas, pero la empatía pasa a un segundo plano. Para otras, lo importante es aportar a los demás, y se olvidan de sí mismas. La intención, en su sencillez, nos ayuda a balancear nuestra individualidad en el grupo con nuestra responsabilidad hacia el mismo.

Tercero, nos ayuda a poner atención en cómo experimentamos las interacciones con otras personas; no solo el qué hacemos o decidimos, sino el cómo, y eso hace toda la diferencia. Las interacciones son experiencias, las experiencias activan emociones y los recuerdos que perduran, bonitos o desagradables. Las experiencias generan lazos, o separan. Tomar la responsabilidad sobre las experiencias que ofrecemos nos lleva a poner atención, a activar la empatía, observar, pero también a hacerlo con madurez. En un mundo cada día más narcisista, no solo por la digitalización sino por la facilidad para ir dejando personas por el camino, hacernos más responsables de nuestras relaciones nos ayudará a estar menos solos y ser más maduros, más sostenibles socialmente.

Cuarto, como se suele repetir en la agilidad: «Responder al cambio frente a seguir un plan». Cuando te quedas sin plan y sin objetivos, la intención te ayuda a recuperar rumbo, aunque no sepas en qué aguas navegas, aunque te encuentres en la incertidumbre.

Volvamos al contexto laboral. Pensemos en una reunión de negociación para la firma de un contrato, el cliente llega tarde, intentas centrar la agenda pero ves que el cliente no está en la firma, en tu objetivo. Es algo que si lo observas te das cuenta, pero si no, insistes, insistes, insistes, ¿qué adivinas que sucede? Es fácil que se moleste y se arruine la operación. Más allá de tus intereses propios, te relacionas con individuos que prefieren sentirse tratados como personas, no como transacciones. Esto incluye clientes, empleados y proveedores. ¿Y si hubiéramos establecido la intención antes? Supongamos que para ese potencial cliente quiero que experimente confianza, que pueda confiar en nuestra relación. Observo y cuando veo que no está para firmar, por la razón que sea, reconduzco la agenda para escucharle, le pregunto con curiosidad genuina: «¿Cómo te puedo ser de ayuda?».

Revisemos otra situación. He de dar un *feedback* duro a una persona, hay un aprendizaje importante y errores que pueden volver a ocurrir. Es fácil que si no lo piensas antes, le eches una buena bronca, hagas críticas poco constructivas y la persona aprenda poco, le sea inútil, aparte de dejar claro que eres quien manda y, como consecuencia, decaiga su motivación para crecer el miedo. ¿Qué cambia si antes estableces la intención? ¿Qué quieres que se lleve la otra persona? Es posible que quieras aprendizaje, compromiso, un plan de acción, reflexión. Salvo que seas un sádico, parece irreal que conscientemente quieras que la otra persona sufra, se ponga triste o se derrumbe; si lo piensas, tampoco te va a ser útil a ti, ni a corto ni a largo plazo. En cuestión de *feedback*, siempre comparto una pregunta: «Si otro día pasaras por la misma experiencia, ¿qué harías diferente?». Hace unos días leía acerca del *feedforward*, impulsar hacia adelante. Pues eso, una vez que identificamos los aprendizajes, ¿cómo aplican hacia el futuro?, ¿qué necesitará la persona para poder llevarlo a cabo?

La intención nos ayuda a actuar en el nosotros, a ser más inclusivos, más auténticos y responsables en las acciones que llevamos a cabo, lo que decidimos y las experiencias que ofrecemos. A mostrarnos más maduros.

El perdón para recuperarnos a nosotros mismos

Un aprendizaje constructivo y positivo necesita llegar desde el perdón, hacia los demás y hacia uno mismo, para enunciar la pregunta comentada antes: «Si volviera a ocurrir, ¿qué haría diferente?». Sin perdonarnos nos quedamos anclados en el pasado.

A veces queremos seguir sin hacer un trabajo de recuperarnos tras haber pasado una experiencia difícil, queremos seguir, estar ocupados, incluso ignorarlo. Y así caminamos, con heridas abiertas de emociones, con costillas rotas que nos llenan de dolor el alma, con culpas atadas a la pierna que nos lastran... La resiliencia, para ser honesta y realmente avanzar sin lastres, necesita del perdón, del duelo y del aprendizaje como un valor del proceso.

Desde mi punto de vista, cuando algo sale diferente a nuestros objetivos, o en el resultado o en las circunstancias —nos despiden, nos cambian a un puesto no deseado, la promoción no llega, pasamos a un segundo plano en lo profesional—, lo interpretamos como si estuviéramos recibiendo un castigo.

En circunstancias semejantes nos habita una profunda tristeza, muchas veces acompañada de ira, rechazo... Sin embargo, la diferencia es que cuando éramos niños y nos castigaban sabíamos el porqué, nos lo decían y, de hecho, nos solían decir cómo «mejorar», nos indicaban el camino correcto, cómo «ser buenos». Había unas normas y lo normal era que su cumplimiento derivara en premios y logros.

Sin embargo, cuando pasamos por experiencias difíciles en la edad adulta, no hay un «cómo arreglarlo», «cómo volver al *statu quo*». Sobre todo porque, salvo excepciones, el cambio de la situación se produce por factores ajenos, los cuales en nada son adjetivos para el sustantivo «castigo». Bajan las ventas, suben los costes de las materias primas, surge un competidor nuevo, se activa un plan de movilidad interno o se despliega un plan de transformación interno. Son indefinidos los factores que llevan al cambio en las experiencias que vivimos.

La gran confusión interna se da cuando interpretamos nuestras experiencias en clave de castigo y nos faltan el resto de los elementos, nadie nos pide que nos pongamos mirando a la pared una hora o que copiemos mil veces: «no volveré a....». Nos sentimos náufragos sin el flotador de la reparación del castigo a mano, cuando nos hemos olvidado de que sabemos nadar. En la educación que hemos recibido, cuando cometíamos un error había un castigo y alguien con poder para castigarnos. En la vida real es frecuente que no haya nadie ni que haya castigo y eso es contrario a la expectativa de que lo haya, generándonos confusión.

En tales circunstancias y en ausencia del perdón de otros o de que nos levanten un castigo, es necesario que seamos nosotros mismos quienes trabajemos el perdón para poder avanzar y recuperar la libertad de nuestra fuerza interior.

Es habitual coincidir en que nos es difícil articular el perdón, nos cuesta y nos quedamos anclados. Hace años descubrí una sencilla herramienta: la ceremonia del Ho'oponopono es un ritual ancestral de Hawái orientado a la liberación individual frente a los errores y las frustraciones. En el fondo de todo acto de perdón estamos perdonándonos a nosotros mismos; en el fondo de todo dolor encontramos a nuestro niño interior.

Una versión adaptada de la ceremonia del Ho'oponopono se enfoca en tomar unos minutos en un lugar tranquilo, visualizar enfrente al niño o la niña que fuimos —puede que nos ayude una foto nuestra de entonces— y repetir:

«Lo siento» (por el daño que haya podido hacerte).

«Perdón» (no supe hacerlo mejor).

«Gracias» (por la experiencia y el aprendizaje).

«Te amo» (incondicionalmente).

La manera de realizarlo es repitiéndolo numerosas veces. Si lo has puesto en práctica, ¿cómo te hace sentir?

El objetivo del Ho'oponopono es hablarnos desde la responsabilidad individual hacia nosotros mismos y nuestra vida, sabiendo que las circunstancias son un escenario para superarnos. Esta es una herramienta de resiliencia, para ser más efectivos en el perdón. Te invito a practicarla, los testimonios de quienes lo han probado, incluso sin «creer» en sus efectos, son impactantes.

El perdón es una herramienta de amor hacia nosotros mismos, la primera persona a quien necesitas perdonar es a ti. Uno de los propósitos de la vida es aprender y desarrollarnos; para poder avanzar en ello, integrar y superar los eventos, el primer paso es trabajar el perdón.

El amor y el crecimiento

En la actualidad, cuando hablamos de una mentalidad de crecimiento, que requiere visión, liderazgo por influencia, activar el ecosistema y aunar voluntades, podemos relacionar el crecimiento con el amor. La madurez, la mayor libertad de sesgos y miedos limitadores, la voluntad de dar y generar alianzas de abundancia mutua y colectiva están directamente relacionados con el poder productivo del amor. El amor es una fuerza productiva; como veremos más adelante, el miedo es una fuerza extractiva, no genera, extrae de donde hay, esquilma y busca donde haya más, sin producir ni restaurar. Las mentalidades de crecimiento y la sostenibilidad conectan con personas que saben amar, personas maduras.

La asociación anterior entre crecimiento y amor no es inocente. Cuando nos preguntamos acerca del reto de la productividad y por qué los modelos actuales están agotados en cuanto a productividad, sin ser capaces de aumentar los resultados por persona, encontramos la respuesta en que los modelos de negocio, operativos y de gobierno con líderes que no saben amar, que establecen relaciones de dominación-sumisión sostenidas por los miedos mutuos y la desconfianza, son modelos extractivos que extraen sin generar. No producen, transforman para obtener un resultado. Tomemos como ejemplo el modelo de organización y liderazgo Teal y el trabajo de investigación de Frederic Laloux en el libro *Reinventar las organizaciones*[8], que está basado en el amor, la confianza, con líderes maduros, son la expresión de una fuerza productiva que no solo transforma en servicios o productos, sino que produce, restaura y crea. La capacidad productiva, o creadora, del amor, en líderes y personas maduras, en ambientes de confianza, son la clave de la productividad, el crecimiento exponencial y una productividad desconocida hasta ahora. El modelo actual está agotado.

Tras esta revisión acerca del amor, sorprende que *El arte de amar* fuera escrito en 1956, hace más de 60 años, con respuestas claras, y sigamos tan dispersos y perdidos.

8. Frederic Laloux, 2016, *Reinventar las organizaciones*, Arpa Editores

CAPÍTULO 2. EL MIEDO

La mirada de Mayte Carrasco sobre el miedo

La mirada de Mayte nace de su experiencia como reportera de guerra hasta en un total de diez guerras relatadas y vividas desde su interior para los medios de comunicación. Desde su curiosidad como periodista y desde su experiencia ha escrito el libro Cómo superar el miedo en todas las trincheras de la vida, *diseccionando cómo se vive, cómo nos afecta. Desde su experiencia, Mayte nos comparte su mirada:*

Para mí, el miedo no es solo una emoción primaria: es una herramienta poderosa, una presencia constante que he aprendido a conocer muy bien en los escenarios de guerra. En Libia, Siria, Georgia o Chechenia, lo he sentido de muchas formas. A veces paraliza, otras veces alerta. El miedo me ha salvado la vida, me ha hecho detenerme un segundo antes de una emboscada o cambiar de ruta justo a tiempo. Se puede sentir cómo llega: se instala en el pecho, en la piel, como una advertencia silenciosa. Aprendes a escucharlo.

El miedo es importante porque nos recuerda que estamos vivos. Pero también puede volverse una forma de vida, un hábito inconsciente desde el que actuamos cada día: por miedo a fracasar, a no encajar, a perder. En ese sentido, el miedo puede esclavizarnos si no lo cuestionamos. Por eso, insisto en la necesidad de mirarlo de frente, comprenderlo y decidir si queremos que nos dirija o no.

Las trincheras de la vida no solo están en los conflictos armados; también están en lo cotidiano: una enfermedad, una crisis personal, una decisión difícil. En esas trincheras también se libra una batalla interior, y el miedo suele ser uno de los adversarios más persistentes.

Cuando cierro mi libro diciendo que el cambio está en nuestras manos, no hablo solo del individuo. También pienso en las empresas, en las organizaciones. Ellas también actúan muchas veces desde el miedo: miedo al riesgo, al cambio, a perder poder. Pero pueden elegir otro camino, más valiente y más humano. Porque si algo he aprendido del miedo, es que no se trata de eliminarlo, sino de decidir qué hacemos con él. Y esa elección, individual o colectiva, lo cambia todo.

Mayte Carrasco

«El miedo no evita la muerte,
el miedo evita la vida».

Naguib Mahfouz

Hace unos años escribí un artículo para ayudar a comprender el miedo en el que incluía la frase de Naguib Mahfouz que encabeza este capítulo. Por miedo tomamos acciones, o nos paralizamos, sin sentirnos completos, pasivos, como reflexiona Fromm, pues estamos sometidos al miedo. Vernos completos en ningún caso significa que seamos capaces de todo, sino conocernos y aceptar que somos completos con las capacidades y fortalezas que poseemos para confiar en ellas y avanzar en la vida.

Desde la infancia encontramos dos contextos que vivimos con frecuencia y a partir de los cuales desarrollamos estrategias de supervivencia. Esto es algo que desarrolla el psicólogo James Hollis[9] en su libro, en el que cuenta casos reales de personas que acuden a su consulta buscando sentido a su vacío. Por ejemplo, una mujer cuyos padres fueron indiferentes a sus necesidades de amor y afecto, convirtiéndose en una persona adulta que dirige su vida desde el pensamiento de «nunca he sido amada, siempre he creído que la causa es porque no merezco serlo». En mi experiencia durante los procesos de desarrollo personal en los que acompaño a directivos, este es un capítulo a explorar: la relación con nosotros mismos.

Al llegar a adultos olvidamos nuestra infancia, es un capítulo cerrado, ya somos mayores, ya pasamos los exámenes, parece que aprobamos, pues estamos en otra etapa de nuestra vida, cada vez con más y nuevas responsabilidades. No tenemos tiempo para pararnos en nuestra infancia y adolescencia. No podemos seguir siendo Peter Pan, así que nos convertimos en un Peter Banning[10] que ha olvidado quién era de niño y, por encima de todo, las experiencias que le hicieron elegir cómo quería afrontar los acontecimientos de la vida. Nos puede parecer, como adultos racionales y responsables de nosotros mismos, que es imposible que en la infancia hayamos elegido qué estrategias adoptamos para enfrentar la vida para sobrevivir. Diríamos que eso lo hacemos de adultos, con la cabeza bien puesta sobre los hombros, con criterios de personas mayores, y no suele ser así.

9. James Hollis, 2006, *Finding Meaning in the Second Half of Life*, Avery
10. Referencia a la película Hook dirigida por Steven Spielberg en el año 1991

Con independencia de cómo recordemos nuestra infancia, es un hecho común y universal que para los niños el mundo, el entorno, es intimidante e incomprensible. En nuestra infancia aún no hemos comprendido las normas por las que se rige y posiblemente de adultos tampoco lo logremos. El mundo es gigantesco y tú no, el entorno es poderoso y tú no, lo que nos rodea es infinito e inescrutable y hemos de averiguar maneras para sobrevivir. Porque si para algo está programado un ser vivo es para la supervivencia, además de la perpetuación de su especie. En esta búsqueda de estrategias y maneras para sobrevivir, los padres, la familia y el entorno son fundamentales a la hora de asimilar y entender cómo será nuestra vida y cómo sobrevivir. De entre todos los actores, la madre y el padre ocupan una posición privilegiada. Unos progenitores atentos, cariñosos, que transmiten amor, confianza, superación, son el eje fundamental a la hora de amortiguar aprendizajes dolorosos y atemorizantes acerca de la vida y cómo actuar frente a los acontecimientos. Como nos podemos dar cuenta, nacemos con miedo, el miedo está en nuestro ADN y es necesario, porque es una herramienta para nuestra supervivencia, para poner atención ante amenazas. Unos padres que acompañan durante las experiencias, sin evitarlas, que constituyen unos brazos en los que encontrar consuelo, unas palabras de confianza y ánimo para siguientes ocasiones, pueden lograr que el miedo dé paso a una mayor confianza en nosotros mismos, una mayor aceptación del devenir de la vida y una mayor resiliencia frente a la adversidad. Sin embargo, no todos los niños hemos vivido en un entorno familiar ideal y equilibrado, los padres tienen sus propias tribulaciones, circunstancias, miedos, tampoco aprendieron a amar y tampoco les enseñaron. Es imposible estar presentes en todas las experiencias de los niños, ni debería serlo, ni podrán amortiguar o ser brazos de consuelo en todas las ocasiones. De niños tuvimos accidentes, recibimos amenazas o amenazamos, nos peleamos, nos pegaron, nos rechazaron, igual nos diagnosticaron una enfermedad como si perdimos un dedo, una pierna o llevamos una cicatriz en el rostro. La vida misma.

Según las últimas investigaciones en psicología y neurociencia, la genética tiene alrededor de un 50 % de peso en cómo afrontamos la vida, es lo que se traduce como el temperamento. Al contrario de como nos lo explicaron, nacemos con una parte de nuestra personalidad ya prefijada. A lo largo de la infancia vamos viviendo experiencias y creando el carácter. Todo ello nos lleva a vivir estrategias y reforzar la que más se alinea con nuestra personalidad y con el éxito obtenido.

En resumen, cuando somos niños vivimos experiencias en las que es evidente que el mundo nos supera. Según las experiencias que vivimos, nuestro temperamento innato y los resultados que observamos, vamos eligiendo unas u otras estrategias como *modus operandi* para vivir o sobrevivir. Las experiencias que vivimos nos crean un impacto internamente, podríamos llamarlas heridas, pues en cierto modo son como esa lesión que cuando llueve, duele. A las heridas, incluidas las mentales, te acostumbras o te adaptas hasta que las circunstancias hacen que el dolor se haga patente y cobren protagonismo.

En sucesivas ocasiones menciono la amígdala, también llamada complejo amigdalino, que es un conjunto de neuronas que procesan y almacenan las reacciones emocionales ante los estímulos externos o internos que recibimos. Un objeto que se acerca lo sería externo, un dolor en la pierna lo es interno, ambos son estímulos que llegan a través del sistema nervioso a lo que comúnmente llamamos cerebro. La amígdala es como un guardia de tráfico que decide si toma una acción reflejo de manera automática o da paso a nuestro cerebro superior para que decida una mejor reacción. La amígdala nos ayuda a reaccionar rápidamente ante amenazas y salvarnos cuando la reacción ha de ser rápida. En cierto modo almacena un programa en el que según lo que entendemos como amenaza nos permite actuar de manera instintiva y automática. Las experiencias que vivimos y cómo las interpretamos a nivel emocional y el miedo que nos puedan generar se pueden traducir en un código en la amígdala que condicione nuestras actitudes y comportamientos. En la actualidad sabemos que es posible reprogramar la amígdala y el programa que almacena, es posible reprogramar nuestros miedos.

La herida del abrumamiento[11]

Todo adulto en su infancia ha pasado por experiencias a través de las cuales se ha sentido abrumado, esa sensación de que el entorno te supera, te excede, y te encuentras sin medios para reaccionar de manera adecuada. En un entorno infantil es fácil entenderlo, padres que deciden por nosotros, deseos expresados que son cancelados, comidas que no nos apetecen y somos obligados a ingerir. En un contexto sano y positivo forma parte de la educación, como en otras especies, la intención de describirlo está lejos de cuestionar la educación de los niños sino de empatizar con cómo lo viven y cómo lo interpretan en su fuero interno, qué estrategia decide como más conveniente para sobrevivir, porque en última instancia, lo primero es asegurar la supervivencia. Las contrariedades en la infancia no dejan de ser un «ensayo» de

---

11. Abrumamiento es una palabra no recogida en el diccionario de la RAE, traducida del término inglés 'overwhelment' que se refiere a la vivencia de sentirnos abrumados.

la vida que nos espera; sería una fantasía esperar que todos los días almorzáramos lo que nos apetezca, a capricho, sin pagar unas consecuencias para nuestra salud, nuestra economía o nuestro entorno. Otro asunto es cuando las experiencias de «ensayo» se llevan al extremo y se convierten en traumas.

Volviendo a las estrategias que un niño puede adoptar frente a la constante invasión de su vida, imposición de acciones y obligaciones, decisiones muchas veces contrarias a sus deseos, podemos identificar tres principales.

La primera estrategia es la huida. De hecho, es una de las respuestas básicas del ser humano y de los seres vivos frente a una amenaza. Si consideramos que, ante el comportamiento de otra persona, o de las circunstancias, podemos ser penalizados, limitados o coartados, heridos en definitiva, una estrategia lógica es huir. ¿Quién no ha experimentado, por no decir elegido, una retirada, huida física, negación, procrastinación, evitación o disociarnos con un «esto no va conmigo»?

Ahora pongamos la mirada desde esta estrategia en su influencia en la madurez de la persona, su realización y el desarrollo de nuestras capacidades. ¿Cómo nos impacta un mecanismo de huida? En ciertas ocasiones podrá ser el mecanismo inteligente; sin embargo, como herramienta convertida en hábito, es decir, si programamos nuestra amígdala para que la respuesta automática frente a cualquier temor sea la huida, entonces estaremos posponiendo nuestra vida, en el mejor de los casos pondremos nuestros esfuerzos en dar rodeos antes que a desarrollarnos a plenitud y afirmar frente al mundo: «este es mi lugar, me corresponde esta posición». ¿Qué hay detrás de esta estrategia? El miedo que representa todo aquello que nos separa de la dignidad, de afirmarnos frente al entorno y otras personas, aquello que nos aleja del amor a nosotros mismos porque la dignidad significa anteponer el amor a nosotros mismos frente a perderlo de nuevo.

Una segunda alternativa como estrategia a desarrollar es tomar control de la situación. Si dramatizamos esta estrategia en una frase podría ser: «La vida es hiriente e invasiva, necesito herir o invadir primero, en otro caso seré herido o invadido». En esta ocasión se aplica la táctica bélica de «el que golpea primero, golpea dos veces». Y además nos legitimamos en la agresividad hacia otros, porque consideramos que la otra alternativa es recibir nosotros y sufrir. Esta versión podemos entenderla en su variante más física de imposición por fuerza física o también puede ser por fuerza emocional o verbal, además de la opción de una imposición intelectual. La primera es evidente, fuerza física; la segunda se puede lograr con agresividad en las relaciones, opresión, chantaje emocional, desempoderamiento, generación de dependencia, si bien se puede llevar a cabo tanto con un lenguaje burdo y basto como con uno refinado. La tercera puede llegar a pasar desapercibida o incluso ser admirada en una sociedad de conocimiento, hay personas que a una edad temprana descubren su capacidad intelectual, que en absoluto ha de corresponder con capacidades de inteligencia emocional. El desarrollo de la capacidad intelectual como vía para obtener poder sobre otros habita los puestos de responsabilidad y dirección de las empresas con personas que necesitan tomar el control y ordenar a otros antes que ser ordenados e invadidos.

Una de las variantes de esta estrategia es la actitud «pasiva-agresiva», personas que se muestran vulnerables y humildes, aprovechando la simpatía de otros para criticar, frenar, influir, en definitiva, ganar poder o influencia sobre la situación, utilizando la supuesta amabilidad y debilidad como excusa y diversión frente a posibles acusaciones acerca de las verdaderas intenciones. Una actitud pasiva que esconde una sutil y oculta agresividad. Estas personas suelen evitar las conversaciones abiertas para mostrar sus puntos de vista, se muestran amables, conciliadores, incluso graciosos, para malmeter e influir a su antojo en privado en conversaciones uno a uno.

De nuevo, volviendo al tema troncal del libro, ¿cómo impacta esta estrategia en la madurez o capacidad para amar? Las posturas de poder denotan una actitud de ausencia de confianza, no solo hacia los demás, sino sobre todo hacia nosotros mismos. Necesitamos control para anticipar, para asegurar, fomentamos la rigidez para evitar opciones y alternativas, porque nuestra experiencia nos dicta que no siempre hemos sido capaces de reaccionar frente a lo imprevisto. Esta estrategia es una falacia porque la vida es incertidumbre y huir de ella es escondernos de la esencia común a la vida. El despliegue de fuerza y poder solo enmascara nuestra sensación interior de debilidad y exposición frente a lo intangible: la vida.

Nos puede parecer que en una actitud de lucha y poder realizamos nuestra vida. Todo lo contrario. Como visitaremos más adelante, solo la existencia que es vivida desde el corazón y cuando la fuerza interior están a su servicio, es plena. En otro caso, en esta estrategia, sencillamente están al servicio del miedo.

Finalicemos con una tercera estrategia como respuesta a la experiencia de sentirnos sobrepasados por la realidad: la rendición. En cierto modo obedece al patrón: «si no puedes con ellos, únete». En esta versión, frente a lo abrumador de la vida nos cedemos, nos entregamos y damos todo lo que nos piden. Nos rendimos, porque de niños encontramos que, cuando hacíamos caso y éramos obedientes, recibíamos amor y premios. Es muy habitual que en un hogar el amor esté condicionado a la obediencia, las buenas notas, buen comportamiento; en otro caso el amor se restringe, no hay sonrisas, ni cumplidos, ni abrazos, ni alegría. Desde mi punto de vista, el amor nunca ha de estar supeditado a las circunstancias; la escucha, la alegría, los abrazos, la confianza, habrían de estar siempre presentes, porque el amor no es un premio ni una mercancía de intercambio. Lo pueden ser los juguetes, los viajes, golosinas, acciones y objetos externos; lo básico, el amor, no debería ser moneda de cambio. En los procesos de desarrollo en los que acompaño a personas en la conquista de sus vidas, el estereotipo de «la niña buena» o «el niño bueno» es habitual, y por contexto social más en las mujeres. Hay infancias llenas de frases como: «no llames la atención», «no te hagas notar», «obedece a los mayores» o «nos gusta ser normales».

Así que nos encontramos con personas que, como camaleones, se mimetizan con el entorno y otras dando la razón a unos y a otros, sin un criterio definido, diciendo «sí» a quien le pide algo o incluso lanzándose proactivamente a complacer a otros cuando no lo han pedido. Todos hemos encontrado personas atentas, amables, esforzadas en complacer, con una sonrisa ya sea bajo la tormenta o en medio del desierto, todo porque los demás nos sintamos bien. Ahora bien, la rendición ante los demás como hábito, programar nuestra amígdala para ceder y complacer, pasa por alto las necesidades de nuestro interior para nuestra propia realización.

La complacencia hacia otros es una renuncia de nuestras propias vidas, nuestras propias necesidades, cedemos nuestra agenda para que cualquiera escriba en ella sus deseos. La complacencia hacia otros atenta de manera directa contra nuestra propia dignidad si se convierte en un hábito, no en una decisión puntual o circunstancial. Quien vive aquí, vive en una constante violación de su integridad personal.

De nuevo encontramos que, siendo una estrategia lógica en la infancia como conclusión de nuestras experiencias, al ser adultos es fácil darnos cuenta de su falacia, de su error y del daño que nos hace. Nuevamente encontramos el mismo elemento común en este comportamiento: la respuesta al miedo, la complacencia como evitación de la contrariedad y la penalización, evadiendo a toda costa el rechazo social y asegurando la aceptación del grupo. De lo que pocas veces nos damos cuenta es que nos convertimos en un títere, un paria social al servicio de la manipulación de otros, lejos de tomar el rumbo de realizar nuestras vidas y renunciando cada día a nosotros mismos para vivir tras una máscara que nos oculta. En ocasiones, podemos haber llegado a olvidarnos de nosotros mismos para confundirnos con el entorno. Nuestra alma, nuestro interior, nuestra necesidad de realización sufre y sentimos vacío, dolor o confusión.

Para avanzar hacia la madurez necesitamos revisar las lentes con las que miramos la realidad, observarnos a nosotros mismos. Darnos cuenta de la estrategia predominante que utilizamos es fácil en el papel y no tanto si lo intentamos por nosotros mismos. Si somos honestos y observamos nuestros pensamientos y comportamientos, podremos identificar hacia qué estrategia nos inclinamos más y reflexionar acerca de cómo está limitando nuestra vida. ¿A qué estamos renunciando por estar sometidos al miedo? Además de todo lo que puedas enumerar, renunciamos a lo más básico: al amor presente en nosotros y en nuestro entorno; amor de verdad, sano, positivo, del que llena.

Con el tiempo tendemos a identificarnos con nuestra estrategia, con nuestros comportamientos, caemos en el «es que yo soy así», e incluimos de forma implícita «te toca aguantarme». En realidad, lo que nos estamos diciendo a nosotros mismos es «aguantarme es un sacrificio y no tengo otra alternativa». Y comenzamos a morir en vida, esclavos de nuestros miedos y de elecciones que realizamos de niños, ingenuos e inexperimentados. Sencillamente es mentira. Siempre, a cualquier edad, podemos cambiar; no solo el cerebro es plástico, evoluciona y se adapta, sino que podemos reeducar nuestra amígdala, con paciencia y perseverancia, para reprogramar las estrategias que adoptamos hace años. Se llama reaprender y la diferencia estará en si queremos o no, si nos urge o no, siempre estaremos a tiempo de recuperar nuestra vida y vivir más plenos, para un «nosotros» que suma el yo con el vosotros.

La herida de la carencia

Los seres humanos nos caracterizamos por ser una especie animal en la que la carencia, la insuficiencia, está presente. A nivel fisiológico tenemos un ejemplo en nuestro metabolismo, pues nuestro cuerpo posee un sistema de almacenamiento de energía basado en acumular grasa. No es que hayamos nacido así para fastidiarnos la talla del vestido o que sobresalga la tripita cuando nos ponemos la ropa, esas son sofisticaciones de nuestra época para un cuerpo y una genética que existen desde hace más de 70 000 años y que hereda los mecanismos de nuestros antecesores a lo largo de millones de años. El progreso y la evolución son dos fenómenos diferentes, y con diferentes velocidades. Así que cuando ingerimos alimentos la grasa se absorbe y se almacena en el cuerpo con una inteligencia de «por si acaso». Nuestro propio cuerpo ya transmite desconfianza respecto del entorno en el que vivimos, y con razón por otro lado; si nos remontamos al contexto de hace 30 000 o 50 000 años, cuando dependíamos de la caza y la recolección y vivíamos a expensas de las estaciones, las lluvias o las sequías y lo que la naturaleza quisiera dar, es posible que nuestros ancestros alternaran periodos de relativa abundancia con otros de escasez.

Como especie somos supervivientes natos y evidenciamos nuestra gran resiliencia a través de la capacidad de adaptación a los contextos y ambientes más extremos, ya sean selvas, monzones, desiertos de arena o desiertos helados. Solo tenemos que echar un vistazo a un mapa del planeta y observar todas las zonas geográficas en las que habitamos los humanos. Además, sabemos que uno de los grandes hitos en la evolución de nuestras sociedades, roles y relaciones fueron la agricultura y la ganadería, que se comenzaron a desarrollar hace apenas 12 000 años atrás. A partir de ese horizonte temporal tenemos una idea de todos los avances que hemos vivido en las diferentes sociedades y como especie, eventos que han alimentado el progreso, pero no así la evolución de la especie.

Además, para la población en países desarrollados se da un contexto singular; con el margen de interpretación que podamos tener cada uno de nosotros, para un segmento amplio de la población es posible que exista una diferencia entre sobrevivir y vivir. El desarrollo de nuestras sociedades brinda la oportunidad de poder comenzar a vivir, y no solo sobrevivir. Sin embargo, seguimos siendo seres vivos que nos regimos por estrategias de supervivencia basadas en la carencia, en la creencia del «nada es suficiente», lo que nos lleva al «más es mejor», una manera de pensar que nos ha llevado a los problemas de contaminación, hiperconsumo, incluso obesidad y falta de sostenibilidad que evidenciamos en la actualidad. Parece que necesitamos desaprenderlo para aprender el «menos es más», poder hacer lo mismo con menos, o incluso hacer menos e integrar en nuestras mentes el término «suficiente».

Volviendo a las estrategias que de niños podemos identificar para sobrevivir, es fácil recordar situaciones vividas en las que nos ha faltado algo. Puede que nos faltara tiempo de nuestros padres, que por trabajo o desatención no lo dedicaban; puede que nos faltara ropa de la marca de moda, que no es lo mismo que te falte ropa. La pobreza, ya sea transitoria o estructural, también puede marcar en los niños un sentido profundo de carencia. Independientemente de la riqueza, una de las experiencias extremas es el abandono: cuando un niño es abandonado o entregado en adopción, es un impacto que no se puede pasar por alto y que imprime una huella de carencia, de ausencia, de falta. Cuando leemos la biografía de Steve Jobs, escrita por Walter Isaacson[12], el autor pone énfasis en cómo el abandono y adopción de

---

12. Walter Isaacson, 2013, *Steve Jobs, la biografía*, DEBATE

Jobs marcó su vida en una inconformidad constante hasta una edad avanzada. Fue tras años de emprendimiento, éxito y maltratar continuamente a personas cercanas, tanto en el plano personal como profesional, que logró una mayor aceptación hacia sí mismo, tras explorar y entender mejor su origen, tras ser más consciente de que el daño que creyó recibir lo estaba creando él a su alrededor. Fue una claridad que obtuvo en la última etapa de su vida, más cercana a su fallecimiento.

Así, llegamos a una cuarta estrategia adicional a las tres generadas por el abrumamiento, en este caso como respuesta a la carencia y resumida en la creencia siguiente: «No lo merezco»; es una de las primeras estrategias que de niños podemos asumir frente a la carencia que nos rodea, ya sea real o imaginada, porque como niños es más difícil dimensionar, relativizar y tener en cuenta un contexto más completo, es posible que una carencia que no es real se interprete como que lo es. Un niño que reclama refrescos o chuches o bollería y pocas veces es satisfecho, es posible que genere un sentido de carencia, cuando en realidad no lo es y la respuesta es sencillamente una intención de educarlo en una nutrición más sana. La renuncia al deseo, ya sea de atención de otras personas o de recursos, puede acabar generando el pensamiento en el niño de no merecerlo.

Recordemos que durante una etapa de la infancia los niños viven en un pensamiento mágico, interpretan que, a partir de lo que les sucede, «si no lo tengo es porque no es para mí, no lo merezco». Las reacciones más habituales incluirán tendencias hacia esconderse de la vida, minusvalorar sus propias capacidades y opciones, evitar riesgos e incluso tomar decisiones que les sabotean a sí mismos. Hace algún tiempo veía un capítulo de la serie «Atípico» en Netflix, en el que Zahid, amigo del protagonista, vendedor en una tienda de electrónica, fumador de marihuana y en atención constante para atraer mujeres, reflexiona acerca de su motivación de niño: quería ser enfermero. De hecho, Sam, su amigo, reconocía su habilidad para relacionarse con las personas, además de su tendencia a ayudarlas. Nuestro muchacho recuerda cómo un profesor de primaria, en un arrebato, lo abroncó diciéndole: «Nunca serás nada en la vida, todo lo que hagas será un fracaso, eres incapaz de tomar decisiones correctas», y todo esto quizá por ser un niño inquieto y alegre y realizar alguna travesura. Zahid cuenta cómo desde entonces ha encadenado decisiones que han cumplido la profecía del maestro. No es que el profesor haya acertado, es que un niño aceptó las afirmaciones en forma de gritos y agresividad de un adulto, dejando de permitirse soñar con un futuro, tomando decisiones que le ayuden a huir de su dolor interno en un presente cortoplacista. A través de sus decisiones confirma su creencia y lo llama destino. Él mismo es su propia trampa. Esto, que aparentemente es fruto de un guion de una serie, lo he observado en diferentes personas y como resultado de distintas experiencias y diversos resultados a lo largo de más de una década acompañando a personas, incluidos directivos, en sus procesos de desarrollo.

Ocurre también que, en ambientes de pobreza, es habitual que los niños asuman: «No merezco dinero o abundancia, eso es ajeno a mí», y así durante su etapa adulta toman decisiones respecto del dinero poco responsables y de escasa valoración hacia lo que consiguen, repitiendo un patrón de carencia y pobreza, muchas veces viéndose como víctimas de su destino, cuando podrían haber tomado mejores decisiones. En diferentes análisis acerca de la pobreza se concluye que la perpetuación de la pobreza radica en una alta psicología del pasado, y escasa del futuro. Cuando una persona ha crecido en la pobreza, en su estrategia de carencia no se permite soñar un futuro o al menos creerlo posible y actuar de acuerdo con uno mejor, porque no lo merece. Vive en una psicología del presente, el corto plazo, el momento. Y se ancla de manera permanente a una psicología del pasado, habita en etapas anteriores, en experiencias pasadas, haciendo de ello una condena y una profecía del futuro, creyendo imposible que pueda cambiar. Precisamente es el escenario que Martin Seligman[13] describe en su investigación: la imposibilidad de visualizar un futuro diferente nos lleva a perpetuar el pasado en un pesimismo realista que evita el optimismo de un futuro mejor o diferente.

Nos convertimos en nuestro peor enemigo, nos saboteamos con impulsos impresos a fuego en nuestra amígdala o creencias en nuestro cerebro que nos van a frenar ante cualquier oportunidad de avance o éxito. Detrás de esta creencia, de no merecer, vive el miedo de sentir más dolor, o volver a sentir el dolor de la falta y la ausencia de amor. Es conocido que hacemos realidad en nuestra vida aquello en lo que ponemos la atención, de hecho, nuestro cerebro es un maestro en su prioridad por economizar energía y esfuerzos, focalizar los recursos en aquello que le decimos que es la prioridad, es decir, en aquello en lo que decidimos poner nuestra atención. Lo curioso y lo fallido del miedo, igual que la desconfianza, es que se convierten en su propia profecía. Por ejemplo, quiero progresar profesionalmente, para ganar un mejor sueldo y también para recibir el reconocimiento de un buen trabajo y aspirar a una promoción. Cuando llega el ansiado día y nos lo ofrecen decimos que no, lo rechazamos. Por un lado, nos gustaría, sin embargo, en absoluto consideramos que lo merezcamos, es para otros, yo no lo tuve y no merezco tenerlo, el éxito o la abundancia y yo somos como el agua y el aceite. Y así, evitando el miedo

13. Martin Seligman, 2011, *Flourish*, Simon Element / Simon Acumen

a perderlo, nos lo negamos, y aumentamos la herida creyendo salvarnos mediante la perpetuación de nuestro estado. Comenzamos a ponernos excusas, como que si asciendo es más probable que me despidan porque ganaré más dinero, o es más responsabilidad y me puedo equivocar mayor número de veces, o en esta ocasión no, aún no estoy preparada o preparado.

Avancemos con una quinta estrategia de supervivencia. Una estrategia que de niños podemos elegir frente a la carencia del entorno ante nuestras demandas, deseos y necesidades: se trata de la sobrecompensación o hipercompensación, buscando poder, dinero, las relaciones «adecuadas», fama, o cualquier otra forma a través de la cual podamos lograr soberanía y autonomía sobre nuestras propias vidas y las de otras personas. En esta estrategia buscamos compensar con recursos externos aquello de lo que sentimos carencia en el interior, aunque sea erróneo. Recordemos que los hechos o la realidad importan menos que cómo vivimos y percibimos la realidad. Una madre puede doblar turnos para pagar un alquiler y tener comida para sus hijos, ropa y útiles para el colegio y que los niños, en su entendimiento, interpreten y vivan que les falta amor para aprender a buscar fuera lo que no sienten dentro. Cuando buscamos que lo externo compense lo que sentimos que nos falta en nuestro interior, poco pueden importar los medios, estamos buscando satisfacer una necesidad interna, no es una ruta en la que la empatía y pensar en otros tengan un lugar relevante. La búsqueda de poder como medio de reconocimiento de nosotros mismos es un mecanismo universal. A veces hago el chiste de: «Hay quien mataría por ser presidente de su comunidad de vecinos». Cuando lo miras en perspectiva, ser presidente de comunidad para tener poder es una expectativa de la vida pobre y limitada, sin embargo, puede llegar a ser un universo en el que desplegar el ansia de influencia y reconocimiento compense el vacío interior. Por supuesto, querer ser presidente de comunidad para servir, ayudar y mejorar la comunidad y los vecinos es una expectativa mucho más sana y positiva que la anterior; la diferencia está en la verdadera intención, en la agenda real.

Un colega me describió su experiencia con un jefe narcisista, un perfil que encaja en esta estrategia de ultracompensación de las carencias internas, el despliegue de relaciones y poder, dejando personas desechas en el camino. En una conversación le dijo a su jefe: «En ningún máster se recomienda lo que hacemos, ni tampoco recomendamos nosotros a los clientes las prácticas internas que llevamos a cabo». Tras un silencio, cuenta que se le cayó una lágrima y dijo: «La verdad es que no soy consciente de qué estoy haciendo». Duró unos segundos, tras los cuales se recompuso y comenzó un discurso de autojustificación, pagándose a sí mismo de todas las acciones. La paradoja de todo ello era que asesoraban a sus clientes en materia de gestión de personas y liderazgo. De puertas adentro todo eran críticas demoledoras, gritos, exigencias de trabajo más de 16 horas al día y nunca eran capaces de hacer nada correctamente, nunca nada era lo suficientemente bueno.

En una experiencia personal, recuerdo una sesión de *feedback* a una compañera. Veo posible que una etapa de una sesión de *feedback* se acompañe con propuestas de acciones, con un plan, que ayude a desarrollarnos. Sin embargo, no ocurrió, para mi espanto; cuando pensé que era momento de construir y proponer, la conversación por parte de un superior a mí prosiguió hacia la destrucción casi total de la autoestima de la persona que teníamos enfrente. Además de ayudarme a abrir los ojos, tiempo después le pedí personalmente perdón, y he necesitado un trabajo conmigo mismo para perdonarme el haber participado en semejante acción.

Para perfiles similares, en la faceta pública nada parece ser suficiente en cuanto a lograr más influencia y poder para mantenerse en lo más alto o subir más. Si algo no va bien, todo es culpa de otros, la corte de culpables y enemigos crece. Por otro lado, en la faceta interna, el equipo es el universo para desahogar las frustraciones y carencias propias.

Las grandes preguntas pueden ser: «¿Qué me falta?; ¿durante mi infancia sentí de manera plena la satisfacción del amor por parte de progenitores y del entorno?, ¿qué necesidades fueron insatisfechas?». Son preguntas fáciles, no lo es tanto llegar a respuestas que vayan más allá de la trivialidad o decirnos a nosotros mismos que todo fue fantástico. Todos en algún momento de nuestras vidas hemos podido encontrar la hipercompensación como una estrategia correcta, ya sea manipular en un grupo de amigos para influir en la imagen que tienen de mí, o que decidan lo que yo quiero imponer. O en la familia, aprovechando una posición superior en dinero, o a nivel intelectual, o ambas en conjunto, para imponernos y marcar nuestra posición e influencia, incluso para ser queridos o que nos deban favores.

La verdadera gran pregunta, una vez que podemos identificar el grado de presencia y uso de esta estrategia en nuestras vidas, es: «¿Hasta qué punto está limitando un desarrollo pleno de mi vida o me está sometiendo y esclavizando, alejándome, de una vida plena y alegre?». Porque en esta estrategia, de nuevo subyace el mismo factor común: miedo, o a la ausencia del amor de otras personas o a la carencia material, que es una manera de percibir que la «vida» no nos ama porque no satisface nuestros deseos y necesidades. En el contexto de un niño, se puede entender que lo perciba así. Cuando somos adultos, más que sentirnos víctimas desvalidas tenemos la capacidad de levantarnos y actuar, desde nuestras capacidades, con fuerza interior, confianza en nosotros mismos, buscando apoyos, no enemigos o deudores, perdonando y agradeciendo, para que no falte el amor, y evitar en la medida de lo posible que nos gobiernen los miedos.

Por último, la carencia da lugar a una sexta estrategia, que es la búsqueda de reafirmación por parte de otros. La búsqueda a través de las diferentes relaciones con otros, ya sean personales, profesionales o íntimas, de reafirmación y halagos, todo ello para llenar un vacío interno causado por la propia percepción de la persona de ausencia de amor, cuando es la propia persona quien no se lo reconoce, no se lo da, y busca que se lo den otros. Sin embargo, nada pueden darnos otras personas que no nos demos nosotros antes. Ningún reconocimiento llega a su destino si primero no existe hacia nosotros mismos. Si no me he dado permiso a mí mismo para decirme lo bueno que soy en algo, las capacidades y lo bueno que hago por otros y por mí, ¿cómo va a llegar a sitio alguno cuando me lo dicen otras personas? Es como que no existe la pista de aterrizaje y los pasajeros de ese avión nunca llegan a la terminal. En esta estrategia buscamos de manera constante la reafirmación propia en otros, comenzamos entusiasmados amistades o relaciones de pareja, nos autosugestionamos de que «esta vez sí», «lo he encontrado», y los principios hacen las veces de cumplir en la necesidad de reafirmación a través del otro, simpatía, halagos, cesiones, regalos, tiempo compartido…, y ante un hambre voraz e infinita, ante una expectativa inconmensurable, comienza la frustración, no hay más magia, tampoco una magia que nosotros mismos sepamos darnos. En la necesidad de ser reconocidos necesitamos una dinámica constante pero también creciente, con lo que en algún momento se vuelve insatisfactorio y frustrante y culpamos a la otra persona por aquello que no sabemos darnos. En esta fallida estrategia es común saltar de unas amistades a otras y de unas relaciones a otras, culpando a los demás de nuestras frustraciones, dejando a personas heridas o confusas atrás.

Posiblemente hayas anticipado que el factor subyacente a esta estrategia de nuevo es el miedo que nace ante la carencia y que se proyecta en buscar la confianza en nosotros mismos a través de la confianza que nos devuelvan otros. Nunca funcionará, en una espiral agotadora, nada se nos puede ser dado que no nos demos primero a nosotros mismos. En ausencia de un trabajo individual que nos ayude a identificar nuestras capacidades y fortalezas, a caminar las heridas de no sentirnos suficientes por miedo de nuevo al dolor de confirmar que no lo somos, algo que objetivamente no es real: sabemos que todo individuo posee fortalezas, talento y valor para sí mismo y para su entorno.

El miedo y las trincheras de la vida

Y así se excavan las trincheras en las personas, en esa analogía con la guerra que acuña Mayte Carrasco en su libro[14]. Esa trinchera que nos habita y está preparada para aparecer cuando se den las circunstancias. Como indica, nunca conoces realmente a una persona hasta que el miedo que activa esa trinchera aparece y emerge la personalidad escondida, pasiva, pues la persona es sometida por su miedo y llevando a cabo las acciones que justifica oportunas para mitigarlo.

Visitemos un ejemplo en el entorno directivo, ante una potencial disminución de resultados que amenacen el variable o incluso el valor de sus acciones, si vive en una estrategia de compensación, nunca será suficiente y menos obtener menos de lo que merece. Como se suele decir, «hacia atrás ni para tomar impulso»; así que la consigna es siempre más, porque más es mejor. Tomará las decisiones que sean necesarias para asegurar su objetivo económico personal, incluso si no coincide con los objetivos de la empresa. Como podemos observar, para las personas que adoptan una estrategia basada en el miedo puede que la ética o la sostenibilidad a largo plazo sean como una fantasía ajena a sus pensamientos. La reputación es para los ingenuos.

Por otro lado, podemos encontrar personas que ante una pérdida de relevancia, fama o admiración, o el riesgo de perderlas, harán lo necesario para mantener su *statu quo* de reconocimiento social. En tales circunstancias el *mobbing* es una línea roja que se puede cruzar, así como otras técnicas sociales. En la actualidad el protocolo de acoso es una herramienta cada vez menos eludible en las empresas y de cara a la justicia, esto puede dar paso desde una agresividad abierta a adoptar técnicas sociales pasivo-agresivas que, minando la confianza y reputación de otras personas, socialmente le haga aparentar ser sociable, constructivo e incluso amigable. El rumor, la manipulación, exacerbar el error con la excusa de mejorar, todo es legítimo.

Seguramente todos conocemos a un jefe controlador y cómo asfixia al equipo, minando la motivación, la pertenencia, la creatividad, llegando a la ansiedad o al *burnout*. Llega a ser sorprendente la convicción con la que en público defienden la delegación y la confianza en el equipo; en diferentes entrevistas o conversaciones he escuchado que ser fiscalizados y supervisados es algo que no consentirían, y por ello se han esforzado en alcanzar puestos en los que lo evitan. Sin embargo, esa

14. Mayte Carrasco, 2014, *Cómo superar el miedo en todas las trincheras de la vida*, Espasa

misma convicción los lleva a hacerlo con sus equipos. El autoengaño y la capacidad de disociación entre lo que queremos para nosotros y lo que hacemos con otras personas se forjan con base en el miedo que nos lleva a pensar solo en nosotros mismos, lejos de un 'nosotros'.

La huida, la rendición o el «no merezco» suelen llamar menos la atención, pues no suelen corresponder a roles de liderazgo sino a personas que entran en dinámicas masoquistas o de sumisión ante personas dominadoras, en esa sinergia sadomasoquista en la que ambos roles dependen uno de los otros, unos abusando y otros dejándose abusar, sin capacidad para verse completos e íntegros ninguno de ellos. Hiriendo y siendo heridos mutuamente, sin amor, sin creación, extrayendo de lo que hay.

En un proceso trabajé con un directivo que tenía una abierta aversión a la confrontación. Es algo que los *mánagers* a su mando observaban también. Por evitar visibilizar malos resultados, tapaba los agujeros para aparentar que todo iba bien de cara a sus superiores. Sin embargo, el agujero de pérdidas cada vez era más grande, menos oculto y más conocido por el equipo. Por otro lado, si otro departamento se apropiaba de alguno de los logros de su equipo, por ejemplo, una nueva línea de negocio prometedora, no hacía nada, a pesar de las quejas del equipo demandando que se ocupara del problema. Veían impasibles cómo el esfuerzo se iba en manos de otros que se llamaban compañeros. Otros les podían insultar o amenazar abiertamente, ya fuera alguien con más rango en la jerarquía o de otro departamento, como resultado no hacía absolutamente nada. El impacto en sus mánagers a modo de impotencia era relevante, perdiendo la confianza en su capacidad de gestión y viéndose indefensos o con la necesidad de gestionarlo ellos mismos sin mayor respaldo y con todas las de perder.

Las dinámicas en las relaciones que se viven en el trabajo son sorprendentes en cuanto a la escasa madurez o capacidad para relacionarnos de manera positiva. Algo que se encuentra cuando se permiten amenazas, insultos, gritos, robos de créditos y logros, robos más allá de lo metafórico, mentiras. Cuando lo aceptas como algo ineludible y propio de las relaciones humanas, tampoco es de sorprender el número de seguidores de *El príncipe*, la obra de Maquiavelo, que en respuesta a lo que viven se aferran a «el fin justifica los medios». Ahora bien, seguirlo no va a cambiar nada, precisamente va a agravar una cultura de opresión, relaciones de dependencia y la justificación de la agresividad, porque los demás también lo hacen. En la actualidad tenemos suficientes ejemplos reales que muestran que las dinámicas sociales humanas no son así de manera inevitable, salvo que ofrezcan el marco que lo permita. En el siguiente capítulo visitaremos la reciprocidad en las relaciones y la importancia de lo que permitimos como refuerzo de unos comportamientos más agresivos y egoístas u otros más generosos y colaborativos. El entorno y las normas sociales favorecen que los más colaborativos se comporten de manera más egoísta para sobrevivir y adaptarse, o que los más egoístas sean más colaborativos para evitar perder reputación.

Ampliemos a continuación cómo se extienden las estrategias de supervivencia individuales hacia las relaciones, una mirada que nos introduce al grupo y a conectar lo individual con lo social.

Las personas necesitamos desarrollar y gestionar la autonomía y la intimidad. Nos será útil primero entender mejor la regulación emocional, que consiste en todo lo que hacemos para influir sobre nuestro estado de ánimo y nuestras emociones. Para ello podemos acceder a dos ámbitos: la autorregulación, que es todo aquello que hago por mi cuenta, de manera autónoma, para influir en mis emociones. Por ejemplo, como nos indica el autor Luis Castellanos[15], cuidar el lenguaje con el que nos hablamos a nosotros mismos, o hacer deporte, meditar, etc. Por otro lado, está la corregulación, que es todo aquello que hago con otras personas en diferentes ámbitos, pareja, amigos, familia o sociedad, o en el laboral. Hablar con otras personas, hacer tareas juntos, aprender juntos, que nos enseñen, enseñar a otros, etc.

Veamos algunas combinaciones. Podemos autorregularnos bien, pero corregularnos peor, y por ello ante las emociones o los conflictos tendemos a aislarnos. Y al revés, quienes se corregulan bien socialmente pero peor de forma individual, en tal caso buscan las relaciones y evitan estar consigo mismas. Esto es muy interesante, porque en la vida tenemos dos categorías de relaciones. La principal, y con quien pasamos más tiempo inevitablemente: nosotros mismos; la otra es la relación con otras personas. Necesitamos ambas, y ya podemos intuir que cuando no sabemos relacionarnos y conversar con nosotros mismos o de manera sana, buscamos en otros lo que sentimos que carecemos en nuestro interior, volvemos a Fromm y la perspectiva de vernos incompletos.

Por el contrario, cuando nos autorregulamos y relacionamos bien internamente, pero no con otras personas, nuevamente nos sentimos incompletos y ninguna relación nos satisface. Cuando se relacionan personas distintas en su regulación emocional,

---

15. Luis Castellanos, 2019, *El lenguaje de la felicidad: cambia tu relato, transforma tu vida*, Ediciones Paidós

surgen los conflictos, porque mientras unos buscan en los otros, esos otros huyen para encerrarse en sí mismos. Se dan los conflictos en las relaciones.

Es importante también explorar la seguridad relacional. Consiste en cómo de seguros nos sentimos cuando estamos solos, con nosotros mismos, y también cuando estamos con otras personas. La seguridad psicológica tiene una conexión directa con la confianza que sentimos, hacia nosotros mismos, así como con el entorno. Esto no significa que nos caigan bien todas las personas o que nos confiemos a todas ellas, y sí la confianza en nosotros mismos y en las normas sociales para poder relacionarme con otras personas, en que tengo la capacidad y las herramientas para regular las relaciones para que sean sanas, no enfermas. En ello entra saber poner límites, aprender a decir que no, una comunicación asertiva que balancea el respeto al yo, a mis propias necesidades, en un equilibrio flexible con la convivencia y relaciones con otras personas, esto incluye al entorno laboral. Volvemos a la madurez, al «nosotros» que nos evoca Erich Fromm.

Con esta información tenemos respuestas a cómo podemos lograr autonomía: si sabemos autorregularnos y sabemos estar solos, si tenemos una relación sana, en amor, en aceptación, y productiva con nosotros mismos, tendremos mayor capacidad de ser autónomos, y menos necesidad de depender de otros porque el miedo a la soledad se ve atenuado, que no es lo mismo que ser independientes.

Si soy capaz de corregularme en mis relaciones con otros y desarrollo seguridad o confianza al relacionarme con los demás, tendremos capacidad de intimidad. Es decir, soy capaz de regular en qué grado comparto y en cuál dejo para mi intimidad mi propia realidad. Es posible que conozcas a alguna persona que siempre necesita dar explicaciones de todo lo que hace o decide, aunque no se las pidan. Es un ejemplo de poca regulación de la intimidad. También ocurre el impulso de contar cosas personales sin que venga a cuento en un grupo con el que no tienes esa confianza. En ocasiones nos ponemos nerviosos ante otras personas, el miedo activa la necesidad de encajar y pertenecer, y así vamos, comportándonos de manera impulsiva metiendo la pata.

El miedo en una trinchera concreta que nos habita: ante un grupo social en el que no sentimos seguridad, nos puede generar inseguridad, pérdida del autocontrol, caer en la impulsividad y compartir una parcela de intimidad o un comentario que no corresponde en ese contexto. La consecuencia es el daño en la relación y en la imagen que proyectamos, que otros puedan utilizar esa información o que nos vean poco confiables.

Si volvemos a la ecuación de la confianza de Paul J. Zak que introduje en el primer capítulo, la escasa regulación de la intimidad nos hace poco fiables ante los ojos de los demás. Se pierde confianza hacia nosotros y nosotros mismos confiamos menos y nos volvemos más inseguros. Nuevamente el miedo y la ausencia de su gestión interna nos llevan a vernos perjudicados en un sentido o en otro. Es como cuando te acuestas con otras personas de manera impulsiva para llenar un vacío, como nos dice Fromm: esa experiencia de la separación del resto, de ausencia de amor. Luego te dices que te has dado un gusto, pero en el fondo te sientes mal porque no ha llenado realmente nada. Como cuando compras para sentir placer instantáneo, pero no dura.

El miedo y una mala corregulación con otras personas nos hacen vulnerables. En el entorno laboral una técnica utilizada es crear situaciones de estrés y reducir la confianza para poner nerviosas a las personas del equipo, callar y esperar a que sus miedos les lleven a la impulsividad, a contar aquello no querían decir. También ocurre por el sencillo hecho de estar delante de los jefes, ponerte nervioso y contar aquello que preferías callar. En las entrevistas es fácil estar nerviosos y caer en contar lo que no queremos o nos perjudica. Todo ello representa contextos en los que abunda el miedo y no la confianza o la seguridad psicológica.

Las personas adultas necesitamos capacidad de autonomía y de intimidad, de gestionarlas y regularlas, para poder mantener relaciones sanas, con nosotros mismos y con otras personas. Volvemos al concepto de la madurez en las relaciones, en un amor sano, que podemos extraer del análisis de Erich Fromm.

Respecto de la madurez, hay una frase de Arun Manukhani en su ponencia en TEDxMalagueta que me parece relevante transcribir de manera literal: «*Lo que hace que una relación crezca es poder resolver conflictos. Los conflictos no son el problema, el problema es cómo los resolvemos*».

La madurez es el resultado del desarrollo de la persona. Los líderes desarrolladores y que logran resultados diferenciales en culturas positivas han vivido un desarrollo personal antes de llegar a ese punto, algo que comparto en las clases de liderazgo y que conecta con la conclusión de Frederic Laloux[16] en su investigación de las organizaciones Teal basadas en propósito, confianza y autogestión. Además, en el libro *Tribal leadership*[17], los autores de la investigación de los cinco estadios de madurez

---

16. Frederic Laloux, 2016, *Reinventar las organizaciones*, Arpa Editores

17. Dave Logan, John King, Halee Fischer-Wright, 2011, *Tribal Leadership: Leveraging Natural Groups to Build a Thriving Organization*', Harper Collins

del liderazgo coinciden en que para pasar al siguiente estadio de madurez, los líderes, las personas, han vivido una epifanía a través de la cual han encontrado respuestas que les han permitido desarrollarse personalmente y como líderes.

Erich Fromm nos comparte que la habilidad para amar, activamente, libremente, productivos, como un acto de dar, depende del grado de desarrollo de la personalidad de cada individuo. Se asocia a una orientación productiva de la persona, desde el dar y la empatía, que le sobrepone a las relaciones de dependencia, narcisismo, omnipotencia o acumulación de poder, del deseo de explotar a otros, para ganar una confianza en sus capacidades individuales, conocerse y reconocerse, la valentía de apoyarse en sus fortalezas para el logro de sus objetivos: autoestima, autoconfianza, que es muy diferente de la ingenuidad. Al mismo tiempo, y en relación con los contribuidores que veremos en el siguiente capítulo que analiza la reciprocidad, desde el amor propio ganamos la confianza en que encontraremos personas en el grupo social que nos puedan brindar ideas, apoyo o capacidades para sobrevivir y crecer. En el grado en que carecemos de esta capacidad para vernos completos y capaces, de amarnos y relacionarnos para dar y recibir, al vernos incompletos e insuficientes, el miedo a dar, a darnos, prevalece, por lo tanto, la escasez nos impide amar a otros y a nosotros mismos. El amor y la confianza están relacionados; aprender a amar, a madurar, nos da confianza interna y social, lo que Daniel Goleman denomina inteligencia emocional[18] y social[19].

El miedo de las personas que se corregulan pero tienen más dificultad para ser autónomos, les puede impulsar a entrar en relaciones de dependencia o masoquistas en el paradigma de Erich Fromm. Su miedo habitual es ser abandonados. Todos sus esfuerzos se focalizan en las necesidades de los demás, olvidándose de las suyas, olvidándose de sí mismos. Y nunca será suficiente, porque esperan de los demás lo que no son capaces de darse a sí mismos, carecen de una mejor autorregulación y relación afectiva consigo mismos. Son un colectivo que se puede ver como muy útil porque son los que hacen todo aquello que no quiere hacer nadie, eso sí, no sin infligirse un perjuicio a sí mismos, mientras otros sacan partido de su debilidad. «Es así desde siempre», te dirá alguien, o puede que lo pienses tú, para que unos salgan beneficiados otros han de salir perdiendo. En su espiral de agotamiento propio y explotación por parte de otros, en unos años en el trabajo se agotan y es necesario buscar reemplazos. Ilustra la lógica de las simbio-

18. Daniel Goleman, 1996, *Inteligencia emocional*, Editorial Kairós
19. Daniel Goleman, 2006, *Inteligencia social*, Editorial Kairós

sis sadomasoquistas, insostenibles, extractivas sin ser productivas o creadoras, en las que las personas son un recurso a agotar, reemplazar y devolver a la sociedad un individuo agotado, quemado, posiblemente con secuelas permanentes y escasa recuperación y empleabilidad.

Todo polo tiene su contrario, su opuesto es el más individualista, los que tienen miedo a la intimidad. Tienen miedo a ser invadidos, a la indiscreción y la intrusión en su intimidad, perder una identidad que atesoran. Tienden a separarse de otras personas, pero también de sí mismos. Sin saberlo, sienten menos o gestionan menos sus emociones, son menos conscientes de ellas, mientras que observan al resto de las personas extremadamente emocionales. Puede llegar a disminuir la percepción de su propio cuerpo, la propiocepción, que nos explica Nazareth Castellanos[20] en su obra, como neurocientífica. Comparten poco, ni sobre ellos ni sus sentimientos o sus sueños o ambiciones. Las conversaciones son más superfluas o son sobre temas ajenos a ellos. Les cuesta echar raíces en las relaciones o generar vínculos. En términos de *engagement*, en el contexto laboral rechazan generar vínculos con sus empleadores, responsables o compañeros. Pueden entender bien realizar tareas o trabajos a cambio de recompensas, o por consecuencias, pero no por empatía o adhesión al equipo o un propósito compartido.

Si hay dos grupos que recorren el espectro de la intimidad, hay un grupo que por el contrario representa el extremo de la seguridad relacional y que viven desde el miedo relacional. Son los dominantes. Estos tienen un miedo que nace de la creencia de que, si alguien los conoce de verdad, los abandonará. Podemos observar que comparten con los dependientes el vacío o la imperfección que ven de sí mismos. Unos se entregan al reconocimiento, mientras que estos lo hacen a la desconfianza, todo aquel que se acerque o sepa lo suficiente te acabará traicionando. El mecanismo para relacionarse con otros es desde el control, una estrategia como respuesta a sentirnos abrumados que suele estar asociada con la compensación en cuanto a la acumulación de riqueza que tiene una relación habitual en las empresas con el poder en la jerarquía para tener el control. Los puestos con capacidad para tomar decisiones y cuantas menos personas les puedan mandar son su objetivo como respuesta a su necesidad de tener el control, de dominar. Procurarán acallar las voces discordantes o que les puedan hacer competencia, tener equipos de sumisos-dependientes, obedientes y sujetos al halo de quien muestra un comportamiento fuerte. Volvemos a la simbiosis sadomasoquista de Fromm, o a las relaciones verticales de domina-

20. Nazareth Castellanos, 2023, *Neurociencia del Cuerpo: Cómo el Organismo Esculpe el Cerebro*, Editorial Kairós

ción-sumisión que deberían haber quedado en la infancia pero se reproducen en la edad adulta con más frecuencia de la deseable. Es una dinámica extractiva, en la que se agotan los equipos formados por dependientes en su esfuerzo nunca suficiente, reemplazados a medida que, como recursos, dejan de ser útiles. Los dominadores también se agotan, el control nunca es suficiente, todo ha de pasar por ellos, tomar todas las decisiones, la agenda no logra las horas en el día para atender todo. En el grado de desconfianza que despliegan, delegar es algo limitado, normalmente a pocas personas a las que sienten suficientemente alineadas y alienadas, aunque siempre desconfiarán de ellas. La salud es un tema secundario que pasa factura a los dominadores. Como mecanismos utilizan el control agresivo (gritos, amenazas) y el dominio directo (órdenes explícitas) de manera recurrente, pero a veces también un control indirecto con un estilo pasivo-agresivo en el que aparentan no dominar, dejar un espacio de autonomía, pero marcando las consecuencias o el grado de aceptación que están dispuestos a asumir.

También existe la otra dependencia, que consiste en cuidar, pero hasta tal extremo que asfixia al otro, creando dependencia; tiene relación con el paternalismo en las empresas o ese «ya decido yo por ti porque sé lo que es mejor, y de paso haz lo que yo te digo». Esto se une a una ausencia de consecuencias ante comportamientos o resultados pobres a cambio de servilismo.

En este punto hagamos un alto para recapitular acerca del miedo. Nos acompaña desde la infancia, y en nuestra necesidad de supervivencia ante lo que vemos como amenazas es humano adoptar estrategias para sobreponernos al miedo, o vivir con ello, pero al mismo tiempo perpetuarlo porque no integramos el miedo, en nuestra inocencia infantil adoptamos mecanismos de respuesta al miedo, no de actuar con este. Y así avanzamos hacia la adolescencia con estrategias aprendidas que en ocasiones las fijan para toda la vida, cuando la adolescencia debería ser esa etapa en la que desaprendemos para ser nosotros mismos, como el gusano que muda la pupa para convertirse en mariposa. Sin embargo, no nos enseñan inteligencia emocional ni autogestión, aprendes lo que puedes, y cada adolescencia trae diferentes experiencias, frustraciones o incluso traumas.

Sin embargo, podemos tomar la analogía de la serpiente, que a lo largo de su vida muda en sucesivas ocasiones de piel. Las oportunidades de evolucionar a lo largo de nuestras vidas son continuas, en ocasiones las circunstancias nos brindan un escenario que lo hace más sencillo. En no pocas ocasiones un cambio de ciudad o de colegio es para los niños o adolescentes una oportunidad de renacer, quitarse etiquetas, el lastre de las costumbres adquiridas y resetear para ser un poco más ellos mismos. De adultos nada nos impide desaprender para aprender.

Hemos recorrido juntos el impacto que tiene el miedo en nosotros. Se nos hace más evidente cómo incide en nuestras decisiones, independientemente del rol que tengamos en una organización. En personas con puestos de responsabilidad, ser conscientes de que tienen miedos y de cómo perjudica la calidad de sus decisiones es definitivo para darnos cuenta de la necesidad de integrar nuevo conocimiento, más observación, mayor madurez. El miedo y la valentía están íntimamente unidos. La madurez no elimina el miedo, sino que nos da el propósito para tomar decisiones con miedo, integrándolo, y eso es valentía. La madurez y la valentía se manifiestan en saber pedir perdón, o en pedir permiso, o en saber escuchar. Lo contrario es miedo e impulsividad, estar conducidos por nuestros miedos, aunque por lo agresivo y extremo de dichos comportamientos pueda parecer valiente quitar la palabra a alguien, gritar o permanecer en el conflicto, así como cometer agravios por no ser capaces de reconocer nuestros errores.

El miedo nos convierte en pasivos, en actores dirigidos por una fuerza como la vergüenza, la pérdida; en el fondo, el miedo a la soledad y la muerte. En el ser humano la vida se entiende en nuestra dimensión social, la soledad no deseada, impuesta, la exclusión; en nuestra mente es interpretada como la antesala de la muerte, social primero, física después.

La autenticidad, la integridad y la inclusión ocurren cuando integramos el miedo en un nosotros, porque comenzamos por incluirnos en el grupo, sin vernos más ni menos. Cuando los miedos nos controlan, llamamos autenticidad a comportamientos impulsivos que buscan relevancia o poder sobre otros. Nuevamente esos comportamientos generan admiración y adeptos entre quienes lo admiran, porque quisieran poder sentir la fuerza interior para mostrarse.

Madurez intermitente

La madurez, esa capacidad humana que a lo largo del libro hemos entendido que se traduce como la capacidad de amarnos a nosotros mismos y amar a otras personas, ambas, en absoluto significa ser perfectos y estar libres de errores. El Instituto Arbinger nos explica en su libro *La caja*[21], un relato acerca de un directivo

21. Instituto Arbinger , 2019, *La caja*, Empresa Activa

que descubre cómo podemos cambiar la mentalidad del miedo a la del amor, de estar dentro de la caja a estar fuera, de caer en el autoengaño a volver a tomar las riendas de nosotros mismos, la responsabilidad y el propósito. Estar dentro o fuera de la caja es un proceso continuo en el que los automatismos y la mente nos llevan a entrar en la caja, a que los miedos y la ausencia de empatía tomen el control, y en cuyo proceso la observación y la atención nos permiten recuperarlo para salir de la caja y volver a una mentalidad basada en el amor, en la madurez. La observación es fundamental para trabajar y preservar la madurez, una capacidad que encuentra un contexto social contrario en el que la atención escasea.

La neurociencia nos demuestra que es inviable que estemos atentos en nuestra máxima capacidad de manera sostenida en el tiempo, podemos practicar la observación de manera intermitente, para el resto del tiempo lo que necesitamos es adoptar hábitos que nos cambien el pensamiento, que nos ayuden a permanecer más tiempo fuera de la caja en modo de piloto automático y que nos salten las alarmas para recuperar la observación ante cualquier indicio de comportamiento impulsivo o de parálisis involuntaria. Como nos explica Mayte Carrasco en su libro, las respuestas en forma de parálisis involuntaria son peligrosas para nosotros, pues significan una pérdida de acción y voluntad para quedar totalmente expuestos a merced de una amenaza. Como entenderemos en el siguiente capítulo, puede ocurrir que no falte quien vea la ocasión para aprovecharse.

Con todo el trabajo que llevemos a cabo, fallaremos con mayor o menor frecuencia. Desde la aceptación de nuestra vulnerabilidad podremos acceder a la valentía para pedir perdón, para escuchar, para reparar en la medida de lo posible, y para aprender y evitar que se repita cuando hayamos realizado acciones o inacciones contrarias a lo que esperaríamos de nosotros mismos. Y, por encima de todo, perdonarnos a nosotros mismos. En el primer capítulo compartía una herramienta sencilla que ayuda a ejercitarlo. Uno de los factores por los que nos quedamos anclados en un error o en un suceso que nos ocurre es por no ser capaces de perdonarnos a nosotros mismos mientras esperamos un perdón externo que no llega. Perdonarnos es liberador, la relación con nosotros mismos es la primera y la más importante en nuestras vidas, si bien no es la única.

Cada personalidad tiene un rango aceptable o incluso positivo de convivencia con otras, dependiendo del grado de intensidad del miedo, de la neurosis que le domine o la ausencia de gestión de nosotros mismos que tenga: la autogestión o el ejercicio de gestionar nuestras emociones, una de las capacidades básicas de la inteligencia emocional. Aunque podamos pensar lo contrario, ser 'dependiente-sumiso' hasta cierto punto permite desarrollar relaciones sanas, si bien será importante que la persona se conozca y se autogestione para que evite dejarse llevar hacia el extremo polarizado de su miedo. Un extremo en el que nos vemos sometidos irremediablemente a sostener relaciones de dependencia a merced de otros, víctimas de dominadores.

La vida, incluida la laboral, nos pone a prueba ante diferentes retos para los que podemos encontrar una utilidad si lo vemos como una manera de testear que somos capaces de gestionarnos a nosotros, nuestras emociones y los miedos que subyacen. El equilibrio perfecto no existe, insisto. Entre los extremos hay un rango importante en el que es posible mantener relaciones sanas. En las relaciones sanas se dan conflictos en los que se muestran aquellas partes de nosotros que nos gustan menos: los miedos, las trincheras que describe Mayte Carrasco, y al mismo tiempo la relación sana entre las personas conducen a una solución del conflicto en el que nos vemos unos a otros y nos aceptamos falibles, vulnerables, con errores por el camino, relaciones en las que la comunicación es posible, en las que las otras personas nos hacen de espejo sobre aquello que no nos gusta de nosotros mismos y se da un espacio de acuerdos positivos para todos, con sinergias y fortalecimiento de las relaciones, incluidas las laborales. Porque recordemos que el trabajo son relaciones.

Es posible desarrollar maneras de trabajar y entornos con relaciones sanas y positivas para personas reales, no perfectas, en las que las personas aprendan a autogestionarse frente a su propia polarización y los ambientes de seguridad psicológica y los líderes y personas que fomentan la confianza establecen relaciones maduras, productivas, creadoras, en vez de extractivas.

La ocurrencia de un comportamiento descontrolado debería llevarnos a entender la necesidad de trabajarnos para mejorar nuestra autogestión y gestionar nuestra fuerza interior, la voluntad, en ningún momento para restarnos a nosotros mismos y relegar nuestras capacidades y fuerza interior al olvido por miedo a no saber controlarnos. Dice Erich Fromm que el arte de amar se perfecciona mediante el entrenamiento; coincide Mayte Carrasco en que la aceptación del miedo y su gestión también son cuestión de entrenamiento y práctica. Del mismo modo repito en cada taller de liderazgo o desarrollo que solo se logra con horas de observación, práctica y aprendizaje.

Generaciones

En los últimos años es objeto de titulares en los medios y está en boca de mánagers y profesionales de RR. HH. el cambio que se observa en la generación *millennial* y *Gen Z*; el comportamiento que muestran es de resistencia a las dinámicas de dependencia, no creen las promesas ni esperan depender de otros, son la gran renuncia y la renuncia silenciosa. Y tampoco parecen aspirar a ser dominantes como ambición que les dirige, solo hay que entender mejor el fenómeno de la *quiet ambition* y la falta de adhesión a la jerarquía, promocionar y preguntarse a sí mismos: «¿Cuál es la motivación para llegar a dichos puestos?». El poder o la relevancia no pagan el nivel de agotamiento y sacrificio moral, mental y, en ocasiones, ético. No es que en las nuevas generaciones no haya personas con tendencias dominantes o sádicas hacia otras, estadísticamente o sociológicamente no parece que haya evidencia para que no existan, solo que el resto que es mayoría parecen vacunados frente a las dinámicas sado-masoquistas y entrar en ellas.

Actualmente se habla de un mayor narcisismo por parte de las nuevas generaciones, el término WIIFM? o «¿Qué hay en esto para mí?», y la consecuencia de tener el mundo y las redes en la palma de la mano a un golpe de botón aparenta que tiene como derivada el preguntarse qué se llevan de cada experiencia, incluidas las laborales. Cuando no están para promesas, quieres realidades hoy y ahora, y se ponen en valor, lo valgan o no. Las narrativas tradicionales abocadas a hacer rebaño, prometer futuro y un trabajo duro con recompensas no funcionan. Porque las recompensas a modo de inversión a futuro en la carrera profesional se han vuelto dudosas, tampoco hay que olvidar que *millennials* y *Gen Z* han visto en su generación anterior un desfile de EREs, ERTEs, prejubilaciones, horas de trabajo sin fin, etc. Se hacen preguntas y los hechos les dan respuestas. Vienen inmunizados frente a ser rebaño.

La erosión extrema que se produce por parte del modelo del miedo, extractivo y agotador, ha extendido el hartazgo también a generaciones anteriores que se preguntan si todo esto les merece la depresión, el nivel insoportable de estrés o la soledad cada vez mayores. Que los *baby boomers* hayan superado hace tiempo la edad de jubilación tiene una incidencia directa en la generación X, que se ve como bisagra entre hijos que no se acaban de independizar y padres y madres cada vez mayores, dependientes, que necesitan una atención que nuevamente es un esfuerzo para la generación X mientras el entorno laboral es demandante y el miedo de quedarse fuera del mercado a partir de los 45 es una realidad.

El miedo de la pandemia y el confinamiento ha despertado un nivel de saturación a partir del cual tengo la convicción de que nos volvemos más inmunes al miedo, llega un punto en el que aprendes a vivir con ello o sucumbes. Hay una parte de la población, y destacaría generación X e incluso *baby boomers,* que han dicho un «basta ya». En Estados Unidos se acuñó el término YOLO de «solo vives una vez» (*You Only Live Once*), un concepto que no deja ser un rescate del *carpe diem.* Frente al miedo: confianza, valentía y presente. Es una consecuencia de haber estado durante meses en la incertidumbre de si ibas a morir por COVID-19, por mucho que ahora lo veamos con perspectiva, fue así. Cuando has aprendido a no saber si vivirás un mes más si te tocaba el bicho en ese tiempo, no deja de haber un paralelismo con las experiencias que relata Mayte Carrasco en el frente, salvando las distancias. Tengamos en cuenta que la mente procesa los eventos en la intensidad con que los piensa, no con la intensidad o el calibre que les corresponde en realidad.

CAPÍTULO 3. LAS RELACIONES EN EL TRABAJO

La mirada de Mayte Valverde sobre las relaciones en el trabajo

La mirada de Mayte nace de su experiencia liderando departamentos, equipos y, también, el talento y la cultura en organizaciones desde Recursos Humanos. Mayte ha creado comunidades que florecen y que hacen florecer y crecer a otras personas que se unen. Desde su mirada nos habla acerca de la importancia de las relaciones humanas en las organizaciones:

Durante años he escuchado en algunas organizaciones la frase: «Aquí venimos a trabajar, no a hacer amigos». Y yo siempre he respondido: «*¿Y por qué no?*».

Quienes hemos disfrutado de la amistad en el trabajo o hemos favorecido conversaciones más allá de la temática laboral, sabemos que no hay rendimiento sostenible sin relaciones auténticas. Las organizaciones no son solo estructuras, están hechas de emociones, historias y conexiones humanas.

Y no basta con relacionarse únicamente dentro de los equipos. Los entornos más dinámicos son los que cruzan fronteras internas y construyen comunidades. Lugares que agrupan a personas de distintas áreas, experiencias o generaciones, unidas por un propósito o un reto común. Ahí nace la verdadera innovación. Ahí nace también la inclusión real.

En un mundo cada vez más mediado por la inteligencia artificial surge una oportunidad poderosa de unir tecnología y talento para potenciar lo humano. Y solo será posible con la activación de la inteligencia colectiva. Pero no únicamente como un espacio relacional, sino como la capacidad de una organización para pensar, aprender y evolucionar a través de las conexiones entre las personas. Cuando esa inteligencia se activa, el valor se multiplica.

Y la verdadera riqueza de una organización está en esa red invisible que conecta a quienes, aunque no compartan función ni etiqueta, se reconocen como parte de algo más grande. Hablamos de algo más profundo, de recuperar el poder de la relación.

No conozco ningún algoritmo más potente que una conversación honesta ni ningún KPI más revelador que la calidad del vínculo entre las personas. Si queremos organizaciones verdaderamente humanas, necesitamos relaciones verdaderamente humanas. Y eso comienza cuando nos atrevemos a conectar más allá del cargo, desde quienes somos..., para construir culturas donde las relaciones sean el verdadero motor del cambio.

MAYTE VALVERDE ELICES

> «Cuando el amor es la norma, no hay voluntad de poder,
> y donde el poder se impone, el amor falta».
>
> CARL GUSTAV JUNG

Tras una revisión acerca de la naturaleza del amor y el miedo a nivel individual y cómo condicionan nuestras actitudes, comportamientos y decisiones, es momento de visitar las relaciones. Precisamente porque los equipos y las organizaciones son tanto las relaciones que se crean y las dinámicas de las mismas como los individuos que las conforman. Una organización es un sistema y todo sistema consta de miembros en plural y las relaciones entre los mismos. Por eso, aunque ya hemos explorado en cierto modo el relacionamiento entre individuos, es importante un capítulo específico acerca de ello. Veamos un modelo de arquetipos que nos ayude a identificar de manera sencilla los tipos de relaciones.

En el año 2013, Adam Grant, psicólogo organizacional y profesor en la Escuela Wharton de la Universidad de Pensilvania, publicó el libro y superventas *Give and Take*[22], traducido como *Dar y recibir*. El autor propone que el rendimiento o los resultados en las empresas vienen más determinados por los estilos de reciprocidad entre las personas que por otros factores. El estilo de reciprocidad determina cómo los individuos adoptan una perspectiva al abordar sus relaciones. En este capítulo desarrollo un punto de vista que toma como base el modelo que propone y algunos de los datos que comparte.

Desde la mentalidad del individuo y cómo ve a otras personas se impregna cómo nos relacionamos y, lo que es más importante, cómo nos ven otros. Cómo nos relacionamos es la acción hacia otras personas, cómo nos ven y se comportan es la reacción o la respuesta. La reciprocidad se basa en cómo damos y cómo recibimos con otras personas, ya sea en la comunicación, en el tiempo dedicado a la relación o al intercambio de conocimiento, dinero. tareas u objetos. Si reflexionamos un momento acerca de ello, una relación entre dos personas es dar o recibir, o ambas al mismo tiempo. En una relación laboral, a otra persona podemos entregarle un resultado de nuestro trabajo, dedicarle tiempo y atención, o palabras como un reconocimiento o un consejo. También podemos recibir el resultado de su trabajo

---

22. Adam Grant, 2013, *Dar y recibir*, Gestión 2000

y podemos dar y recibir simultáneamente; una conversación es un buen ejemplo, una tarea realizada en equipo es otro.

Cuando hablamos de un sistema humano, un equipo o una organización, está compuesto por individuos y relaciones. Los individuos de manera aislada pueden tener un impacto puntual en el sistema, sin embargo, las normas sociales condicionan nuestra actitud, cómo nos comportamos y cómo nos relacionamos y adoptamos un estilo de reciprocidad u otro hacia los demás. El investigador sugiere que el secreto de la salsa de los resultados en una organización está en la calidad y la naturaleza de las interacciones en el equipo, más específicamente en la voluntad de ayudar y en la capacidad para pedir ayuda. Volvemos a conectar con el origen de este libro: las relaciones en madurez, relacionarnos desde el nosotros.

La investigación de Grant muestra que el éxito organizacional es incrementalmente dependiente de las relaciones e interacciones en el ambiente de trabajo, desde el cómo se ven a sí mismas las personas y unas a las otras. Por lo tanto, revisemos los arquetipos de relacionamiento basados en la reciprocidad hacia los demás.

Arquetipo del acaparador, el yo como fin o el yo-yo

Los acaparadores procuran recibir más de lo que aportan, anteponiendo su propio interés antes que cualquier otro, incluida la organización para la que trabajan. Recordemos que podemos acaparar atención, tiempo, resultados, dinero, reconocimiento, información, poder, etc. Al desgranarlo un poco más es posible que te vengan a la mente diferentes personas que son un ejemplo a la hora de acaparar y acumular. Una persona acaparadora bien podría compararse como un agujero negro a modo de analogía, aunque una estrella masiva puede ser aún mejor, atrae y a medida que te acercas su gravedad te atrapa y lo que parecía luz generosa realmente quema cuando se desvela su naturaleza real. Al fin y al cabo, un agujero negro no engaña, sabes lo que es y las consecuencias desde el inicio.

La mentalidad de los acaparadores se valida en la creencia de que el mundo es competitivo, nos enfrentamos al dilema de sobrevivir o morir pues «el hombre es un lobo para el hombre», como acuñó Thomas Hobbes, el mundo es un lugar hostil en el que solo los más fuertes sobreviven. De hecho, es una interpretación habitual de la teoría de la evolución de Charles Darwin, aunque su descubridor apuntaba a la adaptación y no a la fuerza. Nuevamente constatamos la sutilidad del autoengaño en el ser humano y cómo tergiversamos incluso la ciencia para respaldar nuestra mentalidad.

Los acaparadores ven y buscan alrededor medios para su fin, no pueden ver personas o iguales con necesidades legítimas, pues eso activaría su empatía, necesitan hacer de las personas un recurso para valerse de ello, competir, ganar y lograr sus resultados. La empatía es un freno inútil, pues la flaqueza es una amenaza, bajar la guardia puede significar que otros se aprovechen. La desconfianza es una seña de identidad de este arquetipo en las relaciones, laborales o no.

Su esfuerzo es habitualmente entendido en la organización como compromiso hacia la misión y objetivos de la misma. Esto no es así. Para los acaparadores, la organización solamente es un campo de juego con un conjunto de reglas que aprenden y que utilizan para triunfar. El logro de los objetivos es el medio para su propio fin e interés. Sin embargo, en la medida en que los objetivos o estrategias de la organización confronten su beneficio, o en la medida en que la manera de lograrlos sea laxa, podrá justificar acciones poco éticas, o incluso ilegales. Su propio beneficio es el único fin, la organización es un medio.

Los acaparadores suelen destacar en su capacidad para promocionarse a sí mismos como medio para asegurar que se proyecta su superioridad sobre los demás, al tiempo que se lo creen ellos mismos y se llenan de una narrativa para reproducírsela a ellos mismos y a otros. Sin embargo, esto no es una característica única de este colectivo, por lo que no es la única señal que podemos tomar para identificarlos.

De manera llamativa, Adam Grant, en investigaciones conjuntas con Wayne Baker, ha identificado que la reputación es un mecanismo efectivo hacia los acaparadores. En privado, y si sus acciones se mantienen en ese ámbito, los límites de su actitud y decisiones son más difusos. En cambio, cuando las decisiones o los comportamientos se hacen públicos, cuando se fomenta la transparencia y la comunicación, se sienten condicionados ante el riesgo de ver su reputación y credibilidad cuestionadas. Más adelante incluiré esto como un factor necesario para fomentar culturas organizacionales más sanas y liderazgos más humanos. Es posible que te preguntes la razón de fomentar la transparencia en el ámbito público y también en las empresas; las investigaciones respaldan que son mecanismos sociales o sistémicos que condicionan los comportamientos nocivos, principalmente de los acaparadores, egóticos y egoístas.

La definición de éxito de los acaparadores se traduce en obtener resultados superiores a otras personas. Es el culmen de la competición, ganar, más es mejor, quien gana una competición es quien tiene el resultado superior. Nuevamente, si reflexionas acerca de ello, es posible que identifiques a personas que con sus comportamientos, e incluso con su lenguaje, tratan a sus compañeros como competencia, incluso hablan de «enemigos» en otros departamentos, la desconfianza puede extenderse incluso a las personas en sus propios equipos. Si alguien difiere o habla fuera del equipo se tilda de «traición».

Tras esta lectura, recordando a algunas personas que identifiques y con el ruido que hacen, es posible que pienses que son mayoría. No, afortunadamente no lo son. También es cierto que tampoco hemos de irnos al extremo de pensar en personas crueles, que están incluidas en este colectivo, sino sencillamente autoprotectoras o cautelosas que han desarrollado una actitud de desconfianza y amenaza hacia otras personas, mostrando poca colaboración, contribución o generosidad. Digamos que las variantes más ligeras son, sencillamente, «tacañas» en sus relaciones y escogen estratégicamente sus contribuciones.

El arquetipo equilibrador, el yo a través de ti o el yo-tú

La ecuanimidad, una palabra poco utilizada, es un concepto ligado a la equidad, al equilibrio. En un intercambio está aceptado como algo justo e incluso encomiable que se reciba tanto como se da. En una reacción química el principio de conservación indica que cuanto se da es cuanto se recibe, o se convierte en energía, de manera equilibrada. En una compra, das dinero y recibes algo a cambio. Ya si es justo o no depende de nuestra aceptación de las reglas del mercado, la oferta y la demanda, o nuestra capacidad para negociar. También depende de la valoración de cada parte. Está aceptado que si no recibes amor, no ames a esa persona. O en el trabajo, si no contribuyes, no recibes tu salario o, más aún, reconocimiento o una carrera profesional. El equilibrio en las relaciones es un principio básico, una norma social; en una tribu o grupo social si no contribuyes al resto, puedes ser expulsado.

Sin embargo, no todos los grupos sociales se rigen por esta norma, aunque nos pueda parecer ilógico. Formar parte de una familia no necesariamente requiere dar, o al menos no de manera equilibrada, para que sea un grupo social funcional. Ser ciudadano de un país es un acto legal, habitualmente por nacimiento, y asociado a la nacionalidad y a un pasaporte como documento legal, sin estar supeditado a la medición de la contribución individual. Al margen de la naturaleza más primigenia de la relación laboral basada en el equilibrio entre una remuneración a cambio de un trabajo realizado, considero oportuno invitarnos a que nos mostremos abiertos a que existen otras relaciones más allá del equilibrio entre dar y recibir.

En las relaciones biológicas entre seres vivos, igual que existen diferentes tipos de mutualismo o relaciones positivas o equilibradas entre seres vivos, el parasitismo también es una realidad, la depredación es otra a considerar. El canibalismo, que es una depredación física de otro ser humano, es algo que nos parece aberrante, de manera lógica; sin embargo, aún nos cuesta entender que existe el canibalismo moral o la depredación sobre las emociones, la moral y la capacidad de otras personas por el propio beneficio individual mientras se mina la salud mental ajena.

Los intercambios gana-gana, en los que todas las partes salen beneficiadas, son los preferidos por las personas equilibradoras, los buscan y los crean. En una relación con una persona equilibradora, incluso si pudiera sacar ventaja y hacerte perder puede que te ofrezca que ganes, que no pierdas, para sentir que es justo el intercambio y la relación sea un gana-gana. El mutualismo o las relaciones de intercambio entre seres pueden parecernos un invento de la economía moderna o del ser humano, no es así. Si buscas el término en Wikipedia encontrarás que en la naturaleza se identifican tres tipos de intercambios entre seres vivos.

El primero es el de intercambiar recursos a cambio de recursos; hay bacterias y plantas que intercambian nitrógeno por carbohidratos, a modo de trueque. El segundo se da con recursos a cambio de servicios; las plantas y las abejas intercambian polen por el servicio de dispersarlo para expandir su reproducción y supervivencia. El tercero es el intercambio de servicios por otros servicios; si has visto la película de Nemo de Disney Pixar, las anémonas protegen al pez payaso de depredadores y el pez payaso a la anémona de los suyos.

Frente a las evidencias de que no es siempre como ellos piensan, los acaparadores viven en la creencia de que el mundo es depredación, y en parte es cierto, aunque no es la verdad completa. Por el contrario, los equilibradores viven en la creencia de que tanto das, tanto recibes: *quid pro quo*. De hecho, este es un mecanismo de protección natural contra el posible abuso, los acaparadores pueden obtener una ventaja inicial, pero al estar esperando el equilibrador que le devuelvas el favor o el esfuerzo, recibir a cambio, mientras la reciprocidad no ocurra la persona equilibradora evitará dar más a la acaparadora, regulando la relación si a esta última le interesa continuar.

Según la investigación de Grant, los equilibradores son el perfil mayoritario en la sociedad y, por ende, en las empresas, y lo sustenta en los experimentos realizados por el premio Nobel en economía Daniel Kahneman. Por el mero hecho de que la vida florece, los mecanismos de equilibrio y reciprocidad en los ecosistemas necesariamente han de ser mayoritarios entre especies o entre miembros de una misma especie. Si los relacionamientos de depredación o de parasitismo fueran mayoría, incluso en escenarios de abundancia la reproducción no lograría reponer los seres que perecen o se debilitan. Si un grupo de seres humanos como lo es una empresa pervive, parece hasta de sentido común que el equilibrio en las relaciones sea el más frecuente para que haya un conjunto de personas con la salud suficiente que continúe el trabajo, no estén de baja por enfermedad de manera continua o causen baja en la empresa.

En estas dinámicas de equilibrio los acaparadores en sus dinámicas de competición acaban enfrentándose entre sí y regulando el número de los mismos, por su propia supervivencia, sencillamente no hay huéspedes o víctimas para tanto acaparamiento. Además, para los acaparadores la colaboración es limitada, más allá del respeto generado por el miedo ante la amenaza que supone otro acaparador, la desconfianza es un mecanismo de supervivencia para ellos.

La definición de éxito para los equilibradores es lograr metas de manera justa con otras personas. Esto está alineado con su mentalidad, pues sus valores principales son la ecuanimidad, la igualdad y reciprocidad en las relaciones e intercambios. Como suelo enseñar y reflexionamos en los seminarios de liderazgo que imparto, los valores que nos rigen generan afinidad por resonancia social con personas que exhiben los mismos valores en sus comportamientos y, también, nos generan disonancia o rechazo hacia las personas que se comportan de manera contraria a los mismos. Por ello, un acaparador justifica que existan otros acaparadores aunque desconfíe de todos, y ve inferiores a los equilibradores, pues tienen valores diferentes. Así, los equilibradores entran en resonancia frente a otros iguales, y sienten rechazo ante los acaparadores.

El colectivo de los equilibradores demanda justicia y en un grupo puede impulsar la expulsión de los acaparadores una vez son identificados y desvelados. Los entornos laborales no son ajenos a estas dinámicas y los equilibradores castigan o penalizan a los acaparadores, algo que estos saben y por ello procuran pasar desapercibidos para que su reputación se mantenga. La escritora y divulgadora Gretchen Rubin denomina a los equilibradores la «policía del karma». En experimentos del premio Nobel de economía Daniel Kahneman, los acaparadores que eran identificados por otros participantes eran penalizados y tenían menores ganancias que los demás, incluso los equilibradores estaban dispuestos a ganar menos con tal de penalizar a un acaparador.

En el siguiente capítulo explico cómo se ha llegado a la política *The No Assholes Rule* en algunas organizaciones para poner coto a aquellas personas que minan las relaciones y la moral.

El arquetipo contribuidor, el vosotros como actitud

Las personas contribuidoras prefieren dar a recibir, priorizan y ponen más atención y dedicación a lo primero que a lo segundo, en ocasiones incluso a costa de sí mismos o sus objetivos a corto plazo. Recibir algo a cambio no es una prioridad. En breve distinguiremos dos grupos según el enfoque en esto último de olvidar sus propias necesidades. La existencia de este arquetipo en nada contradice el hecho de que los equilibradores también contribuyen, solo que, igual que lo hacen, se aseguran de recibir a cambio.

Este nuevo colectivo tiene como valor que lo moviliza solo eso: contribuir. Si tuviera que adivinar uno de tus primeros pensamientos es que has asociado este desinterés por recibir con el altruismo, con personas ingenuas, incluso tontas, de quienes cualquiera se puede aprovechar y que van contra la corriente de la realidad: este es un mundo en el que hay que pelear para sobrevivir. Como veremos un poco más adelante, parte del mensaje es cierto: los altruistas son susceptibles de sucumbir al abuso de los acaparadores.

Esta creencia compartida sobre la futilidad de las personas altruistas hace que este colectivo se oculte y aparente comportamientos de equilibradores, más interesados al buscar el *quid pro quo*, cuando lo que realmente les llena es dar sin esperar nada a cambio. En esta sociedad, ser identificado como altruistas es sinónimo de poca fiabilidad, de incapacidad para tomar decisiones difíciles o falta de foco. Sin embargo y contra todo pronóstico, la investigación de Grant demuestra que las personas contribuidoras son quienes ocupan el *ranking* superior del éxito profesional, al mismo tiempo que ocupan el del fracaso, aunque parezca un contrasentido.

En ocasiones vemos al individuo, pero no observamos el conjunto: las relaciones. Si imaginamos a un humano en solitario, va a necesitar sobrevivir y el altruismo de poco le va a servir. Sin embargo, cuando existe un grupo de personas, se presenta la oportunidad de relacionarnos. Incluso en las circunstancias más extremas los contribuidores aportan un valor diferencial al grupo: hacen la tarta más grande. Solemos pensar que hay lo que hay; si es una tarta, da para lo que da, pero cuando en el grupo se dan comportamientos generosos, en vez de egoístas para asegurar el trozo de la tarta que nos corresponde (a modo de equilibradores) o que podemos quitar parte al resto y tener un trozo más grande (desde la mirada de los acaparadores), se dan dinámicas creativas en el grupo que provocan acciones en las que todos ganan más de lo esperado inicialmente al mirar la tarta.

Imaginemos que la tarta son las tareas de un equipo administrativo, las tareas son las que son, los puestos son los que son, y los objetivos están claros. Un mánager acaparador velará para que cada persona haga todo el esfuerzo posible para cumplir los objetivos e incluso excederlos, en aras de exhibir su éxito y ser el mejor mánager, compitiendo con otros y destacando. Las necesidades de las personas son, como mucho, medios para que produzcan más. Sin embargo, un mánager equilibrador escuchará las necesidades de las personas, expondrá las suyas y establecerá dinámicas de *quid pro quo* en las que el equipo recibe a medida que aporta. Parece justo, solamente que si una persona comienza a aportar menos puede que nuestro mánager no tenga tanta motivación por comprender las causas y ayudar. La inclusión es una excepción para aquellos que lo merecen y se lo ganan, no una norma para todos: recibes según lo que das.

Por otro lado, un mánager contribuidor irá un paso más allá, conocerá a las personas del equipo, con una curiosidad genuina, abrirá foros de conversación y también las opciones de la tarta de las tareas disponibles. Se activan tareas transversales, movilidad dentro del equipo, gestión del conocimiento, flexibilidad, adaptaciones de las tareas, se visibiliza la diversidad como valor para fomentar la inclusión. Un mánager no necesariamente ha de hacerlo todo según el manual. Un mánager con perfil contribuidor añade empatía por servicio hacia las personas con las que trabaja, y la tarta es más grande para todos.

La definición de éxito de los contribuidores se traduce en los éxitos individuales que, además, tienen un impacto positivo en otras personas y en el entorno. Adicionalmente, cuando una persona contribuidora tiene éxito, hay más personas que se alegran y apoyarán su éxito, porque en el camino ha contribuido y aportado a otras personas. El éxito social o profesional de este colectivo es sostenible en el tiempo y sostenido por el entorno, su éxito aumentará de hecho la continuidad de su contribución a otras personas.

Los contribuidores no son, necesariamente, ni amables ni simpáticos

Te invito a hacer una reflexión. ¿Alguna vez te han engañado? Imagino que como a todos. Entonces, ¿en todas las ocasiones quien te ha engañado lo ha llevado a cabo de manera agresiva, soez o intimidante? Puede que en alguna ocasión sí, pues forma parte de las técnicas sociales para divertir nuestra atención mientras nos engañan, pero ser amables, simpáticos, educados e incluso estar bien vestidos son otras, para que nuestra desconfianza se reduzca y activemos un sesgo de simpatía o afinidad.

Lo mismo ocurre a la inversa, los contribuidores se enfocan en ayudar, en estar cuando se les necesita, aportar ahí donde es necesario o incluso si no lo esperas. Es posible que sean bruscos, incluso antipáticos, la intención y la acción son compatibles y conviven con personalidades introvertidas, extrovertidas o incluso poco sociables. En la película *Coach Carter*, también titulada *Juego de honor*, basada en hechos reales, el entrenador es de todo menos amable o simpático. En otras ocasiones este arquetipo ayuda en silencio, puede llegarte ayuda y que nunca sepas que tres pasos más atrás había un contribuidor activándola. Pueden pasar desapercibidos y ser valorados solamente por su círculo más cercano, que conoce su impacto.

Altruistas desinteresados, el vosotros sin mí

Anteriormente he descrito a personas que se olvidan de sí mismas. Así es el perfil del altruista desinteresado, observa y se vuelca en las necesidades de otros, obviando e incluso evitando atenderse a sí mismo. Por supuesto, no se trata de una actitud puntual o circunstancial. Es posible que hayas conocido a alguna persona así. Son personas que escuchan, que observan, la mirada está puesta en lo exterior; si les preguntas cómo están, siempre están bien o sus problemas son poco importantes. En realidad, sus necesidades están desatendidas y cuentan con que un príncipe o princesa azul que cuide de ellos lo que no cumplen consigo mismos.

Atender las necesidades del entorno es una de las estrategias que podemos aprender y adoptar para sobrevivir: pasar desapercibidos, evitar llamar la atención, ser complacientes y seguir la corriente, ayudar incluso sin que nos lo pidan. Sin embargo, los altruistas tienen necesidades, igual que cualquier ser humano, tanto básicas como económicas y de reconocimiento. Según la investigación de Adam Grant, este perfil muestra los peores ratios de desempeño y resultados. Generalizando, su tiempo, energía y capacidades se dedican tanto a otros que sus objetivos individuales se ven constantemente comprometidos, además de darse la necesidad de realizar esfuerzos adicionales para compensar el esfuerzo de ayudar a otros, son víctimas fáciles del agotamiento o *burnout*. Rescatemos por un momento el análisis de Erich Fromm acerca de las mentalidades sádicas proclives a dominar a otros, algo que se relaciona con las personalidades dominantes. Para una persona dominante un altruista es una víctima perfecta, nunca es suficiente y los altruistas se entregan hasta el agotamiento.

Lo más interesante de los altruistas es que son los candidatos potenciales para el siguiente nivel de este arquetipo: los contribuidores desde el nosotros. Mientras permanezcan como altruistas sin atenderse a sí mismos, la satisfacción a través de lo externo y la insatisfacción de lo propio, a pesar del autoengaño, será un constante motivo de frustración y ausencia de éxito profesional aun acumulando agradecimiento de otras personas. Estableciendo un paralelismo, igual que los acaparadores se ven limitados en su crecimiento porque son cuello de botella impidiendo crecer, en el caso de los altruistas la ausencia de priorización y selección de su tiempo les hace diluirse y que sus capacidades pierdan foco y resultados para crecer. Según el refranero: «Quien mucho abarca, poco aprieta».

Contribuidores, el altruismo desde el nosotros

Existe un perfil de contribuidores que en vez de olvidarse de sí pone atención a sus propias necesidades, al tiempo que tiene inclinación y preferencia por contribuir y tampoco esperar algo a cambio. El principal rasgo distintivo es ser consciente de que necesita ayuda, y pedirla al mismo tiempo de que es consciente de sus limitaciones en capacidad, tiempo y energía, porque conoce sus necesidades de descanso, reposición y bienestar en general. Al igual que los equilibradores lo hacen en las relaciones con los demás, este perfil equilibra internamente en su relación consigo mismo, regula dar y recibir, aunque ambas acciones no coincidan con las personas de su entorno, sino consigo misma.

En mi experiencia, los equilibradores ven relaciones individuales mientras que los contribuidores se relacionan en un campo de juego más amplio llamado ecosistema, en el que se relacionan con personas, en plural, el grupo. Por ello, saben o intuyen de manera natural que pueden recibir desde diferentes personas, no solo desde aquellos a quienes contribuyen, y al mismo tiempo activan la generosidad en el ecosistema, pues cuando dan otras personas se contagian de su comportamiento haciendo más posible la generosidad. La mejora en la comunicación, los canales de transmisión de información, actualmente amplificados con las redes sociales, ayudan a los contribuidores a expandir su impacto y, también, a que exista más transparencia y se aumente.

Estos contribuidores integran el yo, su identidad y sus necesidades personales con su propósito de contribuir a los demás, se distinguen de los altruistas, ya que se cuidan respecto de los acaparadores o los abusos. Precisamente ponen atención y observan las intenciones, las palabras y, sobre todo, los hechos de los demás en un mecanismo que filtra, así los contribuidores más exitosos lo utilizan para prevenir y protegerse de los acaparadores.

Un contribuidor, por experiencia propia y con dolor a sus espaldas, llega a aprender que dedicar esfuerzos a los acaparadores es una pérdida de tiempo y energía, además de impacto y contribución. Precisamente es el sumidero por el que se diluyen, separándolos de tener éxito y llegar a más personas. Recordemos que los acaparadores no tienen límite, nunca será suficiente, por beneficio propio o incluso por el mismo placer de tener el tiempo de otra persona a su disposición. Es posible que te esté viniendo a la mente alguna persona así.

En lo sucesivo diferenciamos entre los altruistas, que dan olvidándose de sí mismos, y los contribuidores, que dan teniendo en cuenta sus necesidades.

Una mirada sistémica: individuos, roles y relaciones

Hagamos un breve recorrido desde una perspectiva sistémica que nos permita observar visualmente cada rol, su posición respecto al resto y, desde la misma, cómo se relaciona y el propósito o creencia que moviliza las dinámicas de la relación.

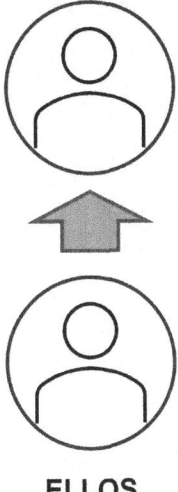

YO
(AL SERVICIO DEL YO)

ELLOS

Para los acaparadores lo importante es el yo, además YO en mayúsculas. Debido al miedo ante la amenaza de la vida, me pongo al servicio de mi propia supervivencia, de mí. Esto incluye que existan otras personas que están debajo, pues están al servicio de mi propósito. Por ende, son un medio para mi fin, mi supervivencia.

Como ya hemos revisado, las estrategias pueden ser diferentes y con distintas intensidades. Desde quien acumula influencia para asegurar, por supuesto en relaciones desiguales, pues su posición respecto a los demás le impide verse igual, pasando por acumular riqueza con la misma intención, o poder para aislarse de la dependencia de otros y asegurar que puede decidir evitando peligros y amenazas, incluida la incapacidad de otras personas que les puedan poner en riesgo.

Desde esta mentalidad, vernos superiores es necesario para tratar a otros como recursos al servicio de nuestro fin. Es necesario hacer de las personas «otros», mantener una separación.

ELLOS

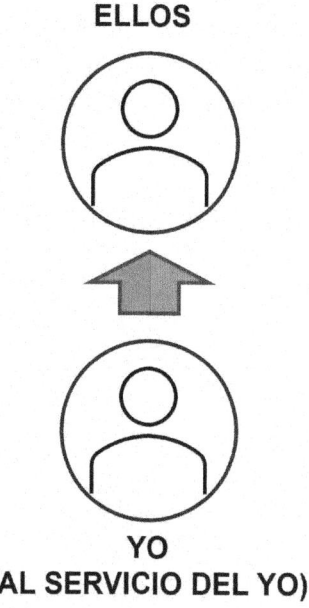

YO
(AL SERVICIO DEL YO)

Observo también la posibilidad de que el acaparador se posicione por debajo del resto, adoptando un estilo más pasivo e igualmente pretendiendo recibir más de lo que da. No desde una autoestima forzada que le vea superior, sino desde un victimismo que le imposibilita articular estrategias de acumulación.

En la sociedad, como en los equipos de trabajo, encontramos personas que sin destacar se quejan, crean mal ambiente, logran relaciones con base en la compasión del resto, dan lo justo y siempre adoptan una postura de recibir y merecer.

Solemos centrarnos en las personas acaparadoras con más visibilidad por su riqueza, poder o influencia, y el impacto que tienen. La adopción de estrategias parasitarias también se da de otros modos. No todas las personas han tenido las circunstancias económicas para acceder a opciones de crecimiento, o circunstancias de amor y apoyo moral que les hayan permitido desarrollar una autoestima, un efecto Pigmalión, a partir de la cual se vean capaces o mejores que nadie.

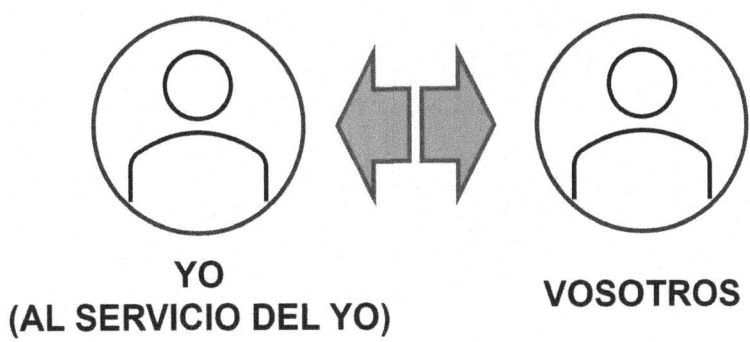

**YO
(AL SERVICIO DEL YO)**

VOSOTROS

En contraposición al rol anterior, los equilibradores se posicionan al mismo nivel que otras personas. Opciones diferentes al valor de la justicia y la ecuanimidad son para ellos un contrasentido. Posiblemente verse así respecto de los demás es la fuente de su fuerte valor de ecuanimidad e igualdad.

Sin embargo, los equilibradores dan sobre la base de la expectativa de recibir, correspondiendo con el famoso *quid pro quo*. De hecho, un equilibrador es cauteloso e identifica a un acaparador, pues no recibe en la misma medida, cortando el flujo de dar mientras no vean que reciben. El propósito de los equilibradores, al igual que los acaparadores, es el yo. Si doy, pero no recibo, corre riesgo mi supervivencia. La ausencia de confianza acerca de recibir del entorno, similar a los anteriores, los lleva a un balance contable de lo que dan para asegurar e incluso reclamar recibir a cambio.

Sin embargo, en contraposición a los acaparadores, los equilibradores han desarrollado una autoestima y confianza en sí mismos que les da seguridad. Saben que pueden dar o contribuir como mecanismo para sobrevivir y recibir a cambio para asegurarlo. Los primeros no confían en sí mismos, al igual que tampoco en su entorno; estos confían en sí mismos y no tanto en los demás, aunque sí en el mutualismo como mecanismo de supervivencia.

Observamos que los miedos dirigen a ambos colectivos, cambian la forma en que se posicionan y cómo se relacionan. Lo cual es influenciado por cómo se relacionan consigo mismos y la confianza que desarrollan hacia sí mismos y sus capacidades.

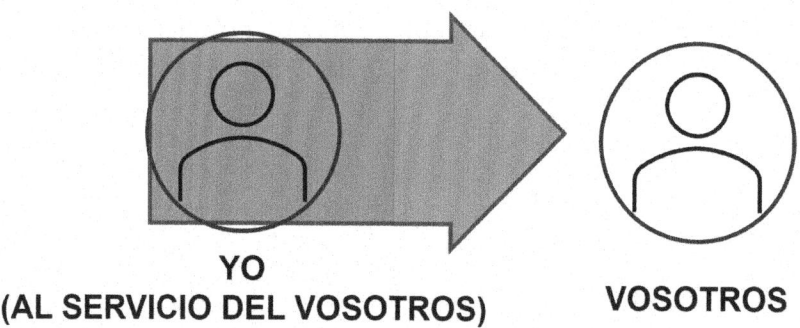

**YO
(AL SERVICIO DEL VOSOTROS)**   **VOSOTROS**

Ahora observemos a los altruistas dan a los demás desde una posición invisible. Aunque formalmente están, pues de otra manera no existirían ni se relacionarían, ellos mismos se invisibilizan para sí mismos. No se ven. Por supuesto que los demás los ven desde su mirada, desde su punto de observación. Pero los altruistas se olvidan de sí mismos.

Hay personas que han vivido en condiciones de abundancia en amor, apoyo o recursos, sin desarrollar una necesidad por la supervivencia en tal sentido, un miedo a la carencia y necesitar del entorno. También tenemos la variante del «no merezco», en la que la persona aprende a anular el interés en sí misma.

Los altruistas no piden, dan y omiten pedir. No son conscientes de sus necesidades, o más bien de la penalización y las consecuencias de olvidarse de sí mismos. Hay altruistas que en su epifanía toman la lección, pasando al siguiente arquetipo.

El propósito de los altruistas son los demás, dar a los demás les llena y satisface. Pensarse llenos es un pensamiento mágico, una ilusión que se les hace evidente cuando viven las consecuencias de olvidarse de sí mismos. En el lamento no deja de existir también la fantasía de que otros les vean y les provean, no por pedirlo, sino porque lo merecen incondicionalmente. Hay un victimismo en todo ello. La fantasía del cuento del príncipe azul que nos salve, príncipe o princesa, porque altruistas hay de todos los géneros, es la esperanza de los altruistas, pues son incompetentes en ayudarse a sí mismos.

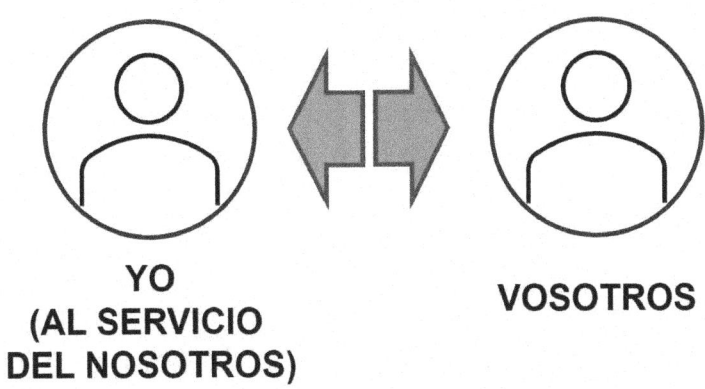

**YO
(AL SERVICIO
DEL NOSOTROS)**

VOSOTROS

En la epifanía de los altruistas, en esa travesía por el desierto de dar sin entender las penalizaciones y pudiendo sucumbir a la exclusión laboral, enfermedades mentales o el *burnout*, algunos altruistas aprenden la lección: mostrarse en el sistema, darse su lugar y posicionarse al mismo nivel que otras personas.

Son los contribuidores. Aparece el yo, que puede llegar a ser un YO en mayúsculas. Al hacerlo, me miro, me veo, puedo transitar por el autoconocimiento, me conozco, conozco mis necesidades y la importancia de satisfacerlas, el autocuidado y ser yo la primera persona que me proveo. Al mismo tiempo, y al contrario que los equilibradores, el propósito es el nosotros, dar al vosotros y saber pedir para proveerme, en el crecimiento del nosotros, del ecosistema.

En los sistemas evolucionados por el ser humano, como una empresa, son precisamente los acaparadores, recibiendo y contribuyendo poco, inyectando competitividad tóxica, confrontación y miedo, quienes alimentan la justificación de que otras personas son amenazas.

Los contribuidores integran la confianza en sí mismos al igual que la confianza en el entorno, en que dan desinteresadamente y pueden pedir, no a quien han dado, sino a quien ellos necesiten. Los contribuidores son capaces de moverse en una red de relaciones mucho más amplia que solo aquellos a quienes han dado, se mueven en el ecosistema. Además, conscientes de la existencia de los acaparadores, pondrán en práctica dinámicas para protegerse, porque estos son una amenaza.

Posiblemente una de las evidencias del grado de madurez de los contribuidores es superar la necesidad de adoptar estrategias de supervivencia para aceptar que en la vida ocurren eventos fuera de nuestro control. No es que quieran que ocurran, ni que dejen de tomar medidas en lo que esté en su mano, sino que dedican sus recursos, tiempo y energía a construir y avanzar en vez de anclarse en evitarlo. Los contribuidores, al igual que integran el miedo y viven y deciden con miedo, en vez de sometidos a ello, viven integrando la fatalidad, esos eventos inesperados al igual que inevitables. Trabajan y viven en las circunstancias de miedo y fatalidad, no contra ello, y contribuyen. ¿Pueden perecer en medio de todo ello? Por supuesto, como cualquiera, aunque en el camino viven más plenamente en vez de solamente sobrevivir.

Hallazgos acerca de los arquetipos de relacionamiento

Anteriormente compartía que el arquetipo equilibrador es el mayoritario en las organizaciones, aunque no es totalmente cierto. Adam Grant recoge en su investigación los resultados del trabajo de Shalom Schwartz en múltiples países acerca de los valores y los principios rectores del comportamiento humano en miles de adultos en países de todo el planeta y múltiples culturas. Dar fue el valor individual más valorado en todas las geografías, por encima del poder o el éxito. Las personas contribuidoras en las que prevalece el valor de dar son más y, sin embargo, la narrativa de los acaparadores les resta méritos, las culturas heroicas invisibilizan a los generosos para dar crédito a otros valores como el poder, la riqueza o la influencia. Las redes sociales perpetúan la admiración hacia las vidas llenas de experiencias, el poder adquisitivo para poder permitírseles el lujo o la influencia. No es casualidad que la profesión de *influencer* sea una de las más admiradas en muchos países.

A pesar de que los humanos somos naturalmente más contribuidores, nos da vergüenza mostrarlo, ser identificados como altruistas, ser clasificados como parias, flojos o fracasados. Te animo a observar los héroes del momento cuando leas esto: ¿a quién admiran los titulares de la semana? O ha cambiado mucho el mundo o las portadas y titulares los siguen copando políticos, millonarios, *influencers* o los denominados «famosos». Esto se extiende al mundo profesional, ser visto como altruistas es bonito pero garantía de ser incompetente para tomar decisiones, ser valientes o ser flojos con los equipos. Todo ello es producto de una narrativa sesgada por acaparadores y el hecho de que los altruistas que se olvidan de sus propias necesidades, sin considerar a los contribuidores de éxito. Los contribuidores se impostan para hacerse pasar por equilibradores, disimulan pidiendo a cambio para que no se les vea el plumero y ser etiquetados de tener «demasiado corazón». El amor en el contexto laboral no solo es tabú, sino que es motivo de exclusión y burla. Por otro lado, el miedo a ser explotados por acaparadores, algo real y nada trivial, lleva a adoptar una táctica de protección impostando ser equilibradores como medio para frenar las dinámicas abusivas. Un equilibrador pedirá un aumento de salario o el pago de los esfuerzos adicionales, pero si es altruista es posible que realmente no le importe tanto; también es posible que el acaparador comience un pulso para determinar hasta qué punto le importa, hasta qué punto es un equilibrador y va en serio o se rinde por el camino y era un altruista impostado intentando defenderse. También están los acaparadores a quienes les importa poco lo que demandes, seas equilibrador o no, y presionarán hasta la exageración.

Posiblemente a estas alturas te preguntes cómo identificar a los acaparadores. Como he compartido anteriormente, igual que una persona contribuidora no necesariamente encaja con el perfil de amable, los acaparadores adoptan tácticas de «lobo con piel de cordero». El subconsciente colectivo es abundante en alusiones a lobos, corderos y precisamente las dinámicas sadomasoquistas que se recogen en este libro. Identificar a los acaparadores es una competencia necesaria para la supervivencia para toda persona, y más aún para los altruistas y contribuidores. Veamos algunas señales:

- En su comunicación, la primera persona del singular está presente de manera abundante, incluidos los posesivos. Desde el yo hasta el mí, mío.

- Utilizan la tercera persona más cuando hay problemas, errores o los objetivos están lejanos de lograrse. Tienden a victimizarse y culpar a otros: el equipo, las circunstancias, el presupuesto, etc. Las maniobras de diversión de la atención son abundantes.

- No piden perdón salvo obligación. Es algo que te puede llamar la atención, pueden dar vueltas en su discurso evitando decir explícitamente «perdón»; al mismo tiempo, es improbable que reconozcan abiertamente un error y se hagan responsables de ello. Lo matizo: pueden reconocer el error de confiar en otras personas o de apostar por otras personas que les han fallado; nuevamente, no se hacen responsables aparentando reconocer un error.

- Ser protagonista, acaparan la atención en las comunicaciones y medios. Se les ha de ver a ellos, en grande, de manera sobresaliente, acorde con su ego.

- Puedes validar con personas que hayan estado en sus equipos, por debajo jerárquicamente. Si no conoces a nadie, compañeros a los que no necesitaran complacer. Los acaparadores modulan la imagen que proyectan, gestionan estratégicamente su reputación hacia la jerarquía superior o quienes les interesan, descuidando el trato hacia quienes no les pueden aupar directamente en sus ambiciones. Como trates a aquellos que dependen de ti y su testimonio cuando ya no existe la dependencia, puede decir mucho.

Si tienes curiosidad acerca de ti, puedes pedir *feedback*, que será más o menos honesto en la medida en que hayas trabajado relaciones de confianza y aquellos a quienes preguntes no tengan una dependencia de ti.

El extremo en los acaparadores

Hay un colectivo dentro de los acaparadores que representa el extremo de la mentalidad de tomar dando lo mínimo posible, se habla poco de ellos y quieren que se les conozca poco: las personas con comportamientos psicopáticos. Considero más correcto apuntar a los comportamientos que hablar de psicópatas, pues para ello sería necesario realizar evaluaciones exhaustivas, cosa que no es habitual en las organizaciones y, de hecho, es un dato de salud sensible y protegido. Pero, a todos los efectos, en una organización lo que nos interesa son los comportamientos y la actitud, pues es lo que se manifiesta en las interacciones y relaciones con otras personas y lo que tiene un impacto en el equipo y en la cultura, según el nivel que ocupe la persona en la misma.

El profesor Robert D. Hare es doctor en psicología e investigador de renombre en el campo de la psicología criminal y uno de los mayores expertos en psicopatía. Según Hare[23], el psicópata es un depredador de su propia especie, lo cual es algo que nos puede costar aceptar. Habitualmente podemos entender los errores o el daño que pueden causar diferentes disfunciones en las relaciones humanas, pero llegar a aceptar que hay individuos que se comportan como depredadores para anular a otros congéneres, con sufrimiento y aprovechamiento, es algo que se nos dificulta reconocer. Además, nos es más difícil cuando no se manifiesta en el plano físico sino en el mental, acaba por destruir mentalmente a las personas a su alrededor, o en sus equipos. Al ser casi invisible solemos identificarlo tarde o muy tarde. El o la

---

23. Artículo «¿Cuántos psicópatas hay entre nosotros?» publicado en el diario La Razón el 11/03/2022 y firmado por Héctor Herrera (https://www.larazon.es/sociedad/20220311/sobfd4it6bblni4hvdzjl3eryq.html)

psicópata que convive entre nosotros es incapaz de experimentar arrepentimiento o culpa, es narcisista, impulsivo y tiende a recurrir con frecuencia a la manipulación en sus diferentes versiones.

Según Robert D. Hare, un 1 % de la población pertenece a este colectivo. En el caso de las empresas, tal como informa y recoge un artículo de la BBC[24], hasta un 20 % de los directivos en las organizaciones obedecen a perfiles o comportamientos psicopáticos. Lo cual, teniendo en cuenta la capacidad para tomar decisiones, decidir políticas, modelos de negocio o planes de acción, aumenta el impacto en la cultura que puede tener un acaparador con este perfil en un puesto de relevancia. Cuando conversas con perfiles sénior que acumulan décadas de experiencia profesional, les parece hasta poco que sean 1 de cada 5 directivos o jefes que han tenido. Una persona con perfil de comportamiento psicopático tiene cero interés por las necesidades de los demás, es una acaparadora en extremo, solamente le interesa su propio beneficio y sus palancas de motivación pasan por la riqueza económica, el poder a través de la toma de decisiones para su propio interés y la relevancia social a través de la capacidad de influencia, y no todo ello al mismo tiempo o con la misma prevalencia. No son como Hannibal Lecter o el Joker, no. Pueden vestir bien y ser de lo más cautivadores. Las organizaciones con alta orientación a la jerarquía como clase social, la toma de decisiones jerárquicas y los objetivos por departamento que crean silos, son un polo de atracción para estos perfiles pues representan las posiciones en las que serán capaces de cumplir su ambición y sueños: poder, riqueza e influencia infinitos, o casi.

Hay varios factores que hacen que una persona con perfil de psicopatía medre en un entorno laboral:

- Son grandes actores, desconectados de sus propias emociones, identifican las de los demás en beneficio propio para manipular. Tratan de conocer las palancas de miedos o motivación de otras personas para ello.

- Carecen de miedo, pues carecen de gestión de sus propias emociones. Esto les lleva a parecer atrevidos e incluso temerarios, aparentando un nivel de compromiso más alto que otros, aunque son apariencias: llegan a prometer por ganar la oportunidad, luego harán todo lo necesario para lograrlo, a pesar del coste que tenga.

---

24. Artículo 'Do psychopaths really make better leaders?' publicado en BBC el 2/11/2017 y firmado por Jessica Brown (https://www.bbc.com/worklife/article/20171102-do-psychopaths-really-make-better-leaders)

- Son seductores, saben poner su esfuerzo en las personas influyentes o que les pueden ser útiles. Si en algún momento hay dudas sobre ellos, la confianza que han generado sobre sus jefes o decisores les puede servir de protección ante las evidencias.

- Son superficiales en las relaciones, nunca se les llega a conocer. Te pueden explicar unas vacaciones o una anécdota, normalmente con la intención de cautivarte, pero no realmente te dirán quiénes son, sus sueños, lo que les mueve por dentro.

- Son maestros de la diversión, y no de la que piensas, sino en distraer el interés de todos para que no recaiga en ellos. Generan cortinas de humo para distraer la atención y que no se les observe, puede extender un reguero de culpas en otros, sembrar dudas de las capacidades de otros, aprovechar cualquier evento ajeno a ellos para magnificarlo.

- Conocen las normas sociales, los límites y los protocolos de relación. Saben utilizar un «gracias» y aparentar la valoración de una persona; rara vez serán capaces de pedir perdón de una manera clara y genuina, igual que reconocer con humildad que han cometido un error.

- Utilizarán los espacios alegales y la interpretación para enmascarar las verdaderas intenciones. Utilizan los estilos pasivo-agresivos en los que parecen amables y colaboradores al tiempo que critican sin proponer y extienden rumores que les permiten ocultarse. Saben que un estilo agresivo directo y explícito es peligroso en la actualidad y con las normas sociales y las leyes presentes.

- Cuando la atención se centra en ellos para pedir explicaciones, minimizan, quitan importancia y utilizan diferentes excusas poco maduras. Previamente pueden haber defendido ser magnánimos con otros como contrapartida, por si les llega el turno de poder pedir lo mismo.

Es importante recordar que en los entornos directivos las ventanas temporales de atención son breves; en el contexto actual de la economía de la atención, la capacidad humana para poner atención en algo es mínima, y las personas con comportamientos psicopáticos ponen cuidado en ello. Gracias a las capacidades anteriormente enumeradas logran pasar desapercibidos. Su capacidad para seducir manipulando y mintiendo es alta, al crear confianza en aquellos más ajenos a su trabajo, pero con mayor capacidad de poder en la jerarquía o en tomar decisiones, demoran la atención sobre ellos a pesar de las evidencias. Cuando los datos de rotación, el *burnout* o el absentismo se disparan, nunca asumen responsabilidad alguna y entran en el terreno de las opiniones y culpan a sus víctimas de falta de compromiso, bajo rendimiento, mercenarios, holgazanes o incluso egoístas. ¡Es increíble que llamen egoístas a otros! Pero desde su punto de vista y de cara a sus propios intereses, lo son.

¿Sabes lo que más te puede sorprender? El artículo de la BBC respalda que, más allá de las apariencias, el rendimiento individual de los perfiles con comportamientos psicopáticos es pobre, aunque se encargan de aparentar lo contrario. Nuevamente, en la economía de la atención lo importante no es la realidad, sino lo que parece ser. Los grandes acaparadores extraen lo mejor de los demás. Las evidencias contravienen lo que popularmente piensan muchos directivos, que los perfiles psicópatas son necesarios para movilizar y lograr resultados. El estudio de Adam Grant lo contradice, los resultados se dan por los demás dando mucho, pero realmente no necesitan acaparadores a modo de máquina ordeñadora, de hecho, los contribuidores, junto con los equilibradores, logran más en ausencia de acaparadores, y más si tienen comportamientos psicopáticos.

Si eres de este colectivo o tienes sospechas de tener comportamientos psicopáticos, es posible que vayas dejando pocos amigos por donde pasas, hay más compasión y bondad que amistad. Lo siento, eres prescindible en las organizaciones del futuro. Si nos está costando avanzar en culturas más humanas es por los acaparadores que lo frenan desde sus diferentes roles de decisión e influencia. Dentro de la gestión de la diversidad estoy convencido de que hay valor para todos, incluidos estos, solamente que no en puestos de responsabilidad o al menos que existan mecanismos que eviten que destruyan talento y negocio.

Según el libro *Snakes in Suits: When Psychopaths Go to Work,* del doctor Robert Hare y Paul Babiak[25]: «La característica destacable del psicópata corporativo es la incapacidad de formar equipos viables», y cuidado, porque su comportamiento totalmente egocéntrico focalizado en su propio interés, lejos del de la empresa, y la ausencia de miedo o aversión a los riesgos, les puede llevar a tomar decisiones que pongan en riesgo a la organización.

La función de la maldad

Considero necesario ahondar acerca de la maldad, pues no en pocas ocasiones nos preguntamos para qué existen comportamientos abiertamente dañinos que

25. Paul Babiak, Robert D. Hare, 2009, *Snakes in Suits: When Psychopaths Go to Work,* Harper Business

hacen sufrir a otras personas, y podemos preguntarnos acerca de la realidad más chocante: que existan depredadores humanos de otros seres humanos, como acabamos de explorar.

La maldad puede incluir acciones crueles de manera intencional y en otras ocasiones ocurrir de manera pasiva, más sibilina o inconsciente; una persona puede no ser consciente desde su grado de autoengaño y su ausencia de empatía ante el daño que produce en otras personas, incluida su extensión al daño en el negocio, que podrá justificar con base en sus propios intereses, necesidades o circunstancias personales. Esto último se suele conocer como una agenda personal o una agenda oculta, que no necesariamente coincide con la agenda, estrategia e intereses de la organización en la que trabaja.

La crueldad no se justifica en ningún caso. Ahora bien, en el contexto de alcanzar la madurez o la capacidad para amarnos a nosotros mismos, la maldad va a requerir que activemos y ejerzamos nuestra fuerza interior y valentía en cualquiera de las formas necesarias, siempre que evite la violencia o la agresividad. Es posible que lo que digamos moleste o contraríe a nuestros interlocutores, pero eso es diferente de ser agresivos. La comunicación no violenta, o CNV, es bastante clara en cuanto a expresarnos desde la confianza en nosotros mismos y de manera potente y sin agresividad.

La maldad y los comportamientos crueles nos pueden llevar a sucumbir, a mimetizarnos y entrar en las mismas dinámicas o, en la alternativa superior, superarnos en una evolución de nuestra madurez no sin superar el sufrimiento y el dolor.

Cuando una persona ejerce daño y además obtiene un beneficio personal de ello, esperar que deje de hacerlo de manera voluntaria y que afronte pacíficamente las consecuencias, ya sea un expediente, una democión, despido u otras acciones, desde mi punto de vista es extremadamente ingenuo. Ante comportamientos dañinos hacia otras personas es importante ser claros y asertivos, más cuando existe intencionalidad. La pasividad no es efectiva.

Una de las características de la crueldad es que las personas que la ejercen la convierten en hábito, el resultado las aparta de la necesidad de plantearse otras maneras de actuar, máxime cuando han resultado impunes. Las acciones que llevamos a cabo nacen de una manera de pensar, de cómo vemos el entorno y un trabajo prolongado de autoengaño para vivir con ello en una autojustificación recurrente. La persona que ejerce la crueldad no ve el daño, esperar empatía es complicado, precisamente la ejerce porque pone su foco en el beneficio que obtiene de ello, algo que no siempre es económico, también puede ser ganar relevancia o realizarlo como un mecanismo de compensación frente al daño que siente que le han hecho o le hacen, obedezca a la realidad o no. Habitualmente la persona que hace daño recurre a la disociación, llega a evitar ver que lo ejerce y se separa de las víctimas convirtiéndolas en «ellos» o en objetos. A medida que lo convierten en hábito, les acerca al perfil psicopático o carente de empatía.

Ante los comportamientos ajenos a la ética o al código de conducta de la organización, es necesario ser firmes, claros y consecuentes. En ocasiones llama la atención la contradicción entre el valor de la meritocracia y el *consequence management* para que se tomen decisiones sobre la base de los resultados que se obtienen, pero esas mismas personas piden lo contrario, flexibilidad, empatía y laxitud ante los comportamientos psicopáticos y los daños que generan. Ante una persona acaparadora, incluso que presenta comportamientos psicopáticos carentes de la más mínima empatía, es importante mostrarse firmes e inteligentes. Habitualmente su continuidad se da porque el conjunto de personas de sus equipos o que les rodean muestran bondad, tienen la esperanza de una mejora y transigen, ceden continuamente, hasta que las situaciones son inasumibles. Las víctimas también tienen miedo de las represalias o las consecuencias. Caer en situaciones de ansiedad o *burnout* en no pocas ocasiones tiene relación con la incapacidad de no poder poner límites, por no saber o por el miedo a las consecuencias al pedir condiciones de trabajo más sostenibles y humanas.

Tengamos en cuenta, con base en el recorrido del presente libro, que una persona dominante no va a mostrar voluntad de frenarlo si está sacando provecho de ello y calmando su necesidad de dirigir y obtener recompensa. Por otro lado, las personas dependientes-sumisas en cierto modo encuentran en la relación sadomasoquista la satisfacción de ser dirigidos frente a la otra alternativa de no tener un reconocimiento; aunque sea tóxico, pueden preferir perpetuar la dependencia, como nos indicaba Alex Rovira. Llama la atención cómo las propias personas de los equipos justifican y sostienen prácticas poco sostenibles con ellos mismos. En el caso de los evitativos es fácil que no vaya con ellos, que hayan encontrado el modo de evitar participar de estas dinámicas, pero al mismo tiempo que empaticen poco con el clima en el equipo y se vean ajenos a todo ello. Con todo, es posible que una persona evitativa sometida a una presión alta ignore su propia situación, hasta que sea tarde y su cuerpo somatice y enferme.

A modo de reflexión, ¿qué nos fascina tanto de los psicópatas? Podemos volver al cine como elemento cultural de nuestra sociedad, a partir del éxito de películas como *Joker*, *El silencio de los corderos* u otras, pero también *bestsellers* de Stephen King u otros autores de género del terror, hay múltiples evidencias acerca de una fascinación generalizada hacia los psicópatas y lo que llegan a realizar. Algo que es contradictorio, porque si recibieran menos atención, el móvil motivador de la relevancia social sería menor como objetivo para hacerse notar.

La admiración es un mecanismo interno del ser humano a través del cual anhela desarrollar una capacidad que exhibe otro individuo, se activa a través de la comparación y está relacionado con la envidia. Si llegamos a envidiar a un psicópata, cuidado. Pero admirar es más neutral que envidiar: no queremos emular las acciones sino despertar en nosotros mismos una capacidad que tiene el otro. En el caso de los psicópatas, o incluso de los acaparadores en general, los altruistas admiran su fuerza interior y la determinación que muestran para priorizar sus necesidades, porque la quisieran para ellos mismos, aunque se ven lejos de desarrollarla, pues llegan a creer que carecen de valentía, determinación y fuerza interior.

Sin embargo, en esta reflexión también podemos observar que posiblemente en el 99 % de las películas los personajes crueles acaban pereciendo trágicamente, y es lo que esperamos la mayoría de las personas. Si acudes a ver una masacre en una película, ¿conoces a personas que esperen de la película que se imponga, triunfe y se sostenga la crueldad y el sufrimiento sin que tenga un final? A través de la empatía se desarrolla en nosotros una necesidad o esperanza de justicia social, de equilibrio. Es cuando aparecen los héroes. Al margen de si es correcto o no, solemos llamar los «buenos» a quienes libran a otros de la opresión, el sufrimiento o la crueldad.

A medida que lees este libro es posible que te vaya quedando claro quiénes son los «malos» y quiénes son los «buenos». En el contexto de la empresa nos sucede algo similar que con las películas, esperamos justicia social y que a los malos y crueles que hacen daño a otros les den para el pelo, al menos a nivel disciplinario y ejemplar. A lo largo de diferentes posiciones en mi carrera profesional, una de mis funciones ha sido escuchar. En las fricciones, y más en los conflictos, cuando tienes empatía o escuchas a una de las partes, te queda claro quién es el malo, solamente que cuando escuchas con atención a otros, los malos no lo suelen ser tanto y llegas a la conclusión de que la verdad no lo es tanto y todo es una composición de perspectivas de cómo viven diferentes personas hechos comunes. Por supuesto, salvo los casos extremos y tipificados en el derecho y la normativa laboral a nivel disciplinario, sumando las diferentes tipologías de acoso, basados en hechos objetivos y poco interpretables.

En este punto es interesante acercarnos al triángulo de Karpman, un modelo psicológico y social de la interacción humana en el análisis transaccional, descrito por primera vez por Stephen Karpman, en su artículo de 1968 «Fairy Tales and Script Drama Analysis»[26]. Cuando interpretamos el entorno de una manera polarizada, con bajo espíritu crítico o con una empatía que nos lleva a identificarnos, una compañera nos cuenta que otra empleada le ha hecho algo, cómo se siente y las emociones que le ha generado. Lo identificamos como un daño hacia esa persona. Inconscientemente le damos a nuestra interlocutora el papel de víctima, y por supuesto de agresora a la otra. La necesidad de justicia, la misma que nos motivan las películas, nos lleva a polarizarnos respecto de la persona agresora y al mismo tiempo a urdir posibles acciones que a nuestros ojos generen cierto grado de justicia, aunque un observador lo vería más como una venganza a modo de mecanismo de compensación por el daño que ha realizado ese agresor a otros. Nos hemos otorgado el rol de salvadores.

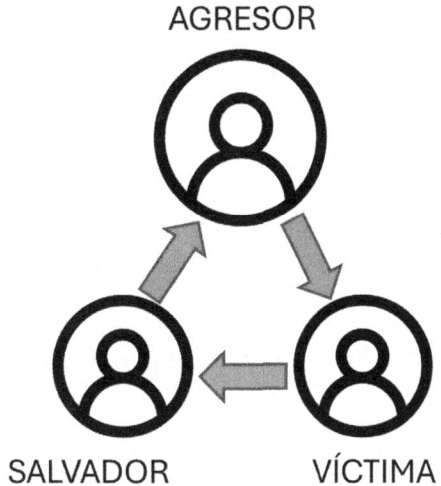

AGRESOR

SALVADOR   VÍCTIMA

En la ausencia de una comunicación clara y sincera, con escasa escucha de unos hacia los otros, a quien veíamos como agresor comienza a experimentar acciones por nuestra parte que le generan un daño. Desde su punto de vista, se ha convertido en víctima nuestra, y a sus ojos nosotros nos hemos convertido en su agresor. Los

26. Stephen B. Karpman, 1968, *Fairy tales and script drama analysis*, Transactional Analysis Bulletin, 7(26), 39-43.

roles se intercambian, y cuando nuestra víctima se lo cuente a otras personas, es posible que emerjan salvadores que quieran perjudicarnos con tal de hacer justicia por quien se ve ahora como víctima.

El triángulo de Karpman representa una secuencia que genera una espiral de confrontación, conflictividad y agresiones en diferentes grados en las relaciones dentro de una empresa. En ocasiones ocurren en la inconsciencia de la persona, pensando que hace el bien; la ausencia de madurez individual nos lleva a adoptar posturas infantiles, propias de un patio de colegio. Somos capaces de justificar el daño a otra persona como compensación por el daño que consideramos que ha realizado a otros. En muchos casos existe el desconocimiento del código ético de la organización y lo que significa el acoso y las consecuencias que tiene. También ocurre que al observar en el pasado que los mecanismos internos de la empresa son laxos ante agresiones de diferentes grados, las personas sienten la necesidad de tomar la justicia en sus manos. En pocas ocasiones alguien tiene una imagen global del daño en espiral que se produce en el clima y la cultura, observando una conflictividad cada vez mayor como síntoma.

La espiral de Karpman se perpetúa porque los mecanismos de regulación interna, desde RR. HH. y/o *compliance* de la organización no son conocidos, o son laxos y poco efectivos, o en la cultura real que se vive la comunicación y la mediación entre las personas está ausente, algo en lo que RR. HH. tiene responsabilidad, así como el desarrollo en habilidades de escucha y mediación de los mánagers o directores.

Como podemos reflexionar, la maldad puede ser objetiva e intencional, pero también puede darse una crueldad subjetiva, bajo una interpretación personal de los hechos, sin intención. Karpman nos permite comprender que la distinción entre buenos y malos no es sencilla, y los primeros pueden convertirse en los últimos.

Al margen de las causas o su naturaleza, nos podemos preguntar ¿qué utilidad puede tener para quien lo sufre? Desde mi punto de vista, la respuesta es clara: madurar. En buena medida el daño que recibimos de otras personas comienza por evitar poner límites, por la incapacidad para decir no, por ceder cuando necesitamos anteponernos a nosotros mismos, nuestra dignidad, nuestra salud, nuestras necesidades. Y, al mismo tiempo, madurar también es aprender a relacionarnos con otras personas además de nosotros mismos, esto implica aprender herramientas y desarrollar las habilidades para comunicarnos mejor, preguntar mejor, escuchar mejor, juzgar menos. La madurez es la capacidad para perdonar y perdonarnos y ser capaces de seguir adelante sin quedarnos anclados en lo que ocurrió y ya no puede cambiar.

Nada justifica la maldad, mientras que la crueldad puede llegar a ser involuntaria o hasta subjetiva, como sociedad hacemos esfuerzos y legislamos para evitar los comportamientos y el sufrimiento humano, y no hemos de cejar en ello, cero resignación. Con todo, es inevitable, nos enfrentará a nuestros miedos y necesitaremos aprender a integrarlos para actuar en favor de nuestra supervivencia, nuestras necesidades y nuestro crecimiento. Sin experiencias dolorosas tampoco encontraríamos la necesidad de aprender y desarrollarnos, pues los seres humanos decidimos cambiar principalmente por necesidad. Para transitar hacia el aprendizaje y madurar en una relación más sana con nosotros mismos y con las personas que nos rodean, en ocasiones será necesario contar con especialistas que nos acompañen. En otro caso, es posible que nos quedemos anclados, en el dolor de un resentimiento recurrente que nos impide avanzar, en un duelo eterno que nos mina y nos reduce hasta perder toda opción de vivir y apenas sobrevivir.

En los talleres de liderazgo que imparto, o en procesos individuales de desarrollo, trabajamos técnicas que ayudan a conectar, despertar y desarrollar la fuerza interior. Está, existe, solo que posiblemente la has dormido o te han prohibido acudir a ella, en numerosos casos por experiencias vividas en el pasado y tras las cuales nos hemos asustado de mostrar una fuerza interior descontrolada, o nos han enseñado que está mal mostrarla. La fuerza interior se entrena, es natural desde la infancia y la adolescencia, e igual se puede desarrollar en la edad adulta. Conviene hacerlo en escenarios controlados para ir ensayando.

¿Alguna vez has visto a un altruista estallar? Sorprende, pero cuando ves a la típica persona del trabajo cumplidora, obediente, que saca las cosas adelante, que se queja poco, cuando ves reventar a una, eso que es como la olla exprés descontrolada, volverá a asustarle y volverá a reprimirlo. Sin embargo, la fuerza interior para reclamar nuestras necesidades individuales, al tiempo que lograr un equilibrio en la relación con nuestro entorno, está en todos y cada uno de nosotros.

La compasión

Desde mi experiencia la mejor aproximación desde la madurez en las relaciones ocurre a través de la compasión, y es una respuesta a las dudas y dilemas que se nos suelen presentar entre ser paternalistas, tolerantes o muy duros, incluso ser nosotros también crueles, como he explicado con anterioridad a través del triángulo de Karpman. Habitualmente comparto el artículo[27] de McKinsey & Company, de mayo del año 2020, recomendando un liderazgo compasivo en momentos de crisis.

La compasión consta de dos etapas. La primera es la observación desde la empatía, la capacidad para comprender, ser curiosos, preguntar, sin necesidad de dar la razón o quitarla. Es por ello que el concepto de la observación es esencial: aprender a ser observadores sin necesidad de tomar partido, o ser lo más equidistantes posible, pues no hacerlo nos puede llevar a caer en la dinámica de Karpman.

La segunda etapa es tomar acción respondiendo a la pregunta: «¿Qué es lo más adecuado para esta persona en las circunstancias que vive?». En ocasiones puede requerir involucrarnos, en otras ocasiones no y solamente escuchar, o puede que invitar a la persona a tomar acción. Esta segunda etapa es crucial, habitualmente confundimos la empatía con involucrarnos emocionalmente en las experiencias de otra persona en vez de reflexionar acerca de cómo podemos ser realmente útiles, o si nos corresponde ser activos.

En no pocas ocasiones otra persona nos comparte una vivencia solamente para desahogarse. Pongamos como ejemplo un compañero que nos pide conversar y nos cuenta la bronca que le han echado y cómo se siente. Podemos observar, podemos preguntar acerca de sus emociones, que exprese cómo se siente. Es posible que en esos momentos aún esté emocionalmente muy afectado y observemos que no ha llegado un momento de enfocar aprendizajes o soluciones. Entonces, en vez de remover la herida preguntando por los detalles de lo ocurrido, o empujarle a hacer algo, tras escucharle le puedes proponer hablar de nuevo al día siguiente, o en unos días.

Otra situación puede darse con una persona que acaba de perder un familiar. Por un lado, será positivo que pueda compartirlo, que se sienta escuchada y entendida. El acto de compasión puede ser el conversar acerca de qué acciones se pueden adoptar temporalmente para acompañar su duelo o si más adelante quiere plantear opciones permanentes, como cambiar de puesto o pedir una excedencia, se pueden dar diferentes acciones, como flexibilizar horarios, la gestión de los turnos, el balanceo de la carga de trabajo en el equipo.

---

27. Artículo 'Tuning in, turning outward: Cultivating compassionate leadership in a crisis' de McKinsey & Company de mayo del año 2020 (https://www.mckinsey.com/capabilities/people-and-organizational-performance/our-insights/tuning-in-turning-outward-cultivating-compassionate-leadership-in-a-crisis)

He conocido casos de dependencia en los que la persona iba a pedir una excedencia, con el impacto que tiene para sus ingresos y para la productividad de la empresa. Al abrir canales de diálogo y escucha, y al involucrar a su mánager y empoderarle para tomar decisiones con mejor conocimiento del contexto sobre el equipo y el trabajo, se flexibilizó temporalmente su horario, haciendo compatible su labor, manteniendo sus ingresos y el equipo mantenía su conocimiento, experiencia y aportación. Todos ganan.

CAPÍTULO 4. EL LIDERAZGO

La mirada de Guillermo Pérez Morales sobre el liderazgo

La mirada de Guillermo nace de su experiencia como líder de referencia en diferentes empresas y entidades, con una trayectoria consolidada como miembro de comités de dirección, asesor y advisor *estratégico en entornos de alta complejidad. Guillermo ha liderado y asesorado proyectos de transformación a gran escala, aportando una perspectiva integral orientada al crecimiento, la tecnología, las personas y la excelencia operativa. Cofundador de varias compañías, docente en escuelas de negocio, es autor del libro* Lean Service, Management Total. *Desde su experiencia nos comparte su perspectiva acerca de la importancia del liderazgo:*

A lo largo de mi trayectoria profesional, he tenido la enorme suerte de ser parte de muchos proyectos con los que he disfrutado, aprendido, transformado, avanzado y en los que he podido constatar cómo el liderazgo es mucho más que una competencia; hablar de liderazgo es hablar de la fuerza que mueve a las personas, a los equipos y a las organizaciones hacia un logro mayor para alcanzar sus metas. Liderar es, en esencia, un motor que impulsa la capacidad de hacer que las cosas pasen, de transformar nuestras ideas en realidades, de llevar la estrategia y el conocimiento a la acción y de acompañarnos en el constante cambio en el que vivimos.

Desde hace años he tenido la gran suerte de compartir mi visión sobre el liderazgo en diversos artículos, conferencias y, especialmente, en mi libro, escrito junto a José Luis Morato y publicado en 2021. En el mismo, escrito como un libro de actualización permanente sobre el impacto de la cultura Lean en las organizaciones, se presenta un modelo empresarial basado en siete pilares y veinte principios que conforman el *Manifiesto Lean Service*. Dicho manifiesto fue avalado por cincuenta directivos —incluidos los autores del libro— de distintas empresas y sectores, consolidándose como una metodología vertebradora para la transformación organizacional.

Bajo este enfoque y como punto de partida sobre mi visión del liderazgo, el primer pilar del libro son las personas, sobre el que se sustentan cinco principios fundamentales. El primero de ellos es situar a las personas en el centro de la organización, y el segundo —precisamente el tema que nos ocupa en el presente libro y nos apasiona— es el liderazgo, entendido como una competencia clave para inspirar y guiar el cambio.

Ya en el libro trasladaba una visión muy humanista sobre el liderazgo Lean:

Como competencia clave para inspirar a los demás, no solo mediante la autoridad formal, sino a través del ejemplo y la visión. Los líderes Lean son modelos para seguir, capaces de contagiar energía, pasión y propósito. Inspiran a sus equipos a superarse y a alinear sus esfuerzos con la visión estratégica de la organización.

Esto implica cercanía, motivación, apoyo en la solución de problemas y la capacidad de alternar entre roles de *coach* y mentor. El líder debe empoderar a su equipo, promover la toma de decisiones y facilitar la colaboración, utilizando herramientas Lean, como la estandarización y la gestión visual para mantener el alineamiento y la eficiencia.

Observa, escucha, aprende y actúa, adaptándose a los cambios y gestionando la complejidad e incertidumbre del entorno actual.

Donde liderar es hacer sentir a cada miembro que es único y valioso. Además, se resalta que el liderazgo no es un cargo, sino la capacidad de inspirar y transformar a través del ejemplo. El líder Lean facilita la transformación de los equipos, fomenta la innovación y la participación, y marca un antes y un después en la excelencia y efectividad de la gestión organizacional

Al margen de mi libro, el cual siempre me acompañará en mi camino, a lo largo de mi trayectoria profesional he visto cómo la presencia de un líder puede marcar la diferencia entre el éxito y el fracaso de cualquier iniciativa. Cuántas veces hemos sido parte de proyectos que, mientras el líder estaba presente, avanzaban con energía, entusiasmo y sentido de propósito; pero en cuanto ese líder se alejaba, las iniciativas se detenían o incluso fracasaban. ¿Por qué sucede esto? Porque el liderazgo es mucho más que ocupar una posición jerárquica; el liderazgo es una energía que impulsa el cambio, es pasión en estado puro y eso se transmite de manera natural, auténtica, siendo fuente de inspiración para los demás, invitándoles a dar lo mejor de sí mismos.

En este sentido, liderar requiere mucha pasión, creer en lo que haces y, sobre todo, pasión por las personas, disfrutando del proceso para encontrar sentido en cada paso del camino y tener un propósito claro en cada una de las acciones que forman el camino.

Un verdadero líder trabaja, a lo largo de ese camino, para que su equipo alcance sus metas, no para lucirse él mismo. Sabe cuándo tomar la iniciativa y cuándo ceder el protagonismo, cuándo guiar y cuándo dejar que otros encuentren su propio camino. Sabe reconocer el talento y las capacidades de cada persona, y crear las condiciones para que puedan desarrollarse plenamente. Pero, también, liderar significa ser coherente entre lo que se dice y lo que se hace, y tener siempre una mirada abierta y generosa hacia los demás.

Sí, porque liderar supone ser generoso, desde diferentes y variados prismas, aunque pondré en valor dos visiones que considero de capital importancia. Una, desde la visión de compartir el conocimiento, experiencias y aprendizajes, pero también mantener viva la ilusión por aprender de los demás, por escuchar, por cuestionar y por crecer junto al equipo; en esta línea considero referentes las palabras que dijo John Quincy Adams, sexto presidente de los Estados Unidos: «Si tus acciones inspiran a otros a soñar más, aprender más, hacer más y ser mejores, eres un líder».

La otra visión que quiero poner en valor sobre la generosidad es el tiempo que dedicamos a los demás, sin duda nuestro recurso más escaso. Sin embargo, en mi experiencia, este tiempo siempre nos devuelve un retorno positivo, lleno de aprendizajes y nos aporta energías renovadas para seguir avanzando en el camino de la vida.

En este camino es muy importante construir sobre un liderazgo humanista, auténtico, no basado en el control, sino en la responsabilidad con mayúsculas, en la influencia positiva y en la capacidad de motivar a otros a crecer, a aprender y a superarse.

Pero recorrer el camino no está exento de riesgos, barreras, envidias, fracasos. Si lo ponemos en valor, ya solo el hecho de querer avanzar con la valentía de hacer, de arriesgarse, de volver a intentarlo, de aprender de cada experiencia, esto ya supone, por sí mismo, un gran éxito, donde podemos celebrar nuestros logros y aprender de los errores.

Para que el camino del liderazgo avance de forma natural y apasionante, para mí es muy importante escuchar con la mente de un niño, manteniendo siempre nuestra curiosidad y la apertura mental para hacernos las preguntas necesarias, incluso aquellas que parecen obvias. De este modo, de forma innata, podemos hacer que los demás tenga su lugar, sean importantes, brillen y, lo más importante, hagan brillar a otros. El liderazgo es contagioso si se enfoca de una manera adecuada.

Durante el camino, el líder tiene que equilibrar una actitud positiva, con su vulnerabilidad, pero siempre avanzando con paso firme, porque el líder quiere conectar con los demás, busca conexiones de valor que generen confianza, que ilusionen y, además, todo bajo un eje vertebrador, una hoja de ruta que acompañe durante todo el camino para alinear la estrategia en el corto, medio y largo plazo, entendiendo que cada fase tiene sus propios retos y oportunidades.

Todo esto es para mí el significado de liderazgo. Y, aunque tengo ya una extensa trayectoria profesional, cada día me sigo ilusionando, aprendiendo, apasionándome cuando tengo la oportunidad de liderar un equipo y ser parte de este. Porque el liderazgo es un camino de aprendizaje continuo, de humildad y de respeto hacia los demás, con la convicción de que siempre hay algo nuevo por descubrir y por compartir. En este sentido, como traslada la siguiente frase atribuida a Simon Sinek: «El liderazgo no se trata de ser el mejor. Se trata de hacer que los demás sean mejores».

En definitiva, el liderazgo es una mezcla de visión, pasión, generosidad, coherencia y aprendizaje continuo. Es una habilidad que se puede aprender y perfeccionar a lo largo de toda la vida. Y, sobre todo, es una actitud ante la vida y ante los demás.

Por eso, liderar es un privilegio y representa una enorme responsabilidad. Es trabajar cada día para que otros brillen, para que los proyectos avancen y para que las personas crezcan. Es disfrutar del camino, aprender de cada experiencia y seguir mirando al futuro con ilusión. Porque, al final, liderar es hacer que las cosas pasen, disfrutando del viaje y dejando una huella positiva en los demás.

GUILLERMO PÉREZ MORALES

«Si quieres construir un barco, no empieces por buscar madera,
cortar tablas o distribuir el trabajo,
sino que primero has de evocar en los hombres y mujeres
el anhelo del mar libre y ancho».

ANTOINE DE SAINT-EXUPÉRY

Veamos algunos contextos del liderazgo que nos van a ayudar a comprenderlo mejor dentro de las dinámicas que exploramos a lo largo del libro y que, en el siguiente capítulo, nos permitirá identificar cómo avanzar en la humanización de las organizaciones.

Es habitual que desarrollemos cierta idealización respecto del liderazgo y las personas que ostentan roles de poder. Esto tiene relación con la educación que recibimos, los relatos que escuchamos desde pequeños. En esto el carácter con el que nacemos también nos condiciona; hay quien nace libre, lo cuestiona todo e incluso ve de manera negativa el poder de otros. Como ya hemos revisado, en algunas personas se desarrolla una estrategia en la que persiguen el poder precisamente para que nadie lo tenga sobre ellos. Otros nacen con mayor propensión a la sumisión y obedecer.

El poder es diferente de la autoridad. Veamos un ejemplo en el trabajo con un mánager que miente y manipula, el equipo sabe que tiene poder sobre ellos a través de las evaluaciones, revisiones profesionales, *feedback* y diferentes decisiones que pueda tomar. Sin embargo, es posible que el equipo no lo reconozca como una autoridad. Cuando manda obedecen y poco más; por otro lado, una persona del equipo sin mando pero fiable y que muestra ser un buen apoyo es posible que se gane la autoridad del grupo a través del reconocimiento. Es decir, que cuando hable lo escuchen y que influya, aunque no tenga un puesto de mando. Estas situaciones suelen llevar a envidias y diferentes disfunciones, pero ese tema nos desvía de lo siguiente.

Según la larga experiencia y la investigación de Erin Meyer[28], experta en diversidad cultural y profesora en la escuela INSEAD de París, las expectativas y nuestra relación con el liderazgo difieren según nuestra cultura o país. En países del norte de Europa u Oceanía al líder se le ve como un semejante, se le confiere una capacidad para tomar decisiones y asumir responsabilidad y también se espera que lo haga de

28. Erin Meyer, 2022, *El mapa cultural*, Ediciones Península.

manera participativa y no impositiva, aunque es una carta de la que dispone si se gana la confianza. Por otro lado, en los países eslavos o del Medio y Lejano Oriente la expectativa de una relación más jerárquica aumenta, ya no es que los líderes sean jerárquicos y asuman que han de tomar las decisiones, sino que culturalmente los equipos se las ceden, y es lo que se espera de ellos. Es decir, un comportamiento participativo y democrático puede ser interpretado como débil e inseguro y retirarle la autoridad y la confianza en sus capacidades. En ciertos países el respeto hacia el líder proviene de un liderazgo fuerte y que muestra seguridad; las aproximaciones participativas o la vulnerabilidad se ven como poco fiables y la confianza se pierde. En el espacio intermedio entre ambos extremos se sitúan los países anglosajones, que viran más hacia la igualdad, y los latinos hacia la jerarquía, con los países de América Latina más aún hacia la jerarquía que sus homólogos europeos.

Es habitual observar en las noticias que señalen que personas con puestos importantes en países nórdicos, Australia o Nueva Zelanda viajan en metro o van en bicicleta como el resto de los ciudadanos. Es lo que se espera de ellos y responde a esa adaptación de la percepción del liderazgo. A excepción de estos países, como hemos revisado en el párrafo anterior, los puestos de liderazgo van obteniendo un mayor relacionamiento jerárquico, que se acentúa más según el país o la cultura. En este sentido, el liderazgo tiene un halo por el cual se le supone perfección e infalibilidad a una persona a medida que progresa en ese rol: se le presupone madurez, un concepto popularmente conocido y que está íntimamente relacionado con la capacidad de amarse y amar a otros que nos ofrece Fromm.

Esperamos que el sistema funcione, que las políticas de gestión del talento y la meritocracia hayan funcionado correctamente y que esa persona tenga tal responsabilidad y poder porque tiene la madurez adecuada, la experiencia y los conocimientos para ello. Es posible que la gestión del talento haya validado su experiencia y sus conocimientos; en muchas ocasiones la decisión solamente se ha basado en los resultados, sin validar la preparación para la responsabilidad, el puesto, las habilidades, y mucho menos si la persona tiene la madurez. Es el inicio del principio de Peter.

Estas presunciones trascienden a las empresas. La madurez se nos presupone a partir de los dieciocho años, en algunos países a los veintiuno. En una auténtica falacia o fallo en la lógica del pensamiento, relacionamos la ley o las normas sociales, lo que se espera, con la realidad. Por otro lado, la propia ley además de otorgarlo también indica que si no es así, hay consecuencias en el grado en que demuestres inmadurez y cometes actos contrarios al derecho, delitos. Por lo que, por un lado, se presupone, y por el otro se regula con base en los comportamientos exhibidos.

Cuando una política de gestión del talento integra en su diseño un principio que es falso, la aplicación de la política presenta disfuncionalidades. Es posible que nos parezca grave el evitar presuponer la madurez a las personas adultas y será un paso relevante que en las empresas se comiencen a medir tanto los indicadores de personas, los de RR. HH., que se empiecen a visibilizar, y que cuando se plantee una promoción, además de los resultados de negocio, se contraste con indicadores como rotación, absentismo, el *feedback* 360, que incluye lo que indican su equipo y otros compañeros, satisfacción en la EX o el eNPS, entre algunas opciones, porque nos pueden dar señales de si los resultados han estado acompañados de una estrategia o manera de trabajar sostenible o no.

Si ha llegado a los objetivos pero no queda nadie de su equipo y todos han sido reemplazados, ojo. Si el absentismo es elevado o en el 360 hay cosas raras, ojo. El liderazgo puede estar basado y funcionar desde el miedo, lograr objetivos pero de una manera extractiva, con un coste en recursos, personas y conflictos alto o, por el contrario, haciendo equipo, fomentando la colaboración, las alianzas, de manera productiva y creando futuro. Adicionalmente, el NPS o preguntar a los clientes y proveedores no estará de más. Suponer como principio de diseño de nuestra política de gestión del talento que los resultados económicos u operativos respaldan la capacidad de liderar es otra falacia o error de pensamiento lógico. Medir y cruzar diferentes dimensiones de la realidad nos va a ayudar a entender si los resultados se alcanzan de manera sostenible y, por ende, si el liderazgo corresponde a personas maduras o no.

En otro orden de cosas, es relevante visitar el concepto de la soledad del líder, una experiencia más habitual en personas que aún no han integrado su vulnerabilidad y que siguen pensando que necesitan proyectar seguridad, acierto y certidumbre alrededor para ser valoradas. El reconocer que no sabemos, que tenemos dudas, que nos hemos equivocado o que carecemos de respuestas se ve como una debilidad y un riesgo. Es la propia persona quien alimenta su propia soledad creando un compartimento estanco entre lo que vive interiormente, sus miedos, y lo que se permite compartir con el equipo o con otros colegas.

La consecuencia es una necesidad mayor de reconocimiento y también de vías de escape de la presión interna. Para lo primero, el reconocimiento, es conocido el fenómeno de los aduladores, los pelotas o los chupamedias, según la región del mundo. Son como un masaje que, por un rato, lo hace todo más sencillo y la realidad parece menos dura. También están aquellos que le hacen reír a modo de bufones. Esto último suele pasar desapercibido, pero que alguien tenga la habilidad para lograr hacer reír a su responsable logra captar su atención, tener mejor acceso a su tiempo y acceder a oportunidades sobre la base de un sesgo de simpatía, no porque tenga las competencias necesarias.

Es posible que tengas la sensación de que es un comportamiento hasta infantil y poco racional, la soledad del directivo es una realidad, la congestión de su agenda y las estrechas ventanas de atención que tienen los directivos, también lo son. Nuevamente evidenciamos que una menor evolución en la madurez del individuo le lleva a la adicción hacia los aduladores y los bufones como respuesta a sus miedos. La presión del puesto tampoco ayuda. La menor confianza en sí mismo para reconocer su vulnerabilidad exteriormente genera una menor confianza hacia su entorno.

En una evolución de lo anterior, también se dan dinámicas de dominancia y sumisión a través de lo que se conoce como el «tonto motivado»; en un contexto de acaparadores la persona que se acerca es utilizada como aquella a quien encargamos lo que nos incomoda asignar a otras personas; la trampa es que en esa dinámica el tonto motivado acaba convirtiéndose en una «persona de confianza», en la soledad acaba siendo un desahogo, participa en conversaciones y tiene acceso a información, cuestiones que lo hacen de confianza por necesidad y también por obligación, desprenderse de ellos no será tan sencillo. Sea cual sea la circunstancia, en algún momento el directivo necesita premiarlo, lo lógico sería que se le diera un bono especial; sin embargo, tengamos en cuenta que quienes aceptan ser personas de confianza lo hacen por su propio interés, esperan algo a cambio. Estas dinámicas se dan entre acaparadores que se utilizan y en las que quien está debajo alimenta su ambición para hacer «lo que sea necesario» y ganar el favor de su superior o de aquel de quien puede tener un provecho.

Para mantener la satisfacción y fidelidad es necesario premiar, y lo que esperan a cambio del sacrificio, o de sacrificar a otros, es riqueza económica, poder en puestos de mando y jerarquía, relevancia y reconocimiento, o todo ello a la vez. A la hora de premiar los directivos o mánagers se encuentran con el problema de justificarlo. Por un lado, justificar un bono que puede ser un agravio comparativo con otros compañeros por una gratitud personal, pero sin una evidencia tangible es difícil de llevar a cabo de manera objetiva. Por otro lado, como alternativa, las políticas de gestión del talento en cualquier empresa ofrecen la promoción como mecanismo de reconocimiento, y será hacia un puesto de gestión porque en un puesto técnico superior se hará evidente la ausencia de competencia. El acceso a puestos de gestión suele verse más subjetivo. Además, tengamos en cuenta que a pesar de que RR. HH. pueda cuestionarlo, que se realice la promoción volverá a ser una manifestación de poder de quien lo solicita, un pulso y una nueva realización de que puede decidir sobre los demás. Es la dinámica del principio de Peter[29].

El principio de Peter tiene su raíz en estas dinámicas y una gestión del talento ineficiente, más que justificarse por la naturaleza humana de llegar a nuestra máxima ineptitud. Las personas que desarrollan su carrera basándose en el intercambio de favores, el relacionamiento a cambio de ser premiados, sienten poca necesidad de desarrollarse y formarse. Sus necesidades se ven satisfechas por otros medios, su curiosidad se focaliza en lo social y relacional en vez del conocimiento y su desarrollo profesional. Así se llega al principio de Peter y tener a auténticos incompetentes en puestos de responsabilidad o, dicho de otro modo, tienen competencia profesional pero no para el puesto y responsabilidad que desempeñan. No están en el lugar adecuado ni han desarrollado la mentalidad adecuada.

Ahora bien, son conscientes. ¿Te imaginas el miedo que se desencadena en ellos al saberse impostores? Se lo recuerdan a sí mismos en cada reunión en la que se dan cuenta de que no tienen la competencia para los temas y decisiones que se abordan. Los miedos se activan cada vez con mayor intensidad, las dinámicas sadomasoquistas y tóxicas con el equipo están servidas en bandeja y la espiral sigue girando.

Las dinámicas de gestión y liderazgo basadas en el miedo producen disfunciones e ineficiencias en diferentes contextos, además de en los equipos, en la colaboración con el ecosistema interno y externo. Generar relaciones de confianza y honestas en el equipo requeriría admitir que son impostores ocupando un puesto que no les corresponde, lo cual sería un suicidio profesional al que se niegan. La madurez es imposible, en estas dinámicas solamente impostar y mentir da una solución de continuidad, aunque sea insostenible y erosione el entorno y a los equipos. En la explicación acerca de los resultados de la empresa o de los equipos, la atención se pone en otro lado cuando debería cuestionarse si la calidad y la capacidad en la toma de decisiones es la correcta. Esta realidad incrementa la soledad del líder o de los directivos.

---

29. Laurence J. Peter, 1969, *The Peter Principle: Why Things Always Go Wrong*, Bantam book

La promoción se ve como un premio, en gestión del talento un cambio de puesto nunca es un premio, ha de obedecer a la cualificación del perfil profesional, actual o al menos potencial. La mentalidad, conocimientos, experiencia y habilidades han de estar al servicio del puesto y la aportación de valor que requiere la empresa del puesto, sin ser una recompensa o un medio para mejorar las condiciones económicas o satisfacer la necesidad de poder o relevancia social. **Es importante que la promoción deje de ser un premio.**

Toda la literatura de *management* y talento apunta a que deberíamos ser más exigentes con el nivel de madurez de los líderes, su nivel de desarrollo personal, equilibrio mental y, en lo esencial y como venimos explorando en este trabajo, la capacidad para amarse a sí mismos y poder amar a otros.

En los talleres que imparto defino la mentalidad como el resultado de la mirada sobre nosotros mismos y, a partir de ella, cómo vemos a otras personas. De hecho, a lo largo de este libro venimos recorriendo este mismo concepto. Veámoslo con un ejemplo, en la medida en que tengo un miedo de no ser suficiente, de verme incompleto, he encontrado el complacer a otros como mecanismo de aceptación del grupo y sentirme más completo, una mentalidad de sumisión y tendencia a la dependencia.

Otro ejemplo diferente. Desde la carencia, puedo ver en mí que no soy completo, que me falta, que no merezco, como reacción miro al entorno desde una estrategia de compensación de lo que me falta dentro de mí y me enfoco en acumular riqueza y bienes como mecanismo para sentirme seguro frente a mi inseguridad interna; desde esa mentalidad veo a otras personas como medios para mis fines, con un nivel bajo de empatía y cierta distancia hacia sus necesidades, con una mentalidad acaparadora.

Vemos cómo, a partir de cómo nos observamos a nosotros mismos, acudimos al entorno con una mirada a modo de respuesta que nos ayude a convivir con cómo nos vemos a nosotros mismos. En cómo me trato a mí determino cómo me relaciono con otras personas.

Ese es el concepto de la mentalidad y el principio a partir del cual se dan las actitudes, los comportamientos y las interacciones con otras personas, incluso la calidad de las decisiones que tomo. La madurez, en línea con la reflexión de Erich Fromm, es posible cuando nos vemos completos como individuos. Vernos completos es diferente a pensar que somos capaces de todo, que tenemos todas las habilidades a modo de fortalezas, sino que aquellas fortalezas que poseo, mis capaces, son suficientes, me acepto y me amo individualmente. En el reconocimiento de mi vulnerabilidad, también acepto que no soy capaz de todo y que, a través del grupo, juntos, en el nosotros, seremos capaces de mayores logros. El adulto en su madurez se acepta y se ama y ve a otras personas en la necesidad que tiene de ellos, al tiempo que en el valor que puede aportar a otros.

Desde la perspectiva del desarrollo de la madurez, somos capaces de vernos a nosotros mismos con capacidad, con autocrítica y opciones de mejora, en nuestra vulnerabilidad, con compasión, al tiempo que somos capaces de ver a las personas que nos rodean desde la curiosidad de conocer sus necesidades para apoyarles y en el reconocimiento de las fortalezas de otros que nos pueden complementar.

En la madurez encontramos la confianza en nosotros mismos y en nuestras capacidades, al tiempo que la confianza en saber y poder encontrar ayuda en otros, que es algo diferente de ser confiados o ingenuos. Hoy en día en las organizaciones hablamos de entornos de confianza y seguridad psicológica, los líderes que tienen autoconfianza son capaces de proyectar confianza en el entorno, en los equipos, en el ecosistema interno y externo. Salvo que el entorno o la cultura sean insalvables.

El liderazgo según la mentalidad individual

En el año 2012 se publicó *Tribal Leadership*[30], un trabajo de investigación sobre 24 organizaciones y 24 000 personas a lo largo de 8 años, que explica un modelo de madurez del liderazgo basado precisamente en la mentalidad individual y cómo condiciona su estilo de liderazgo.

Dave, John y Halee en su investigación determinan diferentes niveles de liderazgo con base en la mentalidad. La buena noticia es que son secuenciales y es posible avanzar de uno al siguiente, de hecho, los líderes que participan reconocen haber evolucionado en cada una de las etapas. En cada etapa los autores utilizan una frase dramatizada, exagerada, que representa ese grado de mentalidad. Obviamente existe un amplio espectro de opciones en intensidad en la creencia de la frase.

---

30. Dave Logan, John King, Halee Fischer-Wright, 2011, *Tribal Leadership: Leveraging Natural Groups to Build a Thriving Organization'*, Harper Collins

Nivel 1. «La vida es un asco»

Calculan que las personas dentro de las organizaciones que pertenecen a esta categoría son una minoría. De hecho, las personas que viven marcadas por la creencia «la vida es un asco» suelen estar más fuera del sistema y las organizaciones que integradas en ellas. Si por un momento pensaras que la vida es así, si tuvieras realmente la convicción de ello, ¿cómo actuarías? Fíjate que «la vida es un asco» significa que no hay esperanza, todo es una mierda y no hay remedio, no puedo esperar nada mejor, el mundo va en contra, no hay un salvavidas y aunque me lo tiren para ayudarme seguro que va a salir mal. Las acciones externas de las personas instaladas en esta creencia normalmente los llevan a reafirmarse en su creencia y es difícil que tomen decisiones para salir de esta espiral de negación de sí mismos y de otros.

En la infancia es posible que pasemos por este nivel de pensamiento dada la experiencia de carencia, al no tener lo que queremos o sentimos que merecemos, o sentirnos abrumados por los acontecimientos que nos sobrepasan y somos incapaces de controlar; nos puede hacer sentir carentes de una voluntad propia y a la merced de otros, así como de las circunstancias. Desarrollamos las estrategias de supervivencia precisamente para aprender a superar este estadio vital. La adolescencia debería ser la etapa en la que superemos esta mentalidad, así como las estrategias de supervivencia. Sin embargo, las circunstancias y las experiencias pueden llevarnos a extender esta mentalidad hasta la edad adulta, incapaces de tomar decisiones adecuadas y, como indican los autores, con alta propensión a las adicciones y la exclusión social por comportamientos disfuncionales que se dan en este colectivo de personas.

Nivel 2. «Mi vida es un asco»

Podría parecer que es lo mismo, pero ¿qué cambia? Si piensas en ello, ¿cuál es la diferencia entre pensar que «la vida es un asco» y «mi vida es un asco»? De repente hay esperanza, vivo convencido de que mi vida es mejorable, y puedo reconocer y ver alrededor otras vidas que sí brillan. Es como las redes sociales, en las que todo lo de los demás llama la atención. El nivel 2 es un lugar de queja y de sentirse víctima; haces, vives y te esfuerzas por comparación con otros, pero nada te acompaña, los demás no te ayudan y todo es culpa de otros o de las circunstancias. ¿Cuántas personas conocemos que actúan así? Y además, ¿en qué momentos yo he actuado y pensado así? Es típico en esta fase esforzarse mucho en un trabajo y tener un jefe que sientes que te limita, no te deja crecer, estás esperando tu momento para saltar y nunca llega, no haces más que lamentarte. Lo has visto en los demás y sabes que si se presentara la oportunidad podrías sobresalir, hacerlo mejor, posiblemente algo grande. Sin embargo, no haces nada distinto que esforzarte y seguir en el mismo camino, lamentando un jefe que tapona tu desarrollo. En realidad soy yo quien no cree en mí y no tomo decisiones; que otros crean o no o nos estén utilizando es adicional.

Por el contrario, en ocasiones se presentan las circunstancias en las que el esfuerzo es reconocido, aparecen oportunidades y vamos obteniendo respaldo; en un efecto Pigmalión, nuestra autoestima aumenta y vamos ganando la creencia de ser capaces, de hacer las cosas bien y poder optar a subir en el ascensor jerárquico. La autoestima es un factor sensible en este nivel, las circunstancias que la alimenten y nos animen a crecer profesionalmente son importantes a la hora de evitar quedarnos anquilosados aquí, al servicio de acaparadores que nos ven como recursos para sus necesidades y logros individuales.

A medida que llegamos a la vida adulta, somos autónomos y comenzamos a enfrentarnos a experiencias por nosotros mismos, lo habitual es partir de este nivel de mentalidad, puede que tengamos conocimientos, pero no experiencia. Al comienzo de nuestra carrera profesional solemos sentirnos inseguros y lejos de ser los reyes del mundo y con un nivel de confianza desorbitado, algo que podríamos esperar de personas que han pasado por experiencias privilegiadas que les han evitado sentir la frustración de no poder o no saber, quienes traen una alta confianza de serie por su personalidad, o perfiles de comportamiento psicopático y temerario, entre algunos ejemplos.

Pasar por este nivel de mentalidad es natural en los individuos, según nuestras experiencias y circunstancias es el trampolín para el siguiente nivel, así como para optar a puestos de liderazgo. Según los autores, en este nivel se sitúa la amplia mayoría de las plantillas en las organizaciones, son los miembros de los equipos. En la investigación, encontrar mánagers o directivos en este nivel de mentalidad era algo excepcional, aupados por el reconocimiento externo en su talento y no porque ellos postularan proactivamente a ello. Algo en lo que la investigación abunda es que el siguiente nivel de liderazgo, el habitual en los mánagers en las organizaciones contemporáneas, se encarga de gestionar las ambiciones y la autoestima de las personas de los equipos, en este nivel 2, para evitar que opten a otros puestos y sigan siendo altamente productivos y útiles para su propio beneficio como mánagers o directivos.

Nuevamente encontramos una dinámica sadomasoquista. En este punto es posible que acudamos al razonamiento habitual que justifica que en una pirámide jerárquica no hay sitio para todos, lo que nos puede llevar a preguntarnos si la jerarquía tradicional es el modelo más óptimo, más productivo y sostenible con las personas. Como veremos a continuación, la jerarquía sustenta una mentalidad en nivel 3 de «arriba-debajo» y las dinámicas que venimos explorando en este libro. Los mánagers en un nivel 3 de mentalidad hacen un trabajo de contención de la autoestima y la autopromoción, evitan o dosifican los reconocimientos, utilizan el *feedback* para minar la confianza, no para fomentar el desarrollo, o sencillamente no hay *feedback* ni opciones de crecimiento. Todo ello a excepción de los elegidos que, como hemos visto anteriormente, no necesariamente son los más competentes.

Por otro lado, en este libro también explico más adelante la cultura de los héroes, un paradigma de guerreros en el que se premia a los guerreros vencedores y, en todo caso, se respeta a los guerreros. Si no lo peleas, si no te pones en valor, si esperas a que se reconozca tu talento y tu valor, te espera el desdén o incluso el desprecio. No son tanto las horas que eches, los resultados o el esfuerzo, el reconocimiento en estas culturas lo reivindicas, lo negocias y echas los pulsos que sean necesarios. Por eso es posible que tras un gran trabajo durante un año duro sigas esperando tu evaluación y sintiendo esa frustración un año tras otro, a pesar de tener el talento y el potencial. Ahora bien, ¿en qué reside la clave de este sistema? En que demuestras que tienes la ambición y harás el esfuerzo y lo que sea necesario para mantener el estatus que has ganado y luchado, es la medida en que lo valoras y, a cambio, harás lo necesario para mantenerlo e incluso para seguir luchando y compitiendo. Es la medida en que eres útil.

Comparto otro ejemplo. En algunas organizaciones, al promocionar a un profesional, este puede tener una mejora salarial, pero no al nivel de mercado. La expectativa es que se gane esa mejora, la medida no es que lo valga, no que lo demuestre, sino que nuevamente luche por ello. Se llega a provocar el fenómeno de la contraoferta; si no llegas a imponerte con una oferta mejor de otra organización, significa que no lo vales, el mercado no te lo paga, o que no tienes el suficiente valor y amor propio para exigirlo. Además, si se da la contraoferta y aceptas, es un modo de verificar el compromiso. No se queda ahí, desde una mentalidad acaparadora recordemos que se espera un retorno mayor frente a lo que se da. ¿Quieres esa mejora salarial relevante? Ahora te toca devolverlo con creces.

Afortunadamente no todas las organizaciones funcionan igual y existen aquellas con políticas de gestión del talento que lo desarrollan e identifican de manera proactiva por el potencial y el valor que aportan, sin necesidad de estas dinámicas de luchar y vencer. Sin embargo, cuanto más acaparador es el perfil de una organización, más alimentará la cultura de los héroes y alimentará guerreros.

En otro orden de las cosas, si recuerdas a los altruistas, son aquellas personas que gozan de dar pero que se olvidan de sus propias necesidades. La transformación de un profesional altruista en otro contribuidor es precisamente el tránsito desde un nivel 2 hacia un nivel 3, en la reafirmación de sí misma para conectar con sus necesidades y la importancia de priorizarlas. Mientras no lo haga, seguirá poblando el cuartil inferior en desempeño y resultados, aunque de manera colateral su contribución es significativa, pues está constantemente aportando a otros sin ser visible en los sistemas de gestión del talento.

Nivel 3. «Yo soy el mejor (y tú no)»

Algo cambia en el paradigma de esta mentalidad, ahora tienes la fuerza y te sientes capaz, sabes que en lo tuyo eres buena o bueno. Puede que se presentara la circunstancia que te permitió dar el salto, normalmente es que una persona en nivel 2 ha tomado una decisión para cambiar su paradigma y saltar a nivel 3. Hay algo implícito en «soy el mejor», y es que «soy el mejor, y tú no», es un superlativo. Por supuesto, hay algo maravilloso en esta creencia, la perseverancia, la lucha, creerse capaz, la energía y la motivación. En resumen, la confianza en nosotros mismos. De repente te sientes imparable, solamente te pueden frenar tus fuerzas, los recursos y el tiempo. ¿Puedes verlo? ¿Qué sería para ti ahora saber que «soy el mejor» y vivir con la convicción de ello?

Para empezar, creérselo es el primer paso para optar y postularnos a puestos de responsabilidad. Como observamos anteriormente desde el nivel 2, te autodescartas. Esta condición de una autoestima baja que nos lleva a autodescartarnos es habitualmente mencionada como el síndrome del impostor. Es algo que afecta a todos los géneros, pero no por igual. Una investigación interna de Google encontró que las mujeres y las personas pertenecientes a diferentes colectivos infrarrepresentados, por ejemplo, LGTBI+, eran más susceptibles de ello. Por ello pusieron en marcha el programa I Am Remarkable, que entrena la autoestima para ser capaces de atrevernos, postular y optar a oportunidades. Esto no solo significa jerarquía, sino solicitar salarios más equitativos o cambios en la carrera profesional, así como reconocimiento, porque aprendemos a reconocernos a nosotros mismos.

Es habitual que las personas en nivel 3 opten y accedan a un cierto nivel de responsabilidad y liderazgo real, tienen una intención clara sobre otras personas, conseguir de ellos lo necesario para lograr su objetivo. De hecho, es un perfil muy enfocado en objetivos y resultados. Quieren lo mejor de los demás para sí mismos. Lo que es difícil en este nivel es comprender el impacto que generan en el entorno. Cuando tu relación con otras personas se establece desde el «soy el mejor, y tú no», ¿cómo es el trato hacia los demás? Efectivamente, ves a otros como meros recursos, no hay real interés en las otras personas, de hecho, cuando miran a otra persona están viendo el objetivo o el resultado, no a un igual, no a una persona.

Al contrario del nivel 2, desde el que se ve a otras personas como mejores, superiores, en el nivel 3 vemos a las personas por debajo, porque para eso somos los mejores.

Un líder en nivel 3 conoce la narrativa del *management*, acude a cursos y talleres de crecimiento y herramientas, y pone todo en aras de su causa: su objetivo. Sin embargo, aunque pronuncie un gran discurso, normalmente llega a los demás como algo vacío, poco creíble. Es típico que un líder en nivel 3 hable de «equipo», «hacer comunidad» y demás. Sin embargo, en su comportamiento y desde los hechos queda muy patente para los demás que no acompaña el discurso. Si «soy el mejor, y tú no», nunca podré verme como un igual y nunca me comportaré como si fuéramos realmente un equipo. Las demás personas lo perciben claramente. Cuando otra persona escucha a un líder en nivel 3 hay algo muy presente en las palabras: «Yo» y «mío», entonces si estoy escuchando a un líder en nivel 3 me queda muy claro que su interés no soy yo como persona, su interés y su intención es él en sí mismo, ella en sí misma. Si volvemos a la ecuación de la confianza de Paul J. Zak, podemos darnos cuenta de que la generación de la confianza hace aguas.

Hay algo que comparten las personas en nivel 3 con el nivel 2: la queja y el victimismo. Un líder en nivel 3, precisamente porque «soy el mejor, y tú no», es incapaz de delegar realmente, es incapaz de confiar totalmente, acaba cargando con una cantidad descomunal de trabajo y supervisión, no da espacio a los demás para desarrollarse. Encuentra un límite en su desarrollo: él mismo. Su tiempo, sus recursos, su propia energía serán el límite hasta donde le alcancen. Sin embargo, no es consciente de ello y echa la culpa a los demás, las personas de su equipo no le acompañan, no responden como le gustaría, el límite está en los demás que no son capaces y no se suman a sus objetivos, a su causa. No le dan suficiente presupuesto, sus responsables no le comprenden, etc.

Un líder en nivel 3 tiene una causa, una visión, un sueño por el que lucha, sabe que lo merece y que puede, es incansable en el esfuerzo. Hay líderes en nivel 3 que se dejan la vida en el intento, de hecho, hay organizaciones contemporáneas que llegan a fomentar este liderazgo como fuente de aseguramiento de resultados.

En este nivel de mentalidad encontramos un espectro amplio de perfiles, desde los más extremos que potencialmente corresponden a acaparadores que perpetúan su mentalidad de recibir más de lo que ofrecen, hasta equilibradores que se comportarán de manera menos extrema y más equilibrada con sus equipos, incluyendo contribuidores que pasan por esta etapa para lograr la confianza en sí mismos al tiempo que siguen contribuyendo a su equipo. No todos los equipos vivirán con la misma intensidad a sus mánagers en un nivel 3 de mentalidad, ni todos permanecerán el mismo tiempo en ella.

Es posible que te preguntes cómo se logra la evolución hacia el siguiente nivel de madurez en el liderazgo. Es sencillo y complicado a la vez, es una experiencia personal en la que el individuo vive una epifanía causada por la poca sostenibilidad de esta manera de pensar, pasa de la queja y la frustración a darse cuenta de que «no son los demás, soy yo». Es el individuo quien hace de embudo de todas las decisiones, es quien lo frena todo porque ha de revisar todo, es quien nunca tiene tiempo porque su agenda ya no da para más. El individuo vive una epifanía en la que se da cuenta de que necesita cambiar su mentalidad, sabiendo que tiene las capacidades, abrirse a confiar en las capacidades de otras personas, apoyarse en ellos realmente y avanzar del yo hacia el nosotros. Para una persona acaparadora puede ser un camino imposible sin cambiar su mentalidad, para los equilibradores y contribuidores es viable. Aquellos que recorren este camino se encaminan a ser el cuartil más alto de desempeño y resultados.

Si te preguntas por el nivel 2, el anterior, igualmente la transición ocurre a través de una epifanía personal en la que deja de verse individualmente de manera negativa o menor para conectar con sus fortalezas, su capacidad, la autoestima y darse permiso para pedir lo que necesita, darse crédito, y se pregunta algo así como: ¿qué hago perdiendo oportunidades cuando puedo hacerlo bien y brillar?, es el salto hacia el nivel 3.

Nivel 4. «Nosotros somos los mejores»

Un líder en nivel 4 necesita haber pasado profundamente por el nivel 3, en otro caso puede ser un líder sin fuerza. Si lo piensas por un momento, ¿qué cambia desde «soy el mejor» a creer «somos los mejores»? La mirada del líder no se centra en el yo, sino que se mueve al nosotros: sigo teniendo una causa, puede que varíe en su visión, ahora sé que es necesario que participes de la causa para poder conseguir algo más grande. Ahora sé que juntos podemos conseguir más y mejor.

¿Cómo son las relaciones que establece un líder que cree que «somos los mejores»? El líder en el nivel 4 se involucra al mismo nivel que el equipo, crea igualdad más allá de la jerarquía, favorece y promueve relaciones grupales, los foros, la comunicación, la participación. Un líder en nivel 4 actúa con base en la siguiente premisa:

«Si quieres construir un barco,
no empieces por buscar madera,
cortar tablas o distribuir el trabajo,
sino que primero has de evocar en los hombres y mujeres
el anhelo del mar libre y ancho».

ANTOINE DE SAINT-EXUPÉRY

Una de las principales diferencias a nivel de comunicación que podremos observar entre este nivel y el anterior es que en el nivel 3 el mánager promueve la comunicación uno a uno, individual, para poder manejar los mensajes de manera acotada, así como su reputación. Es frecuente que pida a otros que oculten o que desconfíen. Sin embargo, en un nivel 4 los mánagers o directores promueven conversaciones más abiertas, con mayor honestidad y sin miedo a la transparencia.

Y llegamos a uno de los puntos clave de los líderes de nivel 4 para conseguir que el equipo funcione a pleno rendimiento: valores. Cada individuo en su mundo interior tiene valores que le conectan con su esencia, con quien realmente es y que cuando los pone en práctica le dan sentido y plenitud. A su vez el equipo, esa entidad que da paso al nosotros, pasa a tener los suyos propios. El líder en este nivel se preocupa y vela porque los valores del equipo resuenen con los valores individuales de cada yo. Esto implica que el líder realmente ve a la persona y no un recurso, conecta y da espacio a la expresión individual y colectiva y hace el esfuerzo para que cada individuo tenga su porción de realización, de resonancia, de pertenencia en el equipo. Porque, si yo no gano nada, si no hay nada para mí en este equipo, si soy ajeno al anhelo del mar ancho y libre, parafraseando a Antoine De Saint-Exupéry, ¿cómo puedes esperar que aporte y esté motivado?, ¿cómo puedes pedirme todos los días mi mejor esfuerzo? Por otro lado, cuando hay resonancia de valores, nadie ha de pedírtelo, ni siquiera el líder, sale solo. Es el círculo virtuoso de la motivación intrínseca.

En este punto traigo de nuevo un párrafo del capítulo primero. Para Erich Fromm, la madurez es la relación bajo la cual cada persona conserva su integridad, la individualidad, al tiempo que experimenta un nosotros en el que encuentra reconocimiento y conexión. El amor en los entornos laborales se manifiesta desde múltiples perspectivas, en este caso en el liderazgo, y coincide con una mayor madurez personal, una mentalidad en el nosotros que integra y balancea el yo con el ellos, que nos conecta con el concepto de inclusión en las culturas corporativas.

En liderazgo es importante que el propósito por el que trabajamos sea conecte con un nosotros, no mío como líder de este equipo. De nuevo si siento que estoy participando en un propósito que tiene sentido para mí como miembro del equipo, sé para qué estoy trabajando y esforzándome, hay algo para mí en conseguirlo, no necesito que nadie me pida implicación o compromiso, lo doy porque lo siento y sé para qué estoy en esto.

Es en este nivel de mentalidad en el que comenzamos a encontrar líderes con madurez, que se ven a sí mismos, que se aceptan y se aman y lo proyectan hacia los demás para trabajar en el nosotros, tanto a nivel de equipo como en la capacidad de conectar en el ecosistema interno y externo de la organización y hacer equipos informales, establecer alianzas y colaboraciones.

A modo de recapitulación, en los niveles 1 a 3 ni nos vemos a nosotros mismos, ni somos capaces de ver realmente a otras personas. Nos vemos distorsionados a nosotros mismos, al tiempo que vemos en los demás aquello que necesitamos, ya sean vidas o éxitos envidiables como motivación extrínseca para continuar, o recursos de los que beneficiarme. Es en el nivel 4 en el que comenzamos a tener la capacidad para vernos con la mirada completa a nosotros mismos, y ver realmente a otros en su identidad.

Desde el punto de vista de las organizaciones, y sobre la base del concepto de Fromm del amor, el reto es acompañar a las personas en roles de liderazgo en un camino de madurez. Esta se adquiere no por la mayoría de edad, ni por la edad en sí misma, podemos convenir que conocemos personas adultas o incluso ancianas con un nivel de madurez bajo, sometidos a miedos personales que los limitan. Ser directivo no es ajeno a todo ello. He conocido a directivos que tienen problemas para relacionarse con mujeres, presentando disfunciones en su comportamiento delante de ellas. También podemos encontrar directivos con aversión a la confrontación, algo básico en las relaciones humanas y en la negociación. Son solo algunos ejemplos.

Para ganar en la madurez de las personas en un nivel 2, las organizaciones pueden poner en marcha programas que ayuden a todos los individuos a ganar en confianza con iniciativas como *I Am Remarkable,* originada en Google para que estas personas ganen autoestima y se den crédito y reconocimiento ganando valentía, esto dará lugar a relaciones más inclusivas y auténticas en el entorno laboral. Recordemos que los dominadores o acaparadores realmente dependen de sus equipos, un cambio en la relación ayuda a impulsar un cambio en la reciprocidad, así como en la reputación.

Al mismo tiempo, será importante llevar a cabo modelos de gestión del talento menos jerárquicos y más orientados al valor y la contribución. Tanto los modelos de valoración de puestos como la evolución de los paradigmas de evaluación y reconocimiento que van más allá del desempeño, para medir y reconocer la contribución a otros, el desarrollo profesional o incluso la actitud a través de los comportamientos, nos llevan a romper con los modelos jerárquicos.

El futuro estará en que la compensación sea una medida de la contribución real, menos orientada a la jerarquía y en organizaciones en las que un puesto determinado no es un premio sino una necesidad de la organización y de los compañeros para una contribución en excelencia, con talento real.

Un liderazgo humanista, como lo estamos llamando actualmente, requiere de personas maduras.

El liderazgo modela la cultura

Hay una explicación para poner énfasis y dedicar un capítulo al liderazgo en el contexto de los entornos laborales y las culturas en las organizaciones. Como venimos explorando a lo largo de este libro, será importante que desarrollemos acciones que acompañen y favorezcan la madurez en las personas en general, tanto que accedan a itinerarios que les permitan desarrollar una mejor mentalidad, es decir, avanzar en aceptarse a sí mismos, en la capacidad de amarse, para también poder y saber amar a las personas que les rodean. Como también implantar ceremonias, maneras de trabajar e interacciones que fomenten la confianza y la seguridad psicológica. Es decir, acompasar acciones orientadas al individuo al tiempo que las normas sociales y el entorno que favorecen los comportamientos y las interacciones en madurez.

En este reto es fundamental identificar el rol que tiene un impacto determinante para habilitar y reforzar la cultura: el rol de liderazgo, y esto comprende desde los líderes de equipos y mandos intermedios hasta la alta dirección. Las personas en puestos de liderazgo se convierten automáticamente en referentes; como hemos explorado anteriormente, se les confiere poder y las personas de los equipos les observan para, además, otorgarles autoridad si se la ganan. En este sentido existen dos responsabilidades hacia la cultura organizacional que son inherentes al liderazgo y su responsabilidad respecto de la experiencia que ofrecen a los equipos.

La primera es ser ejemplo, las personas les observan y sus comportamientos, actitudes y decisiones marcan los estándares. Si queremos una cultura de excelencia será importante que los líderes de los equipos lo muestren, si promovemos una cultura de bienestar igualmente será importante que lo muestren, o cuando hablamos de una cultura del dato o una cultura de *compliance*. La exigencia sobre mánagers y directivos cada vez es mayor, es necesario que sean aprendices continuamente, los llamados *life-long learners*. Este pilar entronca directamente de nuevo con la mentalidad, no solamente con la responsabilidad hacia sus propios comportamientos y el impacto que tienen, sino en tener la humildad para seguir aprendiendo, conocer su propia vulnerabilidad y posibilidad de cometer errores. Abrir foros de escucha en los que guarda silencio y pregunta con curiosidad, mostrando respeto y humildad, construye el nosotros y hace ejemplo.

Ser ejemplo es diferente a ser perfectos o saberlo todo. Podemos tener los conocimientos necesarios acerca de *compliance* y actualizarnos periódicamente sin necesidad de ser expertos ni conocer todas las leyes o estudiar derecho. Precisamente una mentalidad de nivel 3 o una ausencia de madurez nos puede llevar a creer que necesitamos ser expertos de todo para evitar mostrar nuestra vulnerabilidad o porque tampoco confiamos realmente en los especialistas y necesitamos controlarlo todo. Añadiendo otro ejemplo, en materia de bienestar es importante la diversidad en las múltiples maneras de proveérnoslo, lo importante es ser ejemplo en cuidarnos, pero para unas personas una dieta específica será lo ideal y para nosotros otra diferente, otras personas hacen *crossfit* y nosotros yoga.

La segunda a la par de ser ejemplo es la de sostener o respaldar la cultura. Todo lo anterior sirve de poco si en nuestras interacciones y decisiones vamos en contra. Por ejemplo, si le pido al equipo que incurra frecuentemente en acciones alegales o incluso ilegales, aunque sean de poco calado, destruye cualquier intento de cultura de *compliance* o reputación institucional, aparte de dinamitar las normas sociales admitidas. Otro ejemplo, si la organización ha implantado pausas activas cada hora, de 3 a 5 minutos para recuperar energía y atención, y cuando el equipo lo hace le decimos: «Dejaos de tonterías y poneros a trabajar» o apuntamos a que lo hagan otros equipos y nos excluimos, nuevamente dinamitas la importancia del bienestar en la cultura.

Ambos pilares nos llevan a la integridad, la capacidad para ser, comportarnos y tomar las mismas decisiones en ausencia o en presencia de otras personas. Por un lado, ser ejemplo recoge los comportamientos hacia nosotros mismos, por el otro sostener la cultura se centra en los comportamientos e interacciones con otras personas. La integridad representa la coherencia en ambos ámbitos. Nuevamente volvemos a la madurez, cuando nos amamos y amamos a otros, los vasos comunicantes en los comportamientos son más coherentes y estables.

Esperar que los demás, incluidos los equipos, hagan su parte de contribución a la cultura mientras nos eximimos de nuestra responsabilidad desde nuestro rol de liderazgo es un error de pensamiento racional y causal, es decir, una ingenuidad infantil. Pero al mismo tiempo un autoengaño que mina la confianza de los empleados hacia los líderes de la organización.

En la política de gestión de talento y en la definición del rol es necesario enfatizar la responsabilidad que tienen con el equipo y en la colaboración hacia otros equipos. Promover a profesionales capaces a nivel técnico o de gestión a puestos con equipos o que requieren colaboración en el ecosistema interno debería requerir una cualificación en la capacidad de liderar desde un nivel adecuado de madurez. Podríamos encontrar una solución en definir puestos que toman decisiones de negocio al tiempo que no lideran equipos directos, es una disociación que puede ser incluso más perjudicial desvinculando a estos de la responsabilidad de los equipos al tiempo que concentran el poder y la influencia sobre el negocio. Por el contrario, los líderes de los grupos despojados de capacidad de decidir sobre el negocio pueden acabar sometidos a la agenda impuesta por los objetivos y con una escasa capacidad para priorizar la agenda de sus equipos.

Si ascendemos en la jerarquía, además del impacto directo en los equipos es fácil darnos cuenta de la influencia que cobran los roles de liderazgo en la alta dirección para la implantación de la cultura. En la alta dirección se deciden la estrategia y las líneas prioritarias de trabajo. La decisión de ser una organización saludable, sostenible, o *human-centric* está en sus manos. Y al mismo tiempo el diseño del modelo de negocio o la gestión de los *stakeholders* también: tanto si se prioriza solo a inversores y clientes, o si se reconoce a los empleados como otro adicional a escuchar y gestionar. En los principios de funcionamiento de nuestro modelo de negocio es posible que esté la sostenibilidad o que solo sea una agenda secundaria al servicio del negocio.

Desde mi punto de vista, el modelo de gobierno es un reflejo de todo lo anterior y al mismo tiempo el elemento organizativo definitivo en la cultura. No voy a repetir lo típico de que lo que no se mide no se gestiona, voy más allá, es que no existe, se vuelve invisible. Aquello de lo que no se habla, no forma parte de las conversaciones, de las reuniones, de las decisiones, ni de la realidad. Imagínate la reunión de seguimiento del lunes, para enfocar la semana. Un mánager pide el turno y propone hablar de la rotación porque le parece que se está yendo talento valioso. ¿Qué suele ocurrir? Primero, es un punto que no se encuentra en la agenda; segundo, no está medido ni segmentado, no disponen de ello en la reunión, y tercero, ¿cuánto es mucho? ¿Cuántas personas se han ido? ¿Realmente eran los que tenían talento? En todo ello alguien amanece con que cierto grado de rotación es sano, pero ¿cuánto? Si no hay datos de calidad acerca de la cultura, la experiencia de empleado (EX) e indicadores operativos como rotación, absentismo, eNPS u otros, y segmentado a nivel de mánager, no forma parte del modelo de gobierno, ni existen objetivos, ni forma parte de la gestión o las decisiones. Si se llega a hablar de ello, se remite a meras opiniones sobre las que no se actúa.

Por último, es necesario trascender el liderazgo jerárquico sobre los equipos. En las organizaciones actuales sabemos que un elemento definitivo para activar la colaboración y la contribución al negocio es el liderazgo por influencia, aquel que sin tener jerarquía o ascendencia o poder sobre otros igualmente crea colaboraciones y relaciones informales o transversales. Para un acaparador el liderazgo por influencia consiste en conocer a los demás para utilizarlos en beneficio propio, lo que comúnmente conocemos como manipulación. Sin embargo, la verdadera influencia establece relaciones de confianza en las que con empatía y curiosidad conocemos a las otras personas, conocemos sus necesidades y proponemos relaciones y acciones que conectan con ellas y suman a los demás en un modelo gana-gana. Los contribuidores son los perfiles ideales para liderar por influencia. Entiendo que es repetirme, pero volvemos a la influencia desde la manipulación en quienes necesitan dominar y controlar, o desde la madurez en quienes construyen relaciones en amor.

Como anécdota personal, en el año 2012 se me presentó la oportunidad profesional de liderar por influencia, es decir, cuando tienes el mandato de construir con poco equipo y sumando a otros actores del ecosistema interno y externo sobre los que tienes cero jerarquía o poder. De aquella experiencia aprendí que la influencia consiste en un ejercicio de empatía, aportar valor desde las necesidades del otro, proponer alianzas gana-gana (*win-win*) y demostrar compromiso con el proyecto conjunto. Cuando esto ocurre con varios departamentos y *partners,* es como un escenario de platos girando en equilibrio al mismo tiempo.

También aprendí que no siempre funciona, sorprendentemente hay personas que solo entienden el «yo gano» y solo escuchan esa parte de la relación, Son acaparadores. Aprendí también que para hacerlo sostenible en el tiempo es muy importante la aportación de valor que realizas. No sirve solo con ser intermediario o conectar las piezas. Si quieres que te reconozcan los demás actores como parte del equipo, han de valorar lo que aportas en el tiempo. Cuando no aportas te pasas el tiempo temiendo que te quiten del medio, y lo va deteriorando todo.

Aprendí que el liderazgo por influencia son las relaciones, así que me pasaba el día por todo el edificio, subiendo de planta, bajando, tomando el coche para ir a ver a unos y a otros, el tren y el avión, y el teléfono. Se resume en «levantarte de la silla» para ir a los demás en vez de esperar que el mundo venga a ti. Descubrí que es efectivo también con el equipo y superar el «mi puerta está abierta».

¿Y en un contexto actual de mayor teletrabajo? Pues a base de videoconferencias e interacciones. Una llamada es muy diferente de una reunión. ¿Cuántas veces te puedes ahorrar un correo que se enreda, acaban mil personas en copia y todos enfadados? La comunicación escrita por correo es pobre en contexto. Antes de enviar, recomiendo pensar si una llamada te va a ahorrar todo un viaje de problemas y reuniones.

Corroboré que el equipo es definitivo, por pequeño que sea nos lleva juntos más lejos. Más ojos, más neuronas, más experiencias. Aprendí que conviene también liderar al equipo más por influencia que por jerarquía, puedes ganar la autoridad que no te da el poder. Son aprendizajes que me siguen siendo muy útiles en la actualidad. En roles y circunstancias diferentes, en todas las etapas profesionales lideramos por influencia, es lo que activa la colaboración en las organizaciones.

CAPÍTULO 5. HUMANIZAR LAS ORGANIZACIONES

La mirada de Itziar Nieto sobre humanizar las organizaciones

La mirada de Itziar nace de su larga trayectoria liderando la transformación de empresas desde las personas, tanto en la experiencia de cliente, o CX, como desde la experiencia de empleado, o EX. De hecho, Itziar trabaja y demuestra la conexión entre ambas y cómo la mejora en la experiencia de los empleados tiene un efecto positivo en los resultados de negocio y las ventas. Desde su mirada, Itziar nos comparte su perspectiva acerca de humanizar las organizaciones:

¿Qué pasaría si dejáramos de hablar de cultura como algo abstracto, si entendiéramos que no hay transformación real sin relaciones humanas sólidas, vividas y cuidadas? Este capítulo nos lanza esa pregunta incómoda y necesaria.

Juan Martínez, con la mirada honesta de quien conoce la trastienda de las organizaciones, nos recuerda que liderar no es solo dirigir, es conectar. Humanizar no significa «suavizar», sino hacer más consciente, más cercano y, sobre todo, más eficaz nuestro impacto en las personas. Porque no hay éxito sostenible si lo humano queda al margen.

En Lukkap lo vemos todos los días: las empresas que trabajan la experiencia de empleado como un eje estratégico no solo mejoran su clima, mejoran su negocio. El eNPS del mánager es netamente superior en organizaciones que lo hacen bien. Se reduce en más de un tercio el deseo de salida, y según un estudio realizado por Deloitte, cada salida no deseada supone un gasto de entre 1,5 y 2 veces su salario bruto anual. Las compañías que activan una cultura *customer centric* desde dentro llegan a incrementar sus ingresos en dos dígitos. No hablamos de intangibles: hablamos de resultados concretos, medibles y transformadores.

Así, EX + CX = resultados de negocio. La ecuación es clara: si quieres clientes fieles, empieza por empleados que se sientan valorados. Si quieres innovación, empieza por confianza. Si quieres resultados, empieza por relaciones.

Este capítulo no es teoría. Es una llamada a mirar lo cotidiano con otros ojos. A tomar decisiones distintas. A liderar desde lo humano. Porque cuando una organización se humaniza de verdad, no solo mejora su cultura: se vuelve imparable.

Gracias, Juan, por recordarnos que el cambio empieza por dentro. Y que ahora, más que nunca, es tiempo de actuar.

ITZIAR NIETO

«La cultura se desayuna a la estrategia».

Peter Drucker

La cultura organizacional es un elemento sistémico de una organización, y al mismo tiempo es complejo, porque toma forma a partir de múltiples factores o dimensiones, desde lo individual se extiende a través de las relaciones, los equipos y el liderazgo en los mismos o, desde el liderazgo, hacia las políticas y modelos de negocio o de gobierno para volver de nuevo a los individuos. Es habitual que nos centremos en las personas y sus comportamientos, lo que es una manifestación de la cultura, o por el contrario que eximamos a las personas para centrarnos en la estrategia, la organización y el liderazgo. Entonces, ¿qué es antes, el huevo o la gallina? Es una pregunta que nos podemos hacer si son las personas las responsables de la cultura o es la organización quien hace que las personas se comporten como lo hacen. Mi respuesta es que son ambas.

Tomemos como ejemplo para ilustrarlo el caso de los mánagers, uno de los roles más visibles para los equipos y que actúa como canal para las decisiones estratégicas que aterrizan en los mismos. En numerosas organizaciones dedicar tiempo y poner foco en el equipo, sacar tiempo para escuchar, apoyar y facilitar, obedece más a mánagers con una convicción férrea e inquebrantable que porque la organización se lo ponga fácil. En mi experiencia, coincide con contribuidores para quienes dar a otros forma parte de sus valores y de cómo entienden las relaciones. En realidad, ni tienen objetivos de bienestar de sus equipos, ni de rotación, ni de clima. Es habitual que haya una encuesta de clima general, pero ¿qué puede hacer el mánager si no sabe el resultado que aplica a su equipo? Todo entra dentro del ámbito de las opiniones, la intuición y la buena voluntad, en lo informal, fuera de los mecanismos de gestión y los órganos de toma de decisiones de la organización.

En resumen, en muchas organizaciones no se le pide a un mánager que cuide a las personas, porque ni se mide, ni se premia, ni tiene consecuencias reales. ¿Qué puede estar sucediendo para que la «calidad» del liderazgo en ocasiones sea tan baja? Pues que nos mimetizamos con el entorno, con la cultura, y adoptamos maneras de liderar o decidir reactivas, que se adaptan a lo que se nos exige de manera implícita. Lo que se nos pide nos hace volver a lo que se mide y al modelo de gobierno de la organización. Los mánagers son una bisagra entre lo corporativo y el equipo, con múltiples factores que les llevan a comportarse como lo hacen, desde su personalidad y valores hasta el equipo, pasando por lo que realmente le exige la organización.

Para comprenderlo mejor, te invito a conocer el experimento de la cárcel de Stanford, de Phillip Zimbardo[31]. Me permito compartirte un breve resumen: en el experimento juntaron a estudiantes mentalmente sanos y equilibrados en un *role play*, unos son carceleros y otros presos, todo ambientado adecuadamente. La única norma social es que cumplan con sus roles. El resultado fue que en pocos días los carceleros estaban torturando a los presos, con agresiones morales y físicas. Tuvieron que suspender el experimento.

¿Qué nos dice el resultado del experimento? ¿Cómo puede ser que estudiantes mentalmente sanos pasen a torturar a otros en cuestión de horas y con base en unas pocas normas sociales? Desde mi punto de vista, no podemos pedir a nuestros líderes que sean superhéroes, y a veces realmente lo son, porque desde las organizaciones podemos ponerlo bastante difícil. Este experimento nos confirma que las condiciones de contorno, las normas sociales, lo que se permite, lo que se mide, lo que se reconoce y se premia, modela los comportamientos que tenemos y las decisiones que tomamos. Numerosos mánagers se comportan como lo hacen porque es lo que se les pide y es aquello por lo que se les premia, mientras eso no cambie se les está pidiendo que vayan contracorriente y corran el riesgo de verse excluidos y mal valorados. Eso es pedir mucho, aunque algunos altruistas o contribuidores de manera voluntaria lo hagan.

Esto es lo que se denomina el paradigma, en ciencias sociales y en teoría de sistemas; el paradigma se refiere al concepto de pensamiento de grupo como conjuntos de ideas, métodos y asunciones teóricas sostenidos y validados por un grupo de personas, que incluye una serie de comportamientos, actitudes y creencias.

Para evidenciar una de las manifestaciones del paradigma o cultura de una organización suelo hablar del lenguaje de las organizaciones porque, aunque de manera implícita, el sistema nos habla a través de las políticas, las prioridades, las decisiones, lo que se permite y lo que no. Para entenderlo, si le preguntas a cualquier colaborador que lleve un tiempo suficiente en una empresa, te sabrá definir en sus propias palabras lo que es importante internamente, cuáles son las prioridades y cómo le habla, o no, la organización en la que trabaja. ¿Dónde radica la causa raíz

31. El experimento de la cárcel de Stanford, Wikipedia. https://es.wikipedia.org/wiki/Experimento_de_la_cárcel_de_Stanford

de que una organización hable un lenguaje u otro? Comencemos con la estrategia de negocio y el plan de negocio, las bases de la cultura.

Como organización, cuando definimos a quién nos dirigimos, para quién hacemos y a quién aportamos valor, estamos definiendo nuestra posición en el mercado y damos una a cada actor. Y cuando a las personas se les define como un recurso en nuestro modelo, un medio para un fin, ¿en qué posición se encuentran las personas? Vayamos un paso más allá. Cuando se define el modelo de gobierno, es decir, cómo la organización va a medir, con qué indicadores, y qué valores van a determinar el éxito (y los bonus), ¿cómo transmite las prioridades a las personas?

Pongamos un ejemplo, un *mánager* ha ido durante el fin de semana a un taller de liderazgo ágil, ha descubierto herramientas y métodos necesarios, y tiene la convicción de su importancia. Ha decidido que el lunes lo pondrá en práctica. Llega esa primera mañana de la semana que arranca con el comité, y se encuentra con que solamente le preguntan por márgenes, operación, costes. Cuando el mánager intenta explicar que le gustaría incluir temas del equipo, de «personas», la respuesta suele ser: «Eso en otro momento, este comité no es para eso». ¿Qué prioridad estamos comunicando? Y no es porque a quien dirige el comité tampoco le importe, es que todo está definido para priorizar otros temas, ajenos a los de las personas, que son un «recurso».

Pongamos otro ejemplo: dos líderes de equipo son candidatos para promover al puesto de mánager; sin embargo, solo hay una vacante, mientras que son dos los candidatos. Uno de ellos se enfoca en las personas, se percibe alegría y motivación en sus equipos, dedica tiempo a ello. El otro infunde miedo, se enfoca en resultados y el objetivo preside la agenda, da igual cómo, lo importante es lograrlo. En la percepción del comité evaluador, ambos dan buenos resultados pues su *performance* es buena, aunque por otro lado se percibe al segundo como más activo, más decidido, con más empuje, parecería que tiene la ambición necesaria. En ocasiones la apariencia esconde agresividad, manipulación, comportamientos tóxicos, incluso narcisismo. Ya hemos visto que los acaparadores gestionan la imagen que proyectan y su reputación. Si se hace mánager al segundo líder de equipo, ¿cuál es el lenguaje de la organización hacia los empleados que conocen el contexto? ¿Qué cultura estamos premiando? Como demuestra el experimento de Zimbardo, lo que se premia determina los comportamientos y las normas sociales a seguir. ¿Qué pasó con el *consequence management*? Cuando no se mide y carecemos de indicadores claros acerca de las consecuencias de los comportamientos sobre los equipos, las consecuencias solo aplican a los resultados operativos, la sostenibilidad sobre las personas es invisible. ¿Cómo van a percibir los líderes con un perfil de contribución su carrera profesional cuando se priorizan otros elementos? Sencillamente, ocurre… Y luego queremos pedirle al *mánager* que nos acompañe en la transformación cultural. Primero necesitaremos revisar el *core* de la organización, reposicionar a las personas, la agenda de sostenibilidad interna, el propósito y el valor que aportamos desde el modelo de negocio y el gobierno.

En la transformación cultural el foco no es tanto el qué hacemos, pues habitualmente nuestra actividad seguirá siendo la misma, sino que cambie el cómo. Eso lo cambia todo.

Necesitamos organizaciones que respalden y den herramientas, que reconozcan de manera real y efectiva a los líderes *human centric* y los valores que los acompañan. Si detectamos que el potencial de futuros *mánagers* se desinfla y se diluyen porque son altruistas, podemos apoyarles con formación, *mentoring* o *coaching*, para que se conviertan en contribuidores efectivos. Es decir, sin perder su identidad y sus valores que tanto les aportan a ellos y aportan a los equipos, que comiencen a equilibrar sus propias necesidades y protegerse de acaparadores mientras siguen contribuyendo de una manera más sostenible e impactante.

La agilidad es una cultura que aporta marcos de trabajo que ya han demostrado que se puede; sin embargo, muchas personas se preguntan por qué no funciona en todos los casos. Es posible que no estemos dando las facilidades y recursos para que cree cultura. No será la primera ocasión en la que pedimos a una acción cultural que genere cambios desde lo superficial sin cambiar lo esencial. Una transformación cultural sin una revisión del modelo de negocio, la estrategia de negocio, el modelo operativo y el modelo de gobierno, es imposible. Los primeros líderes que necesitaremos que sean valientes son los consejeros, presidentes y CEOs de las organizaciones, convencidos y con rumbo para lograrlo.

Entender las culturas heroicas

En las organizaciones es habitual que se impongan narrativas que fomentan culturas en las que se visibilizan y se premian a los héroes. En cierto modo es un modelo de selección natural llevada a la empresa con el paradigma que genera y se proyecta como una realidad. Es una narrativa en la que lo importante son los ganadores, algo que se mide nuevamente en forma de resultados, y son los primeros ante el resto, los que lo logran son los héroes que se vuelven visibles, aclamados e incluso envidiados.

Hay políticas internas que imponen que solo un 5 %, o incluso un 2 %, pueden ser excelentes, con las famosas *gaussianas* que premian el extremo derecho de las mismas con resultados sobresalientes. Si volvemos a la investigación del libro *Tribal Leadership*, ¿nos suena este discurso a personas en un nivel 3? Efectivamente, cuando vives y trabajas desde el «yo soy el mejor (y tú no)», es importante hacerlo evidente, pero también en la cultura de la organización. Como explican los investigadores del libro, para las personas en nivel 3 el respeto se gana sobre la base de los méritos en niveles extraordinarios de hazañas heroicas. En estos contextos, se supone que logres tus objetivos, no esperes que nadie te reconozca por hacerlo, aquellos que los exceden de manera diferencial son los héroes. Son culturas en las que la comparación es constante y, por ende, la competitividad. Ahora que podemos conectar los puntos, ¿no coincide también con la mentalidad de los acaparadores? Además, siendo una narrativa apoyada en la selección natural de Darwin, los equilibradores ven un sentido de justicia en este enfoque porque parece el equivalente de las reglas naturales al mundo de la empresa: los héroes son los fuertes, los ganadores que superan al resto, si dan más como consecuencia merecen más. Por lo tanto, los titulares son para ellos, los reconocimientos y la gloria de las promociones. Sin embargo, ya conocemos que los acaparadores no dan más, es lo que proyectan gestionando su reputación mientras extraen todo lo que pueden de los demás.

Nos lo han repetido tantas veces que nos lo hemos creído, realmente la teoría evolutiva de Charles Darwin se apoya en esta frase suya: «No es la más fuerte de las especies la que sobrevive y tampoco la más inteligente. Sobrevive aquella que más se adapta al cambio». Lo que han entendido perfectamente los acaparadores es que si lo que se mide y premia solamente se alinea con poder, riqueza e influencia, la teoría se cumple en su favor. Cuando los indicadores de satisfacción, eNPS, rotación, absentismo o el análisis de las entrevistas de salida no existen, o cuando ignorados, cuando son excluidos de los comités e informes o de la toma de decisiones, las condiciones de contorno sociales se ven limitadas por los resultados operativos y económicos, el lenguaje de la organización nos deja claro lo que importa y lo que no y, como nos revelaba el experimento de Zimbardo, las personas actuamos en consecuencia.

Te propongo una pregunta en clave de lenguaje bélico, algo habitual en estas culturas:¿dónde está el enemigo a batir?, ¿está fuera, en el mercado y en la competencia, o dentro de la empresa? Si nos estamos peleando entre nosotros, ¿estamos dedicando el tiempo, las neuronas y los recursos a ser más competitivos, excelentes y mejores en servicio o producto? Si volvemos al experimento de Zimbardo, las normas que ponemos condicionan los comportamientos. Decir de manera implícita o explícita que solo cuentan los héroes da un mensaje de que el objetivo a conseguir está dentro y los demás departamentos o compañeros son los enemigos: aumenta una competitividad insana, se fomenta el individualismo, la competitividad entre departamentos, la crítica frente a la colaboración y aumenta la conflictividad. Además, se perpetúan los silos que tan difíciles son de reducir porque la mirada no es transversal, es vertical.

Es altamente ineficiente pedirle a un directivo o a un mánager que sean colaborativos si con ello ven que sus resultados peligran y corren el riesgo de quedarse entre los parias, penalizando su variable, su reconocimiento o incluso el presupuesto de su área. Es una contradicción habitual en el lenguaje de las organizaciones: te digo una cosa y en realidad con las acciones y las decisiones te pido otra.

Para entender cómo amenaza la confianza, es importante comprender que en una cultura heroica perteneces a tres clases: eres héroe, eres masa o eres paria. ¿Y cuáles son las métricas y motivaciones para ser héroes en estas culturas? El dinero, el poder, la influencia o la proeza titánica. Este conjunto puede variar según época y sociedad. No, ser buena persona cada día no es algo que suela verse heroico, tampoco se mide en estas organizaciones.

Ser paria representa la vergüenza del fracaso, de ser vistos como fracasados, de no estar a la altura de los estándares o ser héroes caídos, algo que es más fácil de lo que pensamos. La investigación de Paul J. Zak en su libro *La molécula de la felicidad*"[32] nos indica que, cuando estás en la cresta de la ola del éxito, la testosterona aumenta, frente a una disminución de la oxitocina. El cuerpo nos mueve a ser más seguros con nosotros mismos por el éxito profesional o social, al tiempo que nos volvemos menos empáticos, más fríos hacia el resto. En este contexto parece que la ola durará para siempre, hasta que tu ola cae dando paso a otros nuevos héroes y vuelves a ser masa, o paria, según el nivel de resultados y las circunstancias. Es una experiencia muy dura a nivel mental que va a requerir de una alta fortaleza interior y habitualmente de apoyo externo para evitar quedarnos anclados en el pasado glorioso que ya no vuelve y en una frustración que nos hunde. Nos recordamos

---

32. Paul J. Zak, año 2012, *La molécula de la felicidad: El Origen del Amor, la Confianza y la Prosperidad*, Indicios

los sacrificios que hicimos, todo lo que llegamos a hacer, para acabar siendo vistos como fracasados o como uno más.

Así que tenemos una masa enorme de personas con una autoestima tocada, pues no somos héroes, deseando presumir de serlo, sin vernos héroes, y que haríamos cualquier cosa por serlo y ser encumbrados a las élites de los héroes. Desde mi punto de vista existe una coincidencia con el nivel 2 de mentalidad de la investigación recogida en el libro *Tribal Leadership*. Para entender el impacto emocional recordemos que los héroes son los mejores y el resto no, es algo con lo que convivir cada día. Por otro lado, desde que existe el ascensor social, la globalización y las redes sociales, hay más caminos para ser héroes. Sin embargo, tenemos a los héroes, que han logrado dinero, poder o influencia, o todo ello a la vez, o grandes proezas, y que pondrán todos sus esfuerzos en seguir siéndolo, a toda costa, porque, en otro caso, solo les queda ser parias, y eso da pánico. La confrontación y la conflictividad nacida desde la competitividad entre unos y otros está servida. Recordemos que en el podio no hay mucho espacio y, además, si tienes mucho, también hay más que arrebatarte en esta competición. La desconfianza está servida.

Ser parias es una exclusión social que da pánico a unos u otros y que les mueve y les motiva cada día para no caer. El esfuerzo para demostrar es la máxima. Aportar valor, innovar y colaborar no tanto, es más frecuente la orientación a la tarea o superar el KPI para batir al resto y lograr el bono que conectar con algún propósito o estrategia.

Cuando no se trabaja la cultura interna, lo común es que ocurra lo mismo, que la comunicación interna visibilice a los héroes, que oculte a los que caen, que la masa pase desapercibida y aparezcan «los de siempre», que las políticas de talento realmente alimenten héroes que no necesariamente equivalen a personas con valores o con talento real, cuanto más encumbrados viven con más miedo por no caer, mientras los que caen alimentan «cementerios de elefantes» (así se llaman en algunas organizaciones) que sirven como escarnio a la masa y a los héroes, como el Sambenito de hace unos siglos. En algunas organizaciones hay departamentos o equipos en los que te encuentras a perfiles sénior que vivieron sus mejores horas, ahora ya no, y tampoco se espera ya lo mejor de ellos. La recompensa por la que pueden dar gracias es mantener su puesto de trabajo y apuntar a la puerta por si quieren apostar por otro futuro diferente o más motivador.

En las organizaciones las culturas heroicas son sinónimo de falta de sostenibilidad, son más propensas al canibalismo profesional y a una competitividad interna con baja colaboración y falta de sinergias. La ética y el *compliance* se estresan más y el impacto en los indicadores de personas como *engagement*, eNPS, absentismo o rotación son grandes.

A través de este libro hemos comprendido que todas las personas tenemos miedos y tenemos la capacidad de gestionarlos, por ello es positivo que a cada persona se le presuma y se le otorgue la responsabilidad individual de gestionar sus miedos, su propia autogestión y su responsabilidad sobre sus comportamientos y decisiones, en vez de ver a la persona como desvalida o sometida a sus impulsos. En este sentido, el individuo es una responsabilidad de sí mismo, si bien desde las empresas podemos promover un mayor conocimiento sobre inteligencia emocional, herramientas o acceso a servicios desde psicología hasta *coaching* o *mentoring*. No hay una receta única o universal.

Adicionalmente, a medida que hemos avanzado en su comprensión nos hemos dado cuenta de que el entorno, el lenguaje de las organizaciones, la cultura, tienen una incidencia directa en cómo nuestros miedos se despiertan con mayor o menor intensidad. Las experiencias laborales nos pueden llevar a entrar en un modo de supervivencia prolongado, con altos niveles de estrés y ansiedad, condiciones bajo las cuales gestionar nuestros miedos y mantener la empatía, la madurez, el amor, se convierten en la prueba diaria más dura.

- Tras todo lo anterior, cuando queremos intervenir en la cultura organizacional es importante que nos focalicemos en múltiples niveles a la vez, y de manera interrelacionada y coherente entre ellos:

- Individuo. Personas que viven y trabajan desde la madurez, en una mejor aceptación de sí mismos, amor a sí mismos y capacidad y voluntad de amor hacia otras personas. Individuos que desarrollan la confianza en un mayor grado, que es diferente de ser confiados.

- Equipos y liderazgo. El equipo es el contexto orgánico y diario del individuo, en el que las maneras de trabajar, las interacciones entre los individuos, las relaciones, favorecen la madurez. Entornos en los que se fomenta la confianza y las personas sienten seguridad psicológica para ser oídas, poder participar, escuchar y sentir mayor transparencia y autenticidad.

- El liderazgo forma parte del contexto del equipo, el rol que ejerce el liderazgo sobre el equipo será fundamental que lo desempeñe desde la madurez, al servicio del equipo, en un nosotros, siendo ejemplo al tiempo que sostienen la cultura en el equipo.

- Estos roles contemplan diferentes niveles de responsabilidad, desde líderes de equipo hasta directivos, pasando por mánagers. Necesitamos trascender o ampliar el concepto de equipo más allá del formal, los directivos serán los máximos exponentes de líderes de sus grupos, al tiempo que el consejo o el comité de dirección les hace formar parte de un equipo entre sí.

- Organización. Es el nivel que comprende la definición, implantación y operativa, así como el diseño de la organización, las prioridades y el gobierno. En este nivel se realiza una cultura que acompaña a los equipos y a los individuos, en la que encuentran coherencia y se evitan las islas para que la madurez forme parte de la dirección, operación, gobierno y estrategia del negocio.

Este nivel recae principalmente en la alta dirección con la capacidad para condicionar el grado de firmeza que se imprime a las normas sociales, a la importancia de fomentar personas y comportamientos en madurez, o que acaparadores e incluso perfiles con comportamientos psicopáticos encuentren un vergel en el que medrar mientras la atención a los problemas de negocio se dirige ahí donde no están las causas. O, en otra alternativa disfuncional, se fomentan culturas paternalistas en las que nunca hay consecuencias, nunca pasa nada, no se da *feedback* por no molestar, pero se toman decisiones que nadie entiende.

Una nueva visión sistémica

«Sin amor, la humanidad no podría existir ni por un día».

ERICH FROMM

Reflexiona por un momento acerca de la sentencia del filósofo. Es cierto que hay personas que hacen por deber, por obligación o por automatismo, y por un momento piensa en todas las personas en el mundo que aman a otros seres, que por encima del deber hacen con amor y por amor: madres, padres, personal sanitario, personal educativo, todos esos compañeros que en el trabajo ayudan a otros, todos aquellos que hacen sin que se lo pidan y sin que les vean; si un día todos ellos, todos nosotros, a la vez, perdiéramos la capacidad de amar, la peor película de terror que lo represente aún no se ha rodado.

Nos han hecho creer que todo funciona porque hay unas normas, unas obligaciones, un conjunto de necesidades a satisfacer y unas consecuencias. Y, sin que exista el amor en el interior de cada persona, la propia supervivencia sería imposible, y menos aún el desarrollo y el crecimiento.

Observemos la conclusión de la investigación de Adam Grant de que son necesarios varios contribuidores para compensar la erosión y acumulación de cada acaparador, los contribuidores son millones, los acaparadores son los menos.

Los acaparadores imponen mecánicas basadas en el miedo y la manipulación que derivan en dinámicas sadomasoquistas, haciendo una gestión selectiva de qué individuos promocionan y siguen soportando la dinámica. Desde un enfoque de relacionamiento biológico los acaparadores son parásitos de los contribuidores y los altruistas. Recibir un salario no lo convierte en una relación simbiótica; cuando una parte de la relación pierde salud y vida en ello, no hay un beneficio mutuo.

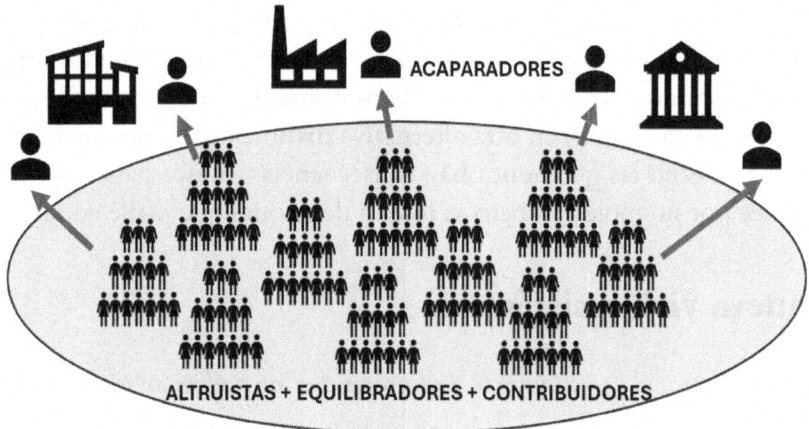

Las analogías del rebaño, de una masa desvalida y sin capacidad, son frecuentes desde hace milenios y han venido siendo repetidas en múltiples culturas. Si hay rebaño, son necesarios los pastores, un rol que se otorgan los acaparadores para beneficiarse de las ovejas, que se convierten en un medio. Hay pastores que ven a las ovejas como un negocio y ponen el cuidado suficiente para sus beneficios económicos, y hay pastores que les toman cariño y procuran su bienestar, mientras se adoptan actitudes paternalistas porque las ovejas son desvalidas. Los pastores necesitan mantenerse en su nivel 3 de «yo soy el mejor (y tú no)» para seguir viendo ovejas y no personas iguales. Más adelante comprenderemos cómo a través de generar un estado de indefensión aprendida se lleva a cabo un proceso de domesticación de las plantillas de las organizaciones. La contrapartida es que genera individuos reactivos, colaborativos pero pasivos. Esto nos explicará el fenómeno de la renuncia silenciosa o el *disengagement* que lastra a las organizaciones: la ausencia de compromiso. El paradigma funciona, pero es insostenible e ineficiente.

Con todo ello, tras repetidas experiencias de epifanía, en este contexto algunos altruistas logran mejorar su autoestima, dan prioridad a sus propias necesidades y se dan las oportunidades para evolucionar, florecer y reforzar lazos y relaciones en madurez, dando, en amor, convirtiéndose en contribuidores. Otros perecen en desgaste físico, mental y el *burnout*.

Algo innegable es que los sistemas y culturas que operan desde el miedo funcionan, dan resultados. Sin embargo, en ocasiones colapsan, en otras ocasiones llegan a un estancamiento con graves dificultades para crecer, y en otras dan con un nicho y logran una posición en el mercado que les lleva a crecer a pesar de su realidad interna, el coste humano y las ineficiencias. Daniel Goleman, en su libro *Focus*[33], describe cómo realizó una investigación para una institución financiera, les demostró que su modelo de gestión del talento era erróneo, de hecho, nada equitativo con el talento de sus equipos, le dieron las gracias y guardaron su trabajo en un cajón, no hicieron nada. Es importante entender que mostrar y demostrar alternativas más positivas en cuestión de personas y también en materia de resultados de negocio no es suficiente. Cuando las soluciones van en contra de la mentalidad y los fundamentos de la misma, se ignoran.

Imaginemos un directivo con un perfil dominante que tiene el hábito recurrente de crear relaciones sadomasoquistas con el resto de las personas, porque es acaparador y entiende la vida profesional así, y no solo eso, su propia identidad se sustenta desde su rol de acaparamiento sobre los demás, de extracción de atención, tiempo, esfuerzo y logros de otros. Toda propuesta que contradiga su rol, su mentalidad y su *statu quo* que le permite aplacar y al mismo tiempo alimentar su miedo, nunca será adoptada ni contará con su apoyo real, aunque los números del negocio no acompañen, precisamente justificará la necesidad de mano dura, su estilo, los básicos de toda la vida y se suele añadir: «lo que sabemos que funciona».

La respuesta a nuestras preguntas sobre culturas organizacionales es tan sencilla y tan compleja como la necesidad de personas maduras en puestos de liderazgo, que

33. Daniel Goleman, 2013, *Focus: The Hidden Driver of Excellence*, Harper Paperbacks

sean capaces de amarse a sí mismas para ser capaces de amar a otras, libres unas y libres otras, en una relación de amor, inclusión, productiva.

Es necesaria una propuesta de iniciativas que nos podrán ayudar a la humanización de las organizaciones, un concepto que identifica a las culturas organizacionales sostenibles hacia las personas. José Luis Guillén[34], directivo español transformador de instituciones educativas, ha publicado en el año 2024 su estudio y propuesta acerca del florecimiento humano en la era de la inteligencia artificial. El concepto de florecimiento es poco escuchado en lengua castellana, si bien intuimos perfectamente su significado, el propio autor explica que originalmente proviene del término inglés *flourish*, de uso más habitual en dicha lengua. Si hubiera de sintetizar qué significa la humanización, es el diseño e implantación de culturas y experiencias laborales en las que las personas se ven motivadas e impulsadas a florecer. Desde mi punto de vista, florecer comienza por madurar. Como hemos podido reflexionar a lo largo del mismo, será posible florecer si me conozco, si me veo completo como ser humano, si confío en mis capacidades, lo que hoy conocemos como fortalezas o *power skills*. Al mismo tiempo, sabiendo amarnos florecemos a través del ecosistema que nos rodea, los diferentes grupos sociales con los que nos relacionamos, algunos de ellos en el entorno laboral donde pasamos al menos un 30 % de nuestra vida adulta activa.

Dudo que haya un itinerario único o infalible para avanzar en la humanización de las organizaciones. De hecho, es una visión en vez de una meta, es una cultura a trabajar de manera constante a través de la escucha de la voz del empleado, la medición de indicadores de personas y operativos, lo que hoy conocemos como *people analytics*. En mi experiencia, la inversión en culturas centradas en las personas es totalmente compatible con culturas en las que la excelencia profesional está presente. De hecho, existen sinergias entre las mismas, siempre que entendamos la excelencia de manera sostenible, no desde el «más es mejor» y el objetivo de una productividad infinita y nuevamente insostenible. También en mi experiencia, la construcción de culturas centradas en las personas aporta un retorno en el negocio a medio y largo plazo, es una inversión, pero también se deteriora y con mayor rapidez a medida que volvemos a prácticas de gestión que tienen menos presentes a las personas en la toma de decisiones.

Las organizaciones son un sistema compuesto por individuos y las relaciones que se establecen entre los mismos. Para estructurar los programas estratégicos de

---

34. José Luis Guillén, 2023, *Florecimiento humano en la era de la inteligencia artificial: Educación para la felicidad en el mundo de hoy y del mañana*, EUNSA

cultura organizacional utilizo tres niveles que me ayudan a identificar las iniciativas, conectarlas y, al mismo tiempo, adoptar un enfoque holístico y sistémico. Unas páginas atrás los he detallado, son el nivel organización o corporativo, el nivel de equipo que incluye el liderazgo y el nivel individual.

Este modelo reconoce e incluye que cada individuo realiza una contribución al sistema y tiene una responsabilidad individual. Al mismo tiempo, el ente que llamamos organización a través de sus directivos establece estrategias, políticas, decide qué mide, qué prioriza y cómo se gobierna, todo ello determina un conjunto de normas sociales que, como indica el experimento de Zimbardo, marca las condiciones de contorno. En el nivel organizacional la alta dirección es la capa de liderazgo que influye. El punto de encuentro entre lo individual y lo sistémico es el equipo, es el contexto orgánico en el que ocurren las interacciones del día a día, lo que denominamos los micromomentos en la experiencia de empleado. En el equipo, como hemos explorado en el capítulo anterior, los roles de liderazgo en los mismos determinan la adopción de las normas sociales, qué es posible, qué no, además de ser ejemplo, reforzar o debilitar elementos en la experiencia de empleado en cada equipo.

Un marco para el desarrollo de la humanización desde el individuo

> «Hay tres caminos que llevan a la sabiduría: la imitación, el más sencillo; la reflexión, el más noble; y la experiencia, el más amargo». Confucio

Para diseñar itinerarios de desarrollo, un marco de aprendizaje o *framework* que considero eficaz es el del 70:20:10. A finales del siglo xx Michael Lombardo y Robert Eichinger plasmaron este modelo para el desarrollo del talento y el aprendizaje en su libro *The Career Architect Development Planner*[35]. Uno de los aspectos más interesantes de su enfoque es que elevan el desarrollo profesional más allá de la pura formación, necesaria, para integrar contextos de aprendizaje que lo impulsan y consolidan.

Ambos investigadores enuncian que un *mix* adecuado de interacciones de aprendizaje se conforma con un 70 % de experiencias que ocurren a través de vivencias,

---

35. Michael M. Lombardo, Robert W. Eichinger, año 2010, *Career Architect Development Planner*, Lominger

experiencias y retos a los que se enfrentan, un 20 % a través de aprendizaje social, lo que comúnmente llamamos «aprender con otros», y un 10 % de consumo de información, datos y experiencias de otros de una manera unidireccional, segmento en el que se sitúa la formación más tradicional.

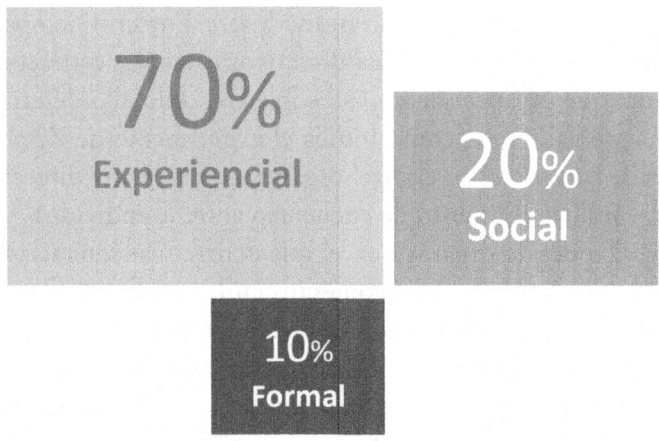

Comencemos por el 10 % de dedicación al aprendizaje formal. En este segmento consideramos los elementos más tradicionales de enseñanza, como la formación presencial u *online*, el *e-learning* o los contenidos de consumo unidireccional como *podcasts*, *webinars*, etc. Las interacciones de transmisión de conocimiento más unidireccionales en las que la persona consume datos e información en un contexto de baja interacción son necesarias. Sin embargo, el modelo 70:20:10 nos ayuda a ser más conscientes de la necesidad de priorizar la formación más reglada o formal hacia la eficiencia y conectada con otra serie de acciones que la complementen, sin abusar de cursos, *webinars* o *podcasts*, que por sí mismos pueden ser interesantes y satisfacer la curiosidad, pero no consolidan conocimientos y mucho menos la capacidad de llevarlo a la práctica.

En este segmento encontramos, por ejemplo:

- Cursos presenciales u *online* en los que recibimos conocimiento a modo de clases con profesores que nos guían

- *E-learning*, el formato bajo demanda, más o menos guiado y asíncrono.

- Los *podcasts*, *webinars* o contenido digital con los que la interacción suele ser menor y son contenidos a consumir.

- Los libros o artículos escritos también cuentan. En todos los itinerarios solemos encontrarnos con bibliografía recomendada.

Sigamos con el 20 % de aprendizaje social. En este segmento de interacciones de desarrollo encontramos, entre otras:

- *Coaching, mentoring* y tutores. Siendo diferentes en concepto cada una de las disciplinas, tienen en común el aprendizaje con otras personas que con su conocimiento, experiencia y herramientas nos ayudan a descubrir, corregir, potenciar y consolidar nuestras capacidades. Destacaría del *coaching* y del *mentoring* su potencial para incidir en la mentalidad de la persona que lo recibe. La mentalidad del individuo es el principal motor o freno para el aprendizaje, como repite Viktor Küppers: «La diferencia está en la actitud». Pues eso, otros formatos tienen menor capacidad, sin embargo, el *coaching* y el *mentoring*, por el enfoque y la relación que se establece entre las personas, tienen la capacidad de hacer a una persona reflexionar sobre su mentalidad y evolucionarla.

- Dar y recibir *feedback*. Aprendemos con y de otras personas, la manera de recibir pautas y guías acerca de nuestro comportamiento, actitud, desempeño y cómo mejorar. Es muy relevante que se establezcan culturas de *feedback* en los equipos, además de ceremonias y estructuras dentro de las maneras de trabajar que permitan canalizar adecuadamente el *feedback* entre las personas de los equipos. Para ello es fundamental trabajar la confianza y la seguridad psicológica, además de formar y establecer guías adecuadas para que el *feedback* sea efectivo y orientado al aprendizaje. Por último, que las maneras de trabajar y la operativa del equipo recoja momentos, estructuras y rituales que permitan ir adoptándolo en el día a día y de una manera más casual. Para ello es fundamental que los líderes del equipo prediquen con el ejemplo, no solo dando sino pidiendo *feedback* abiertamente y con humildad.

- Foros de conocimiento y comunidades de práctica. Habitualmente los primeros se limitan a ser espacios de compartición de conocimiento y experiencias, son más informales y carecen de objetivos específicos. Las segundas tienen estructura, objetivos de desarrollo de conocimiento y ayudan a canalizar la capacidad de productivizar el conocimiento. En ambos casos la participación es voluntaria, si bien las comunidades de práctica requieren inversión, dedicación y capacidades para lograr obtener credibilidad, entre otras, que una persona o un conjunto de personas de la organización dediquen tiempo e impulsen la vida en la comunidad, además de ayudar a conectar sus avances con la realidad de la empresa.

Los foros pueden alternar grupos con roles similares en los que los asistentes van a encontrar resonancia y eco en sus retos y situaciones, se pueden sentir más comprendidos, con grupos más diversos en roles, funciones o puestos en los que una actitud de escucha ayuda a empatizar y ampliar el conocimiento de otros colectivos y realidades al tiempo que construir ideas y propuestas.

Las comunidades de práctica son un magnífico marco para el desarrollo del liderazgo, para intercambiar experiencias, ideas, sentirnos escuchados y enriquecer de manera continua con herramientas o enfoques. Estas comunidades ayudan a identificar los principios del liderazgo de la organización, empatizando con su contexto, realidad, código ético y otros elementos, conectando mejor el liderazgo con lo viable. Además, puede aterrizar en material y contenidos como un manual de liderazgo.

- *Meetups.* Habitualmente los *meetups* son formatos con un componente participativo, incluso de cocreación, a diferencia de un *webinar,* en el que como mucho al final hay una ronda de preguntas.

- *Design thinking.* Si bien *design thinking* abarca toda una metodología y numerosas prácticas, las sesiones de descubrimiento y cocreación, incluso las de convergencia, son altamente interactivas y permiten a las personas desarrollar y consolidar sus conocimientos y destrezas. El marco de liderazgo en la organización es conveniente que sea cocreado y no prefabricado con antelación.

- *Agile.* De manera similar a *design thinking,* la agilidad recoge ceremonias orientadas al aprendizaje, como pueden ser las «retros». Adicionalmente, la agilidad impulsa una cultura e interacciones en los equipos que facilitan y generan la confianza para que ocurra el *feedback* con mayor continuidad y de manera integrada con las maneras de trabajar.

Finalicemos con el 70 % de dedicación al aprendizaje experiencial. Lo repito siempre, el desarrollo personal y el liderazgo realmente ocurren a través de la experiencia, de las epifanías que vivimos y que nos llevan a aprendizajes definitivos, casi tatuados en nuestro consciente e inconsciente. Porque desde las experiencias decidimos cambiar nuestra mentalidad. En este segmento de interacciones de desarrollo encontramos, entre otras:

- *Learning by doing o learning on the job.* Entre otros, es la adaptación del puesto para incluir la práctica de las capacidades adquiridas o movilidades temporales

146

o parciales que permiten poner en práctica las nuevas capacidades y consolidar el aprendizaje.

Pongamos como ejemplo el aprendizaje de la escucha. Si a partir de la clase de formación en los próximos días se facilitan contextos en el trabajo, de manera integrada en el equipo, en los que la persona lo pone en práctica y recibe *feedback*, es de sentido común que el aprendizaje será más profundo. En este ejemplo ya integro el aprendizaje social en el que el grupo o las personas del equipo con mayor destreza en comunicación, pueden apoyar o mentorizar, al tiempo que el resto dar *feedback*.

- Asignaciones a proyectos transversales. Uno de los elementos de desarrollo más valiosos que permiten acceder a nuevas tareas, competencias y contexto laboral de manera compatible con el puesto de origen y la carrera profesional cuando la movilidad es limitada. Además, cuando una persona necesita acceder a habilidades que son más frecuentes en otros equipos o funciones, las asignaciones parciales ayudan a viralizar el desarrollo de las mismas.

Pongamos un ejemplo: una persona está desarrollando la capacidad analítica pero forma parte de una unidad administrativa en la que el trabajo es rutinario y hay pocas oportunidades de realizar análisis, manejar datos, etc. Una asignación parcial a un proyecto transversal o a un equipo transversal de inteligencia artificial, análisis de mercados o análisis de riesgos, puede ayudar al desarrollo de la persona y poner en práctica su capacidad en un entorno que lo requiere, además de rodearse de perfiles profesionales que le pueden apoyar.

- Programas de movilidad interna y de sucesión. La preparación para un nuevo puesto y funcionalidades y la adaptación al mismo son contextos de aprendizaje experiencial. En el contexto de acceso a puestos de liderazgo, de hecho es fundamental.

- *Shadowing* u observación. Acompañar a otras personas en la realización de tareas, observar y preguntar es una vía de aprendizaje experiencial que prepara a la persona de manera potencial para poder realizar las nuevas capacidades.

- Simulación o laboratorios. Entornos físicos que simulan la realidad o laboratorios en contextos digitales que simulan entornos digitales o de programación, permiten ensayar sin riesgo de generar un impacto negativo en la operativa, al tiempo que la persona practica con confianza y consolida su aprendizaje.

Este enfoque, desde mi punto de vista, es importante para el desarrollo de la integración del miedo en nuestras vidas. Pasar por experiencias controladas que activan los miedos con diferentes intensidades y nos permite convivir con ellos en un entorno seguro ayuda a entrenar nuestra amígdala e ir mejorando nuestra respuesta al miedo de manera más controlada.

- De la AR (Realidad Aumentada) y la VR (Realidad Virtual) al metaverso. Las plataformas de AR permiten extender el entorno físico ampliando la interactividad y permitiendo una operativa similar a la requerida en el puesto de trabajo. La VR nos permite sumergirnos en una experiencia inmersiva y practicar nuestras competencias. Mientras que el metaverso amplía las posibilidades de ambas: en cierto modo es un contexto de simulación similar al punto anterior, si bien potenciado y ampliado en capacidades gracias a la tecnología.

En este apartado he sido testigo del fantástico trabajo que Psicosoft está desarrollando aplicando los *eGames*, la AR y la VR al desarrollo, el aprendizaje, la cohesión de equipos e incluso a los procesos de selección.

- Inteligencia Artificial (IA). Una IA con un avatar humano y capacidades cognitivas puede ser capaz de interactuar y conversar con un humano de manera avanzada. Compartir tiempo con una IA similar nos puede permitir practicar y ejercitar conocimientos y habilidades en un contexto seguro, además de recibir guía y *feedback* de nuestro desempeño.

Imaginemos que configuramos un conjunto de avatares con IA generativa que adoptan diferentes personalidades, intereses y estilos de interacción, lo que actualmente conocemos como agentes IA. Podría ser un escenario de entrenamiento del liderazgo si le unimos misiones y damos a los alumnos un rol para liderar ese equipo virtual.

- Visualización. Es muy relevante observar que los contextos de visualización cuentan como experiencia. Te invito a buscar la charla de TEDx Río de la Plata en la que Gabriel Midlin explica cómo descubrió que los pájaros aprenden a cantar soñando, es decir, tras escuchar a otros pájaros trinar durante el día, su cerebro practica y activa los músculos correspondientes para practicar, si bien por la noche no le oiremos cantar. Los pájaros no nacen sabiendo cantar.

Así nos sucede también a los seres humanos. La neurociencia ha demostrado que músicos o deportistas activan las mismas áreas del cerebro que coordinan sus movimientos al ejecutar una melodía o realizar una jugada cuando piensan o visualizan el hacerlo. A diferencia de los pájaros, posiblemente por estar en un estado de vigilia, no activamos los músculos. Sin embargo, existen evidencias de que las conexiones neuronales que ejecutan esa coordinación de movimientos, músculos y reacciones se fortalecen, ganando destreza y capacidad.

En los cursos es habitual que incluya meditaciones con visualizaciones que ayudan a los asistentes a *hackear* el inconsciente y acceder a escenarios, situaciones o perspectivas nuevas u olvidadas.

Anticipando conceptos necesarios en el diseño de un itinerario de desarrollo de talento, un contexto de visualización o simulación será poco efectivo si primero no hemos accedido al conocimiento y otros nos han guiado y ofrecido sus propias experiencias, como el pájaro joven que escucha primero trinar a otros para luego aprender por sí mismo. Será interesante, y considero que está poco explorando, considerar ejercicios y prácticas de visualización que nos ayuden a consolidar capacidades de ejecución de tareas, y no solo físicas. El cálculo mental, por ejemplo, es una práctica ya conocida.

Si tienes experiencia en formación es posible que te preguntes con qué contenidos u objetivos formativos específicos diseñar un itinerario básico o inicial. En cierto modo, la respuesta está a lo largo de todo el trabajo que comparto, e incluyo una lista de aquellos que considero fundamentales:

- Autoconocimiento. Es posible que nos parezca un campo demasiado genérico o amplio. Con autoconocimiento me refiero de manera más específica a la capacidad para observarnos, para aprender y desaprender, para cuestionar quiénes hemos creído que somos para aprender quiénes realmente somos, si bien posiblemente esa respuesta nunca esté completa. En este punto me refiero más a una competencia con herramientas para aprender a conocernos. Nazareth Castellanos, en su libro «neurociencia del cuerpo», nos explica la interocepción y la propiocepción como sentidos del ser humano ignorados hasta el momento, nos habla de tener el cuerpo en mente. También del aparato digestivo, el corazón o la respiración.

- Inteligencia emocional. En términos del propio Daniel Goleman, el término inteligencia emocional se refiere a la capacidad de reconocer nuestros propios sentimientos, los sentimientos de los demás, motivarnos y manejar adecuadamente las relaciones que sostenemos con los demás y con nosotros mismos.

En este marco será recomendable que las personas aprendan a desarrollar las competencias intrapersonales, es decir, la relación consigo mismos, y también las interpersonales.

En el primer grupo, resumo, en su libro *La práctica de la inteligencia emocional*, el investigador incluye la conciencia de uno mismo, autorregulación y motivación.

En el segundo para potenciar las competencias interpersonales incluye la empatía, la cual extendería hacia la compasión, y habilidades sociales como la influencia, la comunicación, el liderazgo, el cambio, la resolución de conflictos, la colaboración y la cooperación o trabajar en equipo. Todas ellas mencionadas de una manera u otra en esta investigación y vinculadas con la madurez de la persona, nuestra capacidad para amar en la libertad de ejercerlo, no dirigidos por nuestros miedos.

Las opciones de programas de desarrollo de la inteligencia emocional son muchas. Google desarrolló uno llamado *Search Inside Yourself*, que es impartido en numerosos países por facilitadores locales. También es posible proponer el diseño de un programa de desarrollo de la IE que se imparta internamente, como requerir un formato personalizado a proveedores especializados.

- Autoestima y autoconfianza son dos competencias a partir de las cuales a estas alturas hemos comprendido el sesgo que introducen en la mentalidad por su ausencia. Aprender a vernos y valorarnos nos permite mejorar la autoestima y la relación con nosotros mismos, para que sea más compasiva y apreciarnos más completos dentro de las fortalezas que tenemos y conociendo las que nos puedan faltar. Esa es la base de la confianza en nosotros mismos para mirar al mundo que nos rodea, desde la humildad del saber que necesitaremos al grupo de personas que nos rodea al tiempo que teniendo la capacidad para visibilizarnos, hacer autopromoción, eso que se les da tan bien a los acaparadores. Como hemos revisado, cuando un altruista gana la competencia de autopromocionarse y también de pedir ayuda, se convierte en contribuidor. Existe otro programa desarrollado por Google para potenciar la autopromoción. En un análisis de su gestión del talento, observaron que una de las causas para la infrarrepresentación de mujeres y otros colectivos, como el LGTBI, entre otros, en los puestos de liderazgo era la menor autoestima y confianza, la facilidad para sabotearse a sí mismos.

I am remarkable es un programa que se imparte en buena parte del mundo a través de facilitadores entrenados. He tenido la oportunidad de asistir de la mano de una facilitadora del Santander Women Network, una asociación de mujeres y hombres, vinculados a la entidad financiera global de sede española, que están llevando *I am remarkable* a más mujeres y colectivos en aras de relacionarse mejor consigo mismos y con su entorno, ganando la capacidad de autopromocionarse para postular y acceder a nuevos puestos, así como abrir negociaciones que exponen sus necesidades ante el silencio anterior.

- Miedo. Si diseñamos un itinerario después de los objetivos formativos anteriores me enfocaría en el miedo. En mi experiencia, el miedo es importante trabajarlo de manera experiencial y controlada, ya sea con simulaciones, laboratorios o visualizaciones. Hacerlo en grupo ayuda a intercambiar experiencias y conocernos mejor a través de los aprendizajes de otros.

En los cursos trabajo una visualización en la que volvemos a una experiencia de la que posteriormente nos hemos lamentado de contenernos, de evitar actuar, hablar, dar un paso al frente. Puede ser desde declararte a tu amor, como pedir un aumento de sueldo o defenderte ante unas acusaciones injustas, o hablar en público, cada persona la suya. A lo largo de la misma, la persona observa desde los pensamientos hasta las emociones para llegar a cómo ese miedo influye en sus comportamientos y decisiones, de manera negativa o contraria a su voluntad, pues aún hoy se lamenta. La reflexión posterior individual, explicar cómo nos autosaboteamos a través de una experiencia personal y compartir en grupo después, ayuda a integrarlo y comprender el poder de los miedos en nuestras vidas para limitarnos. Posteriormente se llevan tareas para trabajarlo en los siguientes días. Es un ejemplo, como otros diversos, para trabajar el miedo.

- Valores y propósito. Si hasta el momento hemos trabajado las bases de la competencia de amar y avanzar hacia la madurez con autoconocimiento e inteligencia emocional intra e interpersonal, nos falta darle significado y sentido.

Los valores nos ayudan a conectar con los comportamientos y las decisiones que nos hacen sentir resonancia, un sentimiento de mayor completitud interna. Los valores llenan eso que no logramos comprar con la tarjeta de crédito, irnos a la cama por la noche más satisfechos. Puede que con la misma incertidumbre o miedos, pero más satisfechos.

Respecto al propósito, considero que se encuentra; hay diferentes aproximaciones, lo importante es encontrar la palabra o la frase que lo define y lo activa en nosotros. Te cuento algo bastante personal, mi propósito vital se resume en lo siguiente: «Yo soy luz blanca, hermosa y potente, que ilumina y transforma positivamente». Cada día tengo presente mi propósito, me lo repito con frecuencia, me ayuda a recuperar la actitud y poner foco en lo que es realmente importante, lo demás es ruido que nos distrae. Es posible que te preguntes cómo se traslada un propósito como este al ámbito personal, en mi caso aterriza en mi propósito profesional, que me mueve a escribir este libro o a compartir en *webinars* y artículos: la humanización de las organizaciones.

El propósito nos da foco y energía para acometerlo, a través de la convicción y la resonancia interna con nuestros valores, el amor y el impacto que genera en nuestro entorno, será la herramienta que nos ayude a recuperarnos antes a continuar, a perseverar. Hace casi un siglo, Viktor Frankl, psicólogo judío preso en Auschwitz, observaba cómo en los campos de concentración las personas que sobrevivían a condiciones más inhumanas tenían en común que poseían un propósito para llegar al día siguiente y hacia su liberación. Un predictor de perecer rápidamente era, precisamente, perder ese propósito, por pequeño que fuera.

- Valentía. Esta competencia es fundamental en la vida, los retos son constantes, la necesidad de acudir a nuestra fuerza interior para proyectar convicción, determinación, defendernos o proponer, requiere valentía. La humildad requiere valentía, la capacidad para pedir perdón también. En mi experiencia, trabajando en desarrollo con diferentes perfiles, incluidos directivos, es posible que hayamos perdido en el camino nuestra competencia más esencial junto con el amor: la valentía. He descubierto que a algunas personas les han enseñado a no serlo, o las circunstancias les ha llevado a esconderse. En otras, la persona ha mostrado su fuerza interior de manera descontrolada y ha optado por ocultarla y olvidar el acceso a la misma.

Si has visto algún video de Nadal o de Carolina Marín, igual que podría mencionar a Gandhi o a Teresa de Calcuta, a Jacinda Ardern o a Justin Trudeau, la fuerza interior nos permite mostrar determinación ante las circunstancias, los eventos, las personas o los grupos que empujan a lo contrario a nuestros valores y nuestro propósito. En la forja de culturas heroicas hemos asociado la valentía con la agresividad, porque la valentía se asocia a combate y a guerra.

En la vida cotidiana, ajena a la excepcionalidad de la guerra, la valentía se conduce con asertividad e incluso con comunicación no violenta. Esta última suele malinterpretarse, puedes escuchar a una persona expresarse en términos de comunicación no violenta y que te sorprenda la contundencia y fuerza que transmite, al tiempo que evita juzgar, criticar o agredir a otros, muestra nuestras ideas, posturas y los hechos de manera clara.

Hay múltiples enfoques para trabajar la competencia de la valentía. Caminar sobre ascuas ardiendo puede verse como un trabajo del miedo al tiempo que de nuestra valentía. En mi caso, en los cursos trabajo la valentía nuevamente a través de la visualización, llevando a la persona a la necesidad de proteger aquello que más ama, o perderlo. Al conectar con nuestra fuerza interior, la visualización ayuda a canalizarla a través de un ritual sencillo que la muestra hacia el exterior.

- Responsabilidad individual. Todo lo anterior incluye que la persona conecte con sus necesidades, mejore la relación consigo misma y, desde el propósito y el impacto en su entorno, tome responsabilidad. La responsabilidad individual es un signo de madurez, dejamos de culpar o buscar fuera para hacernos responsables de nosotros mismos.

Existe un paradigma o modelo que particularmente me llama la atención para desarrollarlo, y es *La caja,* del Instituto Arbinger. Basado en el autoengaño, lo que nos decimos a nosotros mismos para justificar estar en el yo apartándonos del nosotros. Evitar la conexión con el grupo, la ayuda cuando hemos tenido la oportunidad de prestarla, nos genera una disonancia interna. Para poder sobrellevarla nos mentimos, ese diálogo con nosotros mismos que lo justifica es el autoengaño. Cuando estamos en el yo, sostenemos un diálogo que nos mantiene dentro de la caja, cuando reconectamos con el nosotros, salimos de la caja del autoengaño recobrando nuestra responsabilidad individual.

Hacernos responsables no es mágico, se trata de hacer nuestra parte, como se suele explicar en el círculo de influencia y el círculo de preocupación, se trata de estar y actuar ahí donde alcanzamos. La responsabilidad siempre es compartida, si bien solamente podemos hacernos responsables de la propia. Esto es compatible con expresar nuestras necesidades, y la necesidad de que otros hagan su parte. También, como hemos entendido a partir de la investigación de Adam Grant, filtrar los acaparadores que admitimos en nuestras vidas.

La humanización desde la diversidad más esencial: la personalidad

Considero que en todo momento hemos de evitar crear un ideal de ser humano para nuestras organizaciones, pues nuevamente caeremos en la trampa de la comparación, la perfección ante un molde en el que encajar, y nos separamos de la inclusión como parte de la cultura. Además, ya hemos observado sociedades u organizaciones que han pasado por ello con resultados nefastos, creando narrativas supremacistas y dejando atrás a quienes no logran llegar al estándar o al ideal. Las culturas heroicas no son compatibles con la humanización, por ello me enfoco en organizaciones con culturas más humanas, con el amor en su paradigma como principio fundamental en la humanización de las organizaciones.

Repito habitualmente que la primera diversidad en cualquier grupo de personas es la de la personalidad. El pasado año 2016, el Dr. Brian Little, en su charla TED[36] en Vancouver, hablaba del modelo OCEAN de personalidad. La diversidad entre individuos viene de serie, a lo cual se suman otros rasgos, como el sexo, el género, la edad, cultura, capacidades, etc.

El paradigma OCEAN, también llamado Los Cinco Rasgos de la Personalidad, es una taxonomía o agrupación de estos desarrollada en los años 80 del siglo xx dentro de la teoría psicológica de los rasgos. En los años 90 la teoría identificó cinco factores o categorías principales:

- *Openness to experience* (apertura a la experiencia). Este rasgo principal bascula desde la mayor inventiva y curiosidad hasta, en el otro extremo, cautela y rigidez.

- *Conscientiousness* (escrupulosidad). Un rasgo que mueve la aguja desde la mayor eficiencia y organización hasta, por el contrario, los comportamientos más extravagantes y descuidados.

- *Extraversion* (extroversión). Una categoría habitual en otros modelos psicológicos identifica desde el comportamiento más espontáneo, abierto y energético, hasta el más solitario o reservado.

---

36. Brian Little, 2016, *Who are you, really? The puzzle of personality*, TED (https://www.ted.com/talks/brian_little_who_are_you_really_the_puzzle_of_personality?language=en)

- *Agreeableness* (simpatía). En esta categoría se confronta el extremo más amigable y empático frente al más crítico, distante y racional.

- *Neuroticism* (neuroticismo). Representa la tendencia a experimentar emociones negativas como la ira, contrariedad o ansiedad, también denominado «inestabilidad emocional». También se dice que está relacionado con una baja tolerancia al estrés o la aversión a estímulos. Lo contrario se representa como una mayor capacidad de resiliencia y confianza.

Y siempre nos puede quedar la pregunta de: «¿Se nace o se hace?». Es decir, ¿hasta qué punto nuestra personalidad es fruto de nuestras experiencias o condicionada incluso por nuestra herencia genética? Hay estudios que determinan cómo estos factores OCEAN están condicionados por la genética:

- La apertura a la experiencia se estima que tiene un 57 % de peso por genética.

- La extroversión se ve determinada en un 54 % por los genes.

- La escrupulosidad se estima en un 49 % de peso genético.

- El neuroticismo en un 48 % por los genes.

- La simpatía baja hasta un 42 % de condicionamiento genético.

Y no solo eso, además de una carga genética que parece condicionarnos alrededor de un 50 % en nuestra personalidad, la influencia del entorno social y cultural en el que crecemos, nos desarrollamos y vivimos, tiene un impacto muy fuerte que nos modela. Así, no es lo mismo ser extrovertidos en París que en la China rural. O el rasgo de la escrupulosidad en Alemania que en Brasil. La presión cultural y social para modelar, contener o potenciar nuestros rasgos será constante.

Nuestra capacidad para superarnos, individual o colectivamente, es una seña de nuestra identidad como humanos. Estoy convencido de que conoces personas que, contra todo pronóstico, han roto moldes, han ido más allá de lo pronosticado, se han superado a sí mismas aunque nadie lo hubiera anticipado. A pesar de la carga genética, el Dr. Little nos explica un elemento individual que nos lleva a superarnos y compensar el adicional al 44 % o el 60 % que necesitemos: el propósito. El sentido y el significado vitales son un motor para que superemos incluso las limitaciones que nos impone nuestra fisiología. Little, que se define como introvertido, explica cómo requiere periodos de tranquilidad y soledad para recuperarse del esfuerzo del relacionamiento en sus múltiples charlas y clases o sesiones con clientes. La recuperación mental tiene su paralelismo con la recuperación física para quienes cansan su cuerpo con la actividad laboral.

Martin Seligman coincide a lo largo de sus investigaciones[37] con la propuesta de Little, en su fórmula de la felicidad duradera o persistente incluye un factor que todos consideramos determinante: las circunstancias. Podemos coincidir en que la riqueza, la educación, el género, la raza u otros factores sociales determinan nuestra capacidad para lograr una felicidad duradera. La investigación de Seligman apunta a que la incidencia de las circunstancias es menor o relativa, siempre que existan unos mínimos. Al igual que ya investigó el premio nobel Daniel Kahneman, a partir de un cierto nivel de ingresos la satisfacción con la vida varía poco. Seligman coincide en que alrededor de un 50 % de nuestra capacidad para sentirnos más satisfechos con la vida proviene de nuestros genes de nacimiento, determina el carácter innato que nos habita. Y el factor que nos permite impulsar nuestra capacidad más allá de lo que nos condicionen nuestros genes es la voluntad y el ejercicio activo de hábitos que promuevan una mejor satisfacción y optimismo. Es posible que hayamos nacido con mayor propensión al pesimismo, para empatizar menos, para canalizar el amor con mayor limitación que otras personas. Little, Seligman y otros psicólogos junto con sus investigaciones y los datos asociados demuestran que con voluntad podemos superarnos, podemos ser mejores, por ello en el apartado anterior abordábamos la necesidad de itinerarios que trabajen la madurez del individuo.

Algunas personas, todos conocemos a alguien, nacen con una capacidad innata para fluir con la vida, simpatizar, ser la alegría en todo momento, un imán de relaciones. Cuando brota de manera natural los genes son un factor importante, trabajarlo con voluntad también lo es. Las circunstancias crean un escenario más favorable que facilita o no, pero si naciste gris y evitas trabajarlo con voluntad, ni todo el dinero del mundo te dará una satisfacción duradera, aunque sí placeres.

Volviendo a la diversidad entre las personas, te invito a volver a los cinco rasgos de la personalidad —OCEAN— y jugar conmigo pensando diferentes combinaciones e identificando personas de tu entorno. Por ejemplo, una persona menos abierta a lo nuevo, escrupulosa con aquello que hace, extrovertida, simpática y estable. Otro perfil sería pensar en otra que es abierta, descuidada, extrovertida, simpática y neurótica. Y entre los extremos se pueden dar todos los grados intermedios. Lo interesante del juego es que, a cada combinación, posteriormente te

---

37. Martin Seligman, 2002, *Authentic Happiness*, Nicholas Brealey Publishing

viene una persona a la mente que tiene relación con ese perfil. Y es interesante porque nos ayuda a ser más conscientes de la amplia diversidad que conformamos la humanidad.

Finalicemos esta reflexión volviendo a las clases de estadística de la educación secundaria. Si asignamos a cada rasgo de la personalidad 7 valores posibles, 2 en los extremos, 1 en el medio y 2 en cada lado posible respecto del medio, obtenemos 16807 combinaciones posibles de personalidades. Por ello, será importante evitar un modelo ideal de personalidad, y persona, que excluya a gran parte de ellas, para ofrecer un contenedor de interacciones con una amplia variabilidad en las normas sociales que permita ser y convivir. Con líneas rojas claras, normas sencillas y libertad para las interacciones.

Uno de los retos que perseguimos lograr en la humanización es llegar a la personalización de la experiencia. La acción más básica y eficaz pasa porque el responsable del equipo conozca a la personas del mismo y apoye en la contextualización y personalización de la aplicación de políticas y decisiones. Por eso los mánagers son una pieza clave en la transformación cultural. Abordaremos juntos más adelante diferentes herramientas o enfoques para trabajar en los equipos.

Los contribuidores, incluso los altruistas, suman a las organizaciones

Después de 38 estudios en 3611 equipos, observando la frecuencia de generosidad en una organización, Grant explica en su libro haber descubierto que cuanto más comparten las personas conocimientos y mentorías, mejor le va a la organización en múltiples métricas: beneficios, satisfacción del cliente, fidelización de empleados u optimización de costes operativos, por nombrar algunos. Incluso los altruistas, olvidándose de sí mismos y obteniendo resultados individuales inferiores, realizan una contribución diferencial al equipo y a la organización. Sin contribuidores, las organizaciones se hundirían; sin embargo, desde el *consequence management* y la meritocracia habitual, no se visualiza en sus resultados porque su contribución sistémica no se mide, se vuelven invisibles y minusvalorados por el sistema y las políticas de gestión del talento. Lo máximo que encuentran son diplomas en la semana de los valores, el reconocimiento de sus compañeros por la ayuda que les prestan, pero desde lo formal, con métricas y conectado con las políticas de retribución, nada. Podríamos pensar que el problema son las personas con peores resultados o desempeño, lo cual suele coincidir con los altruistas, que se olvidan de sí mismos y pueden ser propensos a caer en relaciones de dependencia, pero las evidencias muestran que aportan valor al sistema.

Si los altruistas tienen bajo desempeño individual en una organización, podríamos pensar que los acaparadores o los equilibradores destacan, pero Grant descubrió que este no era el caso. En cada estudio que completó Grant, los contribuidores demostraron los mejores resultados. ¿Cómo podría ser tan amplia la diferencia entre los altruistas que fracasan en desempeño y los contribuidores que sobrepasan al resto? A través de los datos, entre los vendedores, por ejemplo, los altruistas constituyen la mayoría de las personas que generan los ingresos más bajos, pero los contribuidores la mayoría que genera los ingresos más altos. Encontró las mismas tendencias para la productividad de los ingenieros y para las calificaciones de los estudiantes de medicina. Los altruistas sobrerrepresentan el percentil inferior del desempeño mientras que los contribuidores lo hacen en el superior.

Entonces, si el colectivo de profesionales que dan, ayudan y colaboran tiene en común la mentalidad de estar para otros, ya sean altruistas o contribuidores, nos podemos preguntar cómo impulsarlos y que haya más. Incluso, que los equilibradores impostores salgan del armario como contribuidores porque sienten la confianza para ello. Grant se focalizó en encontrar qué condiciones en el entorno laboral podían impulsar mejor la excelencia de este colectivo, pues demuestran un mejor potencial para ello.

Teniendo en cuenta la mayor propensión a ser abusados, es recomendable proteger a los altruistas del *burnout*. Por supuesto, a cualquier individuo; sin embargo, el altruista en su afán de dar y olvidarse de sí mismo es más propenso al *burnout*. Es importante visibilizar y dar crédito a las aportaciones a nivel de colaboración, apoyo mutuo, servicio, al tiempo que su mayor visibilidad sirva para balancear el esfuerzo con la capacidad de la persona, su bienestar, descanso, desconexión y seguir aportando de una manera sostenible en el tiempo.

Imaginemos que un acaparador incorpora a un altruista en su equipo; para el primero es una suerte, con menor empatía y motivación para pensar en la otra persona; es cuestión de recibir y recibir sin reparar en el cansancio del otro o sus necesidades. ¿Te suena? Así acaban los altruistas en manos de acaparadores, siendo repuestos mientras enferman o se agotan. Es importante que cuando se analiza el absentismo o la rotación, sea importante que tengamos en cuenta el contexto como explicación de las causas.

En las culturas heroicas es importante ser fuertes y proyectar suficiencia. Por el contrario, para fomentar la contribución será importante crear una cultura de pedir ayuda. Es decir, crear una cultura que anima y premia pedir ayuda; no solo protege a los altruistas del desgaste personal y del *burnout*, sino que también motiva a más personas a convertirse en contribuidores, porque entre el 75 a 90 % de la actitud de dar en una organización comienza con una petición para ello, según datos de Adam Grant. En general las personas tenemos barreras en nuestro comportamiento para pedir ayuda. Además, es bueno para los altruistas que puedan y sepan conectar con sus necesidades, las tienen como todos, y que puedan pedir ayuda. Será bueno para su autoestima darse permiso para pedir y tomar de otros. Dar y tomar en equilibrio genera un entorno más inclusivo, un ambiente de trabajo en el «nosotros».

Ser preventivos y anticiparse es importante también, por ello es necesario poner atención en los procesos de selección. El impacto negativo de un acaparador en la cultura es habitualmente el doble o triple que el impacto positivo de un contribuidor, no empata; desde un punto de vista sistémico son necesarios más altruistas o contribuidores que acaparadores para compensar su impacto. Esto nos lleva a cuestionar el valor de estos últimos en los equipos o en las organizaciones. Los modelos de meritocracia individual les dan crédito con frecuencia, se preocupan de ganar notoriedad y encuentran motivación en el ascenso profesional, mientras que los altruistas suelen estar ocupados en una agenda de equipo, olvidándose de ellos mismos. La recomendación para el diseño efectivo de equipos no trata de incluir altruistas o contribuidores, asumiendo que necesitamos acaparadores, sino sacar a estos y quedarse con quienes dan o al menos equilibran. Más contribuidores, altruistas que puedan pedir ayuda y equilibradores, bien cohesionados y en un entorno de confianza con retos a alcanzar claros.

Empleados tóxicos, una verdad incómoda

Evidentemente ni los equipos de *marketing* lo muestran ni los de RR. HH. lo hablamos abiertamente: en las empresas hay personas con comportamientos propios de matón de patio de colegio, o de abeja reina del instituto, por tomar dos estereotipos que, dicho sea de paso, conectan estos comportamientos con ausencia de madurez. ¿Es posible que en un entorno laboral se observen comportamientos y dinámicas propios de niños o adolescentes?

Gritos, amenazas explícitas o veladas, críticas que dañan la autoestima, burlas y sarcasmo, llegando hasta las agresiones. En ocasiones ocurren de manera abierta, otras suceden en privado o de manera velada y sutil ante la realidad de los protocolos de acoso, con estilos pasivo-agresivos que aparentan otra actitud más positiva.

Son comportamientos que pueden estar presentes en cualquier puesto o rol dentro de una organización y, en ocasiones, los comportamientos agresivos, impulsivos o que muestran críticas abiertas, aunque dañen a personas, se relacionan con una mejor capacidad para tomar decisiones y liderar, una percepción que se confunde con extroversión o con valentía. Una incorrecta gestión del talento les aúpa y les reconoce en puestos de decisión, desde mandos intermedios hasta roles de dirección. ¿Se puede generalizar? En absoluto, desde mi punto de vista los mánagers y directivos con comportamientos adecuados, correctos o incluso ejemplares, son mayoría.

Sorprendentemente, podemos encontrar personas inmaduras que se comportan como cretinos con sus compañeros o hacia los equipos, ocupando todo tipo de posiciones, tanto como compañeros como desde un liderazgo de equipos. Según el artículo de Corporate Rebels[38], los datos de comportamientos tóxicos en el ámbito laboral son relevantes:

El 27 % de una muestra de 700 empleados de EE. UU. experimentó maltrato por colegas, con un 16 % reportando abuso psicológico persistente.

El 36 % de una muestra de 5000 empleados reportó hostilidad sostenida en el tiempo desde colegas en el trabajo, lo que se traduce en una media de un comportamiento agresivo a la semana durante el año.

El 91 % de una muestra de 461 profesionales de enfermería experimentó agresión verbal, con un daño moral al sentir ataques personales, humillación y menosprecio.

El 10 % de una muestra de 5000 empleados británicos reportó abusos o acoso en los 6 meses anteriores a la encuesta, y cerca de un 25 % en un periodo de cinco años en el trabajo.

El 35 % de otra muestra de empleados australianos reportó haber sido agredidos verbalmente por al menos un colega, y un 31 % por al menos un responsable directo.

38. Joost Minnaar, November 23, 2019, *Please, No Assholes In The Workplace,* Corporate Rebels (https://www.corporate-rebels.com/blog/no-assholes-in-the-workplace-please)

El 6 % de una muestra de 5000 empleados daneses reportó estar expuestos a burlas desagradables en el entorno laboral.

El 9 % de 21500 empleados europeos reportó estar expuestos a intimidación persistente y maltrato en el trabajo.

Si al leerlo le estamos quitando importancia, es posible que formemos parte del problema en la creación de culturas tóxicas en el trabajo. Si normalizamos que al menos 1 de cada 10 personas pase por estas experiencias, ¿en serio vamos al trabajo para esto?

Es de sentido común poder relacionar estos comportamientos con el impacto en el negocio y el problema de talento al que nos enfrentamos las organizaciones:

- Incremento de costes por rotación no deseada. Las personas tienden a abandonar más rápido un trabajo cuantos más comportamientos tóxicos encuentran, y no suele ser talento a despreciar.

- Los costes por absentismo, tanto por impacto en la salud mental, deterioro de las condiciones físicas por somatización, deterioro del sueño o incluso una mayor accidentalidad.

- Costes de oportunidad por un menor compromiso o vinculación hacia el trabajo, reducción de la participación por miedo a las burlas o comentarios, de la colaboración a los mínimos imprescindibles o errores por miedo en la realización de las tareas o los resultados.

- Menor productividad por distracciones. Las personas con comportamientos tóxicos hacia otras son auténticos distractores de atención en el día a día, particularmente si son responsables de equipo y se les reporta.

- Menor atracción de talento por disminución en la valoración en la marca empleadora, ya sea por el boca a boca o las plataformas *online*, como Glassdoor. Actualmente es habitual preguntar a antiguos o actuales empleados antes de avanzar en un proceso, una experiencia tóxica puede evitar que el mejor talento se incorpore.

- Es un factor para la *quiet ambition*: el mejor talento no querrá promocionar a puestos de mayor responsabilidad al fallar el *role-model* de referencia y serán perfiles más mediocres quienes postulen y perpetúen los comportamientos, una cultura tóxica, victimista y de bajos resultados.

¿Quiénes son los *asshole*? Lo más neutral: cretinos.

Coincidir en una definición es importante precisamente porque algo que podemos detectar a la hora de poner el cascabel al gato es que en las conversaciones incómodas se juega con lo incierto, con un espacio amplio de interpretación en el que, al final, nada se concreta y los comportamientos tóxicos perviven en las organizaciones.

Son precisamente las personas que se encuentran en este colectivo, el de los tóxicos, quienes ven más estúpidos a su alrededor, a veces investidos en un halo de mejora continua y en un estilo de agresión pasiva en forma de crítica que no acaba de construir y sí mina la imagen y la autoestima de otros, en otras ocasiones en forma de crítica abierta y destructiva. Por esta razón, cuando explicamos una política de no *assholes* o no cretinos en el trabajo, es posible que en una primera instancia nos den la razón, salvo cuando explicamos a lo que realmente nos referimos.

Robert (Bob) I. Sutton es un psicólogo organizacional, profesor en la Universidad de Stanford y autor de ocho libros hasta la fecha en los que expone sus estudios sobre liderazgo, innovación, cambio organizacional y dinámicas en el trabajo. Su foco en la última década se centra en cómo escalar negocios y el liderazgo a escala en grandes organizaciones. Fue Bob Sutton[39] quien identificó el perfil de comportamientos de los *assholes* porque, en vez de ser de utilidad para el negocio y su crecimiento, son un freno y hasta un lastre.

La creencia popular de que tiempos duros requieren tipos rudos hace aguas. Cuando llega el análisis de la ausencia de crecimiento: poca responsabilidad, mucho victimismo y la culpa es de otros.

Sutton identifica a los cretinos, que es el término más amable que he encontrado para *asshole*, como aquellas personas que regularmente humillan y dañan a sus colegas, especialmente con aquellos que tienen menos poder o fuerza respecto de ellos. Es decir, o por su posición o por su personalidad, menor capacidad para defenderse.

A día de hoy queda recorrido para entender y sensibilizar acerca de lo que significa humillar o dañar, principalmente en el plano psicológico, a otra persona. El psicólogo John Gottman articuló cuatro comportamientos que son un claro resumen y ejemplo de comportarnos como auténticos cretinos en el trabajo:

---

39. Robert Sutton, 2010, *The No Asshole Rule: Building a Civilised Workplace and Surviving One That Isn't*, Balance

Criticar a la persona, sus circunstancias o rasgos. En el *feedback* constructivo cabe la crítica objetiva a números, entregables, resultados tangibles o económicos, no a la persona o su capacidad. Esto suele acompañarse de ausencia de planes de mejora o de transmitir la convicción real de que pueda hacerlo mejor. La crítica continua y el nunca ser suficientemente buenos, en una espiral destructiva de la autoestima de la persona, enmascarada de un *mentoring* para mejorar, está en esta categoría.

Uso de la ironía y el sarcasmo. Te incluyo algunos ejemplos ilustrativos cuyo impacto aumenta cuando se hacen delante de más personas. Estos ejemplos ilustran cómo la ironía y el sarcasmo pueden utilizarse para menospreciar, humillar o ridiculizar a otros, socavando así su dignidad y autoestima:

1. Subestimando las capacidades: «¿Esa es tu mejor idea? A mí se me ocurren varias de esas mientras duermo».

2. Ridiculizando el esfuerzo: «Vaya, ¡qué trabajador eres! ¿Te pagaron por esto?» (aludiendo a una tarea realizada con dedicación).

3. Atacando la apariencia física: «Qué elegante vas hoy, ¡parece que vas a una convención de payasos!».

4. Cuestionando la competencia: «¿En serio crees que eres capaz de hacer eso? No me hagas reír».

5. Haciendo comentarios sexistas o racistas: «Claro, porque siendo mujer/de tu raza, eso es lo único que puedes hacer».

6. Utilizando apodos despectivos: «El genio del lugar», «La reina de los errores».

7. Ironizando sobre situaciones personales: «¿Y cómo va tu Tinder? ¿Te siguen descartando masivamente?».

Una actitud defensiva. «Anda que tú», «Dirás lo que quieras, pero ¿has visto a los de ese departamento?», «Hago un gran esfuerzo y trabajo muchas horas por esta empresa». Según expertos en investigaciones laborales es un denominador común de los cretinos desviar las conversaciones hacia los resultados o el desempeño de otros, evitando hablar o responsabilizarse de sus propios comportamientos y las consecuencias sobre otros de sus actos.

El *ghosting* ya existía con otros términos, como amurallamiento, *stonewalling* o, más actual, cancelación. En la actualidad los medios están poniendo de relevancia el daño moral de esta actitud pasiva. En un entorno laboral en el que la colaboración no es opcional sino que es vital, cancelar a otra persona que necesita interactuar con nosotros lo daña todo. En algún momento de la vida es importante aprender que la indiferencia es una agresión hacia otra persona.

Es posible que la idea te haya rondado la cabeza: se te ocurren ejemplos de patio de colegio que asocian estos comportamientos con mentalidades infantiles y poco maduras. Como en los colegios o institutos, hacer la vista gorda o hacer cumplir las normas hace una gran diferencia. Es posible que me repita a lo largo del libro al recuperar el experimento de Philip Zimbardo en la facultad de psicología de Stanford: las normas sociales o lo que se permite canaliza las interacciones humanas.

Hay experimentos que evidencian que cuando las personas identifican ciertos comportamientos como posibles o frecuentes se reproducen en otras personas. Por ejemplo, Sutton cita el experimento de un *parking* con basura tirada en el suelo y otro impoluto. Al dejar un papel en el parabrisas de los vehículos, era más frecuente que los conductores tiraran al papel al suelo en el *parking* con basura alrededor respecto del que estaba limpio. Otro experimento investigó la probabilidad de que un vehículo fuera vandalizado al estar aparcado. Si dejaban un vehículo cuidado y en buen estado era más probable que fuera respetado, si dejaban un coche con arañazos o algún daño, progresivamente iba recibiendo actos de vandalismo cada vez mayores al ir deteriorándose más. Todo ello hace alusión a que si los comportamientos de cretinos son admitidos y normalizados, la frecuencia e intensidad se incrementa y otras personas entran en dichas dinámicas.

Esta comprensión sobre los perfiles con comportamientos cretinos en el trabajo está lejos de significar que la confrontación de puntos de vista, la mejora continua o incluso el conflicto sean negativos. Ambos son una fuente de mejora e innovación para la organización y de aprendizaje para las personas, siempre que el objetivo sea diferente de ganar destruyendo al otro y que el mérito sea hundir su credibilidad o dignidad profesional o humana.

Como Sutton explica: «La investigación en todos los contextos, desde estudiantes hasta equipos de mánagers, revela que los argumentos constructivos basados en ideas —pero no las opiniones personales desagradables— impulsan un mayor rendimiento». Por lo tanto, una cultura de *feedback* seguirá siendo necesaria y más importante que nunca, solo que en un contexto de construcción, desarrollo y seguridad psicológica.

Te pueden chantajear

Permitir comportamientos tóxicos, que antes o después son conocidos, bajo una permisividad que espera que no vaya a más y los daños queden en algo puntual o localizado, conlleva que cuando realmente se quiere tomar algún tipo de decisión sea aún más complicado.

Primero, porque existirán evidencias o testimonios de la permisividad ante tales comportamientos que de una manera u otra involucran a la organización o a quien lo sabía previamente. Segundo, porque los cretinos han promovido ser útiles internamente ganándose el favor de quienes les defiendan, por lo que cualquier acción puede convertirse en un ejercicio de política interna y poder. Esto último es absurdo desde un punto de vista objetivo, el daño a la organización, el negocio y las personas es manifiesto, los egos gobiernan a las personas desde los sesgos y los miedos interiores, no desde la objetividad o un propósito común. Y, por último, si coincide con que es una persona con responsabilidad sobre resultados de negocio o la operativa, la amenaza está clara: esto se sostiene porque estoy yo.

Los protocolos de acoso son una herramienta necesaria y contundente, es indudable. El problema es que su actuación y consecuencias acaban siendo irremediablemente traumáticas o, como poco, dolorosas. Es un mecanismo forense, el daño ya está realizado y ha llegado a un nivel posiblemente inaceptable. Además, el consumo de tiempo, recursos y personas en investigaciones es considerable. A todas luces, un enfoque preventivo es mejor para las personas y la economía de la empresa.

Si sabemos que estos comportamientos son negativos para las personas y para el negocio y que cuanto más tardemos en actuar el impacto negativo será mayor, es necesario adoptar políticas internas preventivas que eviten dejar espacio para estos comportamientos y las personas que a pesar de ello persistan en mostrarlos.

Sutton explica en su investigación el caso de un CEO de una empresa del Fortune 500 que puso en marcha identificar a los cretinos en la organización, fueron despedidos en un periodo de dos años. Como resultado, de esta y seguramente otras medidas, la empresa pasó de ocupar el pelotón mayoritario de su sector a ser líderes diferenciales. Te van a amenazar con que sin ellos te vas a hundir, las evidencias indican que no necesariamente. Sutton también explica el despido del mejor vendedor de un centro comercial que fue identificado como un cretino hacia sus compañeros, y las ventas del centro comercial crecieron sin él.

¿Qué podemos hacer desde la cultura organizativa? La política de no-cretinos en el trabajo: *The no assholes policy*

La política de cero cretinos en el entorno laboral es una propuesta del investigador, psicólogo organizacional y profesor de Stanford, Bob Sutton, que recoge originalmente en su libro *The no asshole rule,* publicado en el año 2007. Existen organizaciones en todo el mundo que implementan y aplican esta regla como una política interna en su gestión del talento, desde la danesa Designit hasta los All Blacks de Nueva Zelanda.

Los cretinos son aquellas personas que regularmente humillan y dañan a sus colegas, especialmente con aquellos que tienen menos poder o fuerza respecto de ellos. Independientemente de su competencia técnica.

Las organizaciones que lo adoptan realizan un *screening* en su proceso de selección de candidatos antes de la incorporación, siendo muy firmes al descartar perfiles con comportamientos de este colectivo, cretinos, por mucho conocimiento técnico o experiencia que tengan. Esta posición es coherente con un entendimiento más holístico de lo que es realmente el talento. Te invito a verlo desde cuatro perspectivas que suman entre sí:

- Conocimientos

- Experiencia

- Fortalezas / *Skills* / Habilidades

- Mentalidad

Si contratas por las tres primeras e incorporas una persona sin la mentalidad ni la madurez adecuadas, ni brillará ni creará un mayor valor. Pensar que nosotros como organización vamos a cambiar la mentalidad de quien se incorpora cuando ya viene con comportamientos de cretino de serie puede ser una ingenuidad y una pérdida en tiempo y coste no menor.

¿Sabes lo que está en riesgo? La estrategia de negocio, además del daño moral a las personas. Todos los directores de RR. HH. con los que converso coinciden en que los perfiles tóxicos ponen en peligro la estrategia. Si tu plan no da los resultados esperados, es posible que aquí tengas una causa.

Asimismo, las organizaciones que adoptan esta política la aplican a la gestión de su talento interno, empleados, a través de evaluaciones individuales, también las evaluaciones 360 y un entendimiento de los comportamientos que llevan a tales valoraciones antes de que lleguen a quejas formales o denuncias de acoso. El contexto a la hora de valorar es fundamental, pues es muy diferente un comportamiento puntual en el tiempo, una etapa vital transitoria, a un comportamiento persistente y consolidado.

Personalmente considero que el *feedback*, el *coaching*, el *mentoring* y otros múltiples formatos, aplicados con objetivos, ayudando a la persona a comprender su responsabilidad e impacto sobre las personas que le rodean y un seguimiento sobre los comportamientos tóxicos o dañinos en las interacciones humanas y la colaboración, son importantes. Ahora bien, desde un punto de vista de talento, una organización puede ayudar y dar soporte pero que una persona cambie sus comportamientos y, más aún, su mentalidad, es una decisión personal. Si no hay comprensión ni compromiso real, nada cambia.

Los directores de RR. HH. con los que converso comparten que su prioridad y mayor presupuesto se está destinando al desarrollo de mánagers, y directivos más facilitadores y al servicio de los equipos, también desarrolladores hacia los mismos.

Las organizaciones que lo adoptan de una manera más suave son claras a la hora de promocionar a puestos de *management*; los comportamientos propios de cretinos cierran las opciones profesionales de movilidad o promoción. Aquellas que lo adoptan de una manera más profunda visibilizan estos comportamientos dejando claro que son negativos y contrarios, es decir, la presión social se dirige hacia quien muestra comportamientos tóxicos. Además, si no hay corrección en el tiempo, se gestiona el despido de la persona. Es la política de «no queremos cretinos aquí, o cambias o te vas»

Sutton propone dos preguntas específicas para monitorizar a personas con comportamientos cretinos:

- Tras interactuar con la persona, ¿otras personas se sienten oprimidas, humilladas o peor consigo mismas?

- ¿La persona se dirige en sus comportamientos a personas con menos poder?

Además, una lista de hasta doce comportamientos acompaña las preguntas para dar contexto, una lista que el investigador denomina «la docena sucia»:

- Insultos

- Violación del espacio personal

- Contacto físico no solicitado o consentido

- Amenazas (explícitas o pasivas)

- Sarcasmo

- *Flaming* (burlas, *ciberbullying*, etc.)

- Humillación

- Avergonzar

- Interrumpir

- Apuñalar por la espalda (en vez de hablar abiertamente y dialogar)

- Expresiones faciales hostiles

- Indiferencia

Esta lista ayuda a identificar comportamientos hacia las personas en el entorno laboral o por colaboradores externos. Las acciones previas de sensibilización y concienciación sobre qué son comportamientos agresivos hacia los compañeros son importantes. Socialmente podemos encontrar amplias diferencias en el baremo de qué puede herir a otras personas o no. Los insultos o los gritos y humillaciones parecen lograr un mayor consenso; por mi experiencia en los talleres de liderazgo que imparto, el sarcasmo, la indiferencia o interrumpir, no tanto. Es importante que las organizaciones sean claras en el marco de lo que es adecuado y lo que no lo es.

Sutton es claro en la diferencia entre comportamientos que pueden identificar a una persona como cretina de manera temporal, pudiendo tener un mal día, respecto de los cretinos profesionales y persistentemente desagradables. Todos tenemos malos días, o semanas, todos hemos tenido la oportunidad de pedir perdón cuando hemos entendido nuestro error, el daño que podemos haber realizado sobre otras personas, o nos lo han hecho saber. Recuerdo hace muchos años que envié un correo bastante airado a los compañeros de otro departamento, en realidad un reflejo de mi frustración porque los procedimientos no ayudaban, pero lo hice personal hacia las personas. Poco después alguien me compartió lo mal que había sentido y entendí mi error, y lo injusto de mi actitud. Esa misma tarde compré varias cajas de bombones, a la mañana siguiente cada persona encontró una caja de bombones, una nota pidiendo disculpas y, por supuesto, me acerqué a pedir perdón por mi comportamiento. Fui un cretino, espero que puntualmente. He comprobado a base de aprender observando que desde el agradecimiento y las conversaciones constructivas y orientadas al gana-gana, todo funciona mejor.

En los últimos años es común escuchar acerca del *consequence management*, un concepto que ojalá incluya la identificación de los comportamientos, y lleve a las personas con conductas de cretinos vivir las consecuencias a nivel de carrera profesional o reconocimiento, independientemente de los resultados operativos o económicos. Sin embargo, cuando solo se miden resultados parece que se puede justificar, porque se invisibilizan los costes para lograrlos. Hablemos de costes.

El coste de los cretinos

Bob Sutton propone el concepto del TCA o coste total de los cretinos. Si bien es difícil de cuantificar completamente, es un ejercicio ilustrativo convertir en términos económicos el impacto de estos comportamientos reiterados y, al menos, ser conscientes de que cuestan dinero, lejos de ser neutrales o, como pretenden los sesgos, favorables.

Algunos factores que propone considerar son el número de horas de mánagers y equipos de RR. HH. dedicadas a la gestión de este colectivo, ya sea a través de quejas, conversaciones del equipo, conversaciones con la persona con comportamientos cretinos o incluso investigaciones o denuncias. El coste de perder ventas y clientes no es menor.

Los investigadores Charlotte Rayner y Loraleigh Keashly han utilizado datos a partir de estudios en el Reino Unido para aproximar el cálculo del TCA o coste de los *assholes*. Estiman que el 25 % de las personas objeto del daño de los cretinos y el 20 % de quienes lo observan, aunque no sea hacia ellos, dejan sus trabajos. En una empresa de 1000 personas con un coste de reemplazo de 20 000 $, el coste anual es de 750 000 $ solo si el 25 % de los perjudicados dejan sus trabajos. Si aumenta al 20 % de los testigos, el coste aumenta a 1.2 millones de dólares.

En las investigaciones de Sutton se explica el caso de un directivo de Silicon Valley, al que llamó Ethan, y era identificado como cretino. El coste por sus comportamientos desde una posición de *senior executive* era de $160 000. En un volumen de cientos de millones puede ser un impacto nimio, recuerda que es un coste que va directo a restar el EBITDA.

El vínculo entre los comportamientos y la persona: la mentalidad

En mi experiencia, los comportamientos de una persona nacen de su mentalidad, que a su vez nace de cómo se ve a sí misma y, a partir de su relación consigo misma, condiciona cómo se relaciona con su entorno. Cambiar la mentalidad individual es una responsabilidad de cada persona, es una decisión muy personal. Imponernos semejante meta como organización o desde RR. HH. puede ser muy frustrante, aparte de intrusivo.

La buena noticia es que podemos crear entornos claros y honestos que apunten a las personas en la dirección de los comportamientos adecuados o incluso referentes, con reconocimiento y recompensas, así como consecuencias cuando se salen de lo marcado.

Desde las políticas de talento es posible marcar un contexto de interacción entre las personas que genere mayor confianza, colaboración, participación, compromiso y que ponga coto, más allá de lo puntual, a los comportamientos que minan una cultura de florecimiento.

Nadie aspira a que las personas seamos robots, a que seamos perfectos e infalibles, será precisamente en nuestros errores, en reconocerlos y pedir disculpas con sinceridad, al comprometernos con mejorar para nuestros compañeros, cuando creemos lazos de confianza y un ambiente que lo fomente. Será cuando tomemos decisiones valientes ante los comportamientos propios de cretinos irredentos que el impacto en la cultura sea real.

El individuo y el cuarto estado de adaptación al medio

En la actualidad, los datos nos demuestran la relación entre la experiencia de empleado o EX, el compromiso o *engagement*, y la productividad. Gracias a People Analytics ya hay mediciones recurrentes, como el Índice de la Experiencia de Empleado en España, que cada año mide y publica Lukkap[40], que hacen incuestionable

---

40. Lukkap, IV Índice de medición de la Experiencia de Empleado en España. https://www.lukkap.com/estudio/iv-indice-de-medicion-de-la-experiencia-de-empleado-en-espana/

que la experiencia de empleado determina el compromiso que siente una persona hacia su trabajo y el empleador. Los datos también extienden la relación a la productividad e incluso a la experiencia de cliente, o CX, lo cual conecta el contexto interno de las personas con los ingresos.

Debería ser de sentido común que cuando una persona se pone la camiseta, cuando es fan o cuando siente vinculación hacia su empleo y su empleador, el grado de motivación es mayor. Y no solo eso, el sentimiento de pertenencia que desarrolla el mismo vínculo que genera compromiso, también lleva a las personas a tener ideas, a proponer, participar, a dar más porque no solo es para otros sino que sientes que perteneces a ese proyecto en el que trabajas, sientes que perteneces. Así que es de sentido común que una persona comprometida aporta más valor, produce más y con mayor calidad e incluso genera mayor satisfacción en los clientes. Es un círculo virtuoso.

Lo que no encontramos es la explicación, más allá del sentido común o la evidencia de los datos, que nos conecte la experiencia de empleado con el *engagement*. Así, el reto sigue siendo: si quiero aumentar el compromiso y he de hacerlo a través de la EX, conocer el nexo que los conecta nos permitirá poner foco en diseñar acciones más eficaces. Además, me permitirá entenderlo para gestionarlo y priorizar mejor.

Comencemos por la experiencia en el trabajo

Identifiquemos juntos un contexto de experiencia laboral sobre el que se desarrolla la pérdida del compromiso. Partimos de una experiencia laboral poco deseable, evidentemente, para conectar las experiencias con el compromiso laboral. Si pensáramos en una experiencia ideal, ya los datos nos dicen que el *engagement* será mejor, pero queremos entender por qué se pierde.

Desde un punto de vista de la experiencia de empleado visitemos la etapa de «el día a día». Realizas tareas rutinarias, siempre de la misma manera y obedeciendo las directrices del responsable sin margen de interpretación o adaptación. Si un cliente viene con una queja, es más importante si seguiste el procedimiento que si pudiste tomar la iniciativa para evitarlo. La capacidad de actuación sobre la experiencia cotidiana es entre nula y escasa. Apenas se hace el descanso reglamentario o, de hacerlo, no se pierde ni un segundo, pero luego escuchas que se te cae el bolígrafo a la hora de salida. Hay lugares en los que te pueden reprender si en el descanso las personas ríen y disfrutan, o al menos recibir algún comentario incómodo e innecesario.

Podemos cambiar ahora a la etapa que se suele denominar «mi responsable». Pues ya imaginarás: vigilancia, supervisión, comentarios personales e innecesarios, nunca hay tiempo para ti y lo importante son los objetivos de tu responsable. No existen tus necesidades porque al trabajo se viene llorado y no a dar problemas. Si estás en el trabajo, la comunicación con el exterior solo es posible en tu descanso, si lo hay, y rapidito, que hay mucho que hacer. Dile al fontanero que solo puedes hablar en ese rato. Olvídate de la evaluación o el *feedback*, una reprimenda de vez en cuando para que no te relajes, porque sí.

Podría continuar con los momentos vitales o la carrera profesional, pero sería extenderme, todo es una contraprestación para caerle bien al responsable. Ves que algunas personas acceden a ciertos privilegios e incluso promociones a cambio de caer bien, no por méritos profesionales objetivos. Tú no puedes comentar que te encuentras mal, pero otra persona sí y se puede ir a casa a descansar.

En algunas empresas te escuchan, hay buzones, puedes pedir una reunión con tu responsable, incluso puedes escalarlo más arriba en la jerarquía. Tienes la certeza de que te han leído, te han escuchado, incluso te han entendido: en las conversaciones se muestra la empatía que lo evidencia. Sin embargo, no cambia nada, o apenas unos gestos cosméticos que aparentan capacidad para influir en las decisiones; pero, en el fondo, la experiencia no cambia.

Otra evolución respecto del escenario original y relacionado con lo anterior es la política de la «puerta abierta», evidentemente es un avance relacionado con tener una puerta cerrada y ser inaccesible al equipo; sin embargo, estamos comunicando que no tenemos tiempo en la agenda para ti, si lo necesitas, me lo dices y busco el momento. No estás en la agenda de tu responsable y su trabajo no es trabajar en equipo y con el equipo, sino dar instrucciones y, si le pides un hueco, dar *feedback* o decidir.

Martin Seligman nos explica la respuesta del individuo

Si has trabajado o visto un mapa de experiencia o un *journey* de empleado, sabrás que cada etapa se posiciona según la respuesta emocional del individuo ante la experiencia que vive. Las emociones de las personas que viven una experiencia laboral como la descrita anteriormente nos lleva a ubicarlas en el dolor emocional, en rostros tristes o incluso en el enfado o la frustración. Las emociones en sí mismas no son mejores o peores, pero, en psicología positiva, estas emociones sí se corresponden con las emociones negativas. Es una categoría que tiene riesgo para nuestra salud mental ante la persistencia en el tiempo o en el espacio de dichas emociones. Todos podemos sentir frustración ante un suceso, nos dura un rato y avanzamos; el verdadero impacto ocurre cuando estas emociones se quedan a vivir.

Martin Seligman[41] es el exponente más notorio de la psicología positiva, fruto de la investigación y práctica de un amplio equipo de profesionales desde diferentes disciplinas de la psicología, la neurociencia y otras áreas de conocimiento.

La primera etapa de la carrera profesional de Seligman se caracterizó por el descubrimiento de la indefensión aprendida. Explicándolo de manera sencilla: cuando un mamífero vive recurrentemente experiencias frustrantes y sobre las que no puede incidir para cambiarlas, entra en un estado de indefensión que se caracteriza por mostrar pasividad ante los eventos que ocurren. El experimento más habitual es el de la descarga eléctrica a un ratón de laboratorio, un grupo tiene un botón o un mecanismo por el cual puede evitar la descarga, aprende a evitar la experiencia o cambiarla, además puede haber una frecuencia definida por lo que el animal puede incluso anticiparse, aprende. Sin embargo, otro grupo de roedores recibe descargas y cualquiera de los recursos disponibles es inservible para evitarlo, incluso llegan a ser descargas aleatorias que lo hacen impredecible. Según la teoría inicial de Seligman, el animal aprende la indefensión y se muestra pasivo en algún momento ante una experiencia que no desea.

La indefensión aprendida se corresponde con el aprendizaje de la creencia: «haga lo que haga, nada cambia». En cierto modo aprendes a rendirte desde una perspectiva de vivir sin voluntad ante experiencias que descubres que son inevitables. Por cierto, los seres humanos somos mamíferos e investigaciones posteriores han demostrado que también aprendemos la indefensión.

La pérdida de compromiso es una consecuencia de la indefensión

Aquí es donde conectamos los dos primeros puntos; cuando una persona vive en su experiencia diaria emociones negativas inevitables desarrolla una indefensión aprendida, es decir, entra en un estado de pasividad ante lo que vive. Si recordamos el contexto laboral descrito, revisando experiencia a experiencia podemos entender que por repetición y frustración recurrente un empleado aprende la indefensión y entra en un estado de pasividad.

41. Martin Seligman, 2018, *The Hope Circuit*, Nicholas Brealey Publishing

Además, podemos comenzar a dar una respuesta a si fue antes el huevo o la gallina. La psicología positiva nos explica que, en general, la indefensión es una respuesta a la causa, que es la experiencia. Entonces, experiencias laborales emocionalmente negativas de manera recurrente, o más puntualmente, pero con alto impacto, son la causa para que una persona desarrolle un estado de pasividad en el entorno laboral.

¿A qué me refiero con puntualmente pero con mayor impacto? El día a día puede ser más positivo, pero, si ante la expectativa de una promoción recibo un año tras otro una negativa mientras observo cómo otras personas sí promocionan u ocupan otros puestos y se desarrollan, si nadie me explica la razón realmente ni recibo *feedback*, y cada año lo siento como un peso mayor, ¿crees que puede ocurrir que teniendo una frecuencia anual llegue un momento en el que ya no espere promocionar?

Efectivamente, es posible que conozcas algún caso similar. Puede que incluso sea la persona con mayor talento y esté salvando el departamento, pero, precisamente por ello, no promociona. Llega un día en el que ya no espera la promoción, pero la consecuencia no es inocente, no espera la promoción al tiempo que su pasividad aumenta: ya no espera nada.

Un aspecto no menos interesante del aprendizaje de la indefensión es que es un estado mental preámbulo de la depresión, es decir, las investigaciones identifican la indefensión con una mayor probabilidad o potencial de evolucionar hacia la depresión.

Seguramente podemos coincidir en que tenemos pocas cualidades para observar e identificar la salud mental de las personas a nuestro alrededor. Asumimos que una persona con depresión ha de estar hundida, pasiva y muy triste. La depresión tiene diferentes grados y, aun así, tanto por evitar hablar de ello como por el juicio que aún existe acerca de la salud mental, es frecuente que la persona realice un esfuerzo titánico para proyectar hacia el exterior una apariencia diferente a su mundo interior, pensamientos y emociones. En resumen, es viable que la persona más activa, sociable y alegre de la fiesta o el trabajo, esté pasando por una enfermedad mental. Puede estar ocurriendo que la persona que te cuenta chistes y te hace reír no se encuentre bien y lo haga para evitar que te des cuenta.

Unamos los puntos: la experiencia que genera indefensión lleva a la ausencia de compromiso

Hay experiencias en el entorno laboral que, por su frecuencia, o por su impacto en la persona, o por ambas, llevan al individuo a aprender la indefensión como respuesta al razonamiento de que nada puede cambiar en esa experiencia que le genera emociones negativas como ira, miedo o tristeza. En su desesperanza entra en un estado de pasividad colaborativa que corresponde a la ausencia de compromiso, también conocido como *disengagement*.

Ahí está la trampa respecto de lo que observamos: las personas se muestran activas, aunque desde la pasividad. Evidentemente, si un empleado conoce su puesto, las tareas y lo que ha de hacer, lo ejecuta, solamente que con menor creatividad o mayor pasividad, orientándose hacia la tarea como un refugio que, en el fondo, es la respuesta a lo que le piden. Todo cambio, participación, ideación o esfuerzos adicionales van a requerir de una fuerza externa que empuje a la persona a ello. Por eso es una pasividad colaborativa.

Hemos aprendido y comprendemos que las respuestas de una persona frente a una experiencia emocionalmente desagradable son la huida, la parálisis o la lucha. La persona puede irse o evitar la experiencia, puede entrar en una pasividad absoluta o luchar para cambiarla. El estado mental que nadie nos explicó como respuesta ante las experiencias y que, por ello, no entendemos y no nos cuadra lo que observamos frente a la ausencia de compromiso, es la indefensión: la persona no lucha, está activa, no huye, pero no esperes más de lo necesario.

En resumen, la experiencia en entornos laborales jerárquicos, con estilos autoritarios y altamente rígidos son la causa que desarrolla personas pasivas e incluso deprimidas, lo cual se expresa y se mide en ausencia de compromiso o *disengagement*. Cuando sabemos la causa, la atención de las acciones necesita dirigirse al origen.

La indefensión nos conecta con la domesticación. Un animal libre sigue su voluntad e instintos y no necesariamente se rige por un apego a un humano o a unas normas de comportamiento establecidas por otra especie. La domesticación tiene una base de experiencias en las que el animal aprende que carece control sobre sus acciones o lo que vive, además de que su supervivencia depende de otros y se ve incapaz para sostener su propia supervivencia. A lo mejor nunca lo habíamos pensado de esa manera, pero ¿han de ser las organizaciones lugares de domesticación? Si quieres el mejor talento de una persona, ofrece experiencias que desarrollen personas autónomas y maduras, los trabajadores convertidos en mascotas o ganado producen, pero para ver talento la presión y el coste serán cada vez mayores. Es decir, un trabajador con autonomía sale a pastar solo, su versión domesticada en ganado necesita de pastor, perro y un bastón robusto para los más rebeldes. ¿Vemos el sobrecoste de los modelos tradicionales? No solo económico, sino también en salud. La depresión no es gratuita.

La indefensión no es aprendida, es una respuesta del cerebro ante la ausencia de control

Llegados a este punto es necesario desaprender lo anterior, es decir, lo que la psicología positiva ha incorporado posteriormente es que la indefensión no se aprende realmente sino que es una respuesta común entre los mamíferos ante experiencias reiteradas que causan emociones negativas. Además, no son las emociones realmente, es la ausencia de control ante lo que experimentamos lo que activa, como respuesta de nuestro cerebro, lo que se puede llamar el circuito de la indefensión o la desesperanza.

Steve Maier coincidió con Martin Seligman en la década de los 60 realizando sus respectivos doctorados para, a continuación, separar sus caminos profesionales. Mientras que Seligman avanzaba en el campo de la psicología, Maier lo hacía en el de la neurociencia y la monitorización experimental sobre cómo los circuitos cerebrales en roedores influyen en el comportamiento. En la década de los 90, Maier incorporó la indefensión a su investigación desde otra perspectiva diferente a la psicología: la neurociencia.

La neurociencia descubrió que no se aprende la indefensión, sino que la causa que genera el efecto sobre el comportamiento es el control y la maestría sobre la tarea o la experiencia que vivimos. Maier descubrió los circuitos neuronales que producen y previenen la desesperanza. La producen en ausencia de control al activar mecanismos de indefensión como respuesta, y la previenen si está presente al activar otros mecanismos neuronales, quedando desactivo el que produce la indefensión.

Sin entrar en profundidad en términos técnicos, es importante conocer que el núcleo dorsal del rafe (DRN) es la estructura cerebral crítica en el comportamiento que denominamos indefensión. Los animales que carecen de control sobre las experiencias que generan emociones negativas activan la DRN; el otro grupo que sí experimenta control sobre su experiencia (descargas eléctricas) no lo activa. De hecho, los animales en los que la estructura DRN estaba lesionada no caían en la indefensión. Adicionalmente, si activaban artificialmente la DRN, el animal caía en la indefensión incluso sin vivir experiencias frustrantes.

La pregunta siguiente fue cómo la estructura DRN podía detectar la ausencia de control para activarse. Aparentemente por su tamaño y densidad de neuronas, digamos que su capacidad computacional no sería suficiente. Algo más se lo indicaba. Es en la corteza prefrontal mediana (MPFC) ubicada en el córtex, donde con mayor capacidad de procesamiento e interrelación de las experiencias existe detección de control o, por el contrario, se estimula y se activa la estructura DRN y, por consiguiente, el estado de indefensión.

La indefensión es una respuesta natural, no aprendida, que el cerebro activa por defecto ante las experiencias. Al igual que otras respuestas son la huida, la parálisis o la lucha.

¿Por qué esto es importante? Porque la conexión entre la MPFC y la DRN es el equivalente a un circuito que puede activar o desactivar la indefensión con base en una experiencia en la que tenemos control o, al contrario, vivimos estímulos negativos prolongados y recurrentes. Este circuito y la indefensión son propios de los mamíferos y forma parte de nuestra evolución como adaptación ante experiencias en las que necesitamos conservar recursos y energía a la espera de un cambio externo sobre el que detectamos que no podemos hacer nada para cambiarlo. Es una respuesta inteligente para evitar perecer cuando la lucha, la huida o la parálisis no son una opción viable de supervivencia y es necesario seguir activos, aunque desde la pasividad.

Salir de la indefensión a través de la experiencia

Seligman llama a esta conexión entre la MPFC y la DRN el circuito de la esperanza, en contraposición con la desesperanza y la indefensión. Por eso llama a su último libro *The Hope Circuit*. Hace tiempo que la neurociencia ha demostrado que el cerebro es plástico, es decir, frente a la creencia popular de que las personas no podemos cambiar las evidencias científicas, demuestran que sí lo es. Posiblemente en tu entorno puedas identificar a alguna persona que es diferente en sus comportamientos y trato a como la conociste años atrás.

Los experimentos evidencian una respuesta plástica, de evolución, en el circuito MPFC-DRN cuando existe control del individuo sobre la experiencia que vive. De tal manera el cerebro identifica la capacidad de reaccionar frente al estímulo desagradable para cambiarlo y la DRN se desactiva: un individuo puede salir de la indefensión a través de la experiencia que vive.

Igual que la EX puede activar la indefensión y observar falta de compromiso, también la evolución en la EX hacia el control, la autonomía, la participación y mayor capacidad de influencia de la persona sobre su entorno puede llevar a la persona a salir de la indefensión y volver a comprometerse.

Aquí es donde los equipos de EX, Cultura Organizacional, Bienestar o RR. HH. en general conectamos con las prioridades en las acciones para mejorar el compromiso y el impacto en el valor a la empresa, al mismo tiempo que mejorando el impacto en el bienestar de las personas, llegando a mejores cotas de satisfacción personal y vital. Casi nada. Los datos de EX ya nos lo indicaban, ahora podemos darles una explicación y un sentido, encontramos el nexo que explica la correlación entre la experiencia y el *engagement*, el eNPS o la felicidad.

Cambiando la experiencia es posible revertir los indicadores de RR. HH. y la aportación del talento a la organización, aumentando la productividad, la innovación y la satisfacción de clientes o CX. Sin embargo, tanto por la experiencia observable como por las mediciones sabemos que no todas las personas respondemos con la misma velocidad e intensidad ante los cambios en la experiencia para pasar a cambiar nuestros comportamientos. Como sabemos de la gestión del cambio, tenemos personas entusiastas que responden más rápido, los seguidores que se suman a medida que observan a los anteriores y los efectos del cambio, y los retractores que, a pesar de observar al resto y lo positivo de un cambio, se mantienen distantes o incluso activamente combativos contra ello, incluso aunque estén manteniendo un *statu quo* perjudicial. La psicología humana no siempre responde al sentido común de un observador externo.

El factor individual

Seguramente conoces a alguna persona que se caracteriza por caminar en el lado brillante de la vida, ve el vaso medio lleno, o incluso más lleno de lo que está y nada parece realmente entristecerla. Por el contrario, también conocerás a la típica persona ceniza, todo son problemas, el futuro es una agonía e, incluso cuando todo indica que todo le va bien, no ve motivos de alegría sino lo contrario. Incluso aparecen en redes justificándose y no es poco frecuente ridiculizar a los optimistas. Un pensamiento polarizado, una mirada coartada por los sesgos o puntos de vista catastrofistas son frecuentes, su presencia aumentada por las redes e incluso por los medios de comunicación nos empuja a normalizarlo. Además, parece que desde la pandemia de la COVID-19 la sucesión de los años es una confirmación del pesimismo exacerbado.

La ciencia dice lo contrario, y si reflexionas sobre ello, posiblemente tu propia experiencia. Las personas positivas, que aprecian a otras y que valoran, con una narrativa positiva y que transmiten esperanza, tienen más éxito en las relaciones personales, incluso para tener pareja y estabilidad en la misma, atraen personas a su entorno pues generan simpatía, incluso su esperanza de vida y salud es mejor. Lo dicen datos de múltiples investigaciones. Además, podemos coincidir en que la carrera profesional tiene un factor que depende de las relaciones personales que logras, las auténticas, no tanto las interesadas que desaparecen cuando se esfuma el presupuesto o un puesto de poder e influencia.

Como ya he recogido anteriormente, la investigación de Seligman y su equipo indica que alrededor de un 50 % de nuestra personalidad y comportamientos está condicionado por nuestra genética. Las investigaciones que hacen seguimiento de gemelos adoptados por diferentes familias son especialmente reveladoras: tras haberse criado y educado en un entorno diferente, los comportamientos y patrones de los gemelos repetían aquellos de los progenitores biológicos y no de los padres o madres adoptivos, desviándose de lo que veníamos creyendo hasta ahora. No significa que no puedas incidir en la educación de tus hijos, pero si heredan la genética del abuelo o de una bisabuela, el peso es más que considerable.

Seligman coincide en que desde Freud se nos venía diciendo lo contrario, es el entorno de crianza y desarrollo el que lleva a los descendientes a replicar lo aprendido de sus progenitores. En el siglo XIX el método se basaba en la observación y aún no se analizaban millones de datos con ordenadores, además de que la genética no estaba tan avanzada o la evolución del método científico en la investigación psicológica. La ciencia construye sobre lo anterior, mejorando las conclusiones y la efectividad de las acciones.

Esta conclusión genética nos puede llevar a la desesperanza. Si un 50 % de la personalidad individual viene determinada por la genética para tender a ser cenizos o los más felices del planeta, ¿qué podemos hacer contra ello? Pues en vez de ir en contra, al contrario, la prioridad es sumar.

El cerebro es plástico, en contraposición con la rigidez que se nos ha transmitido. En la actualidad, el hecho de que el cerebro puede adaptarse y evolucionar está comprobado. Bueno, evolucionar o involucionar, no demos por sentado que lo que hagamos o no lleguemos a hacer siempre va a ser una evolución en nuestra mentalidad y capacidad de pensamiento. Si te pasas el día siguiendo a cenizos y te alimentas de pesimismo y miedo que te lleva a una polarización, ver enemigos por doquier, tomártelo todo personal y encerrarte en casa, la psicología viene a decir que no se corresponde con un equilibrio en nuestra salud mental. No deberíamos normalizarlo.

Las investigaciones identifican que las personas tenemos un rango de variación en nuestra personalidad cuyo punto de partida por defecto es lo que traemos por genética como equipamiento. Si has jugado a videojuegos de *arcade*, tienes un personaje con unas capacidades y por el camino lo puedes evolucionar y que adquiera herramientas o destrezas. Eso sí, se adquieren con retos y logros; deambulando por el videojuego sin superarse no cambia a tu personaje.

En este sentido, lo que nos recuerda la psicología positiva es que el incremento de la frecuencia de emociones positivas (alegría, empatía, esperanza) frente a las negativas (ira, miedo o tristeza) requiere de hábitos, intención y perseverancia. Nuestro cerebro es altamente adaptativo a las experiencias que vivimos, la ausencia de acciones focalizadas en nuestras emociones positivas nos lleva a volver al punto de partida: nuestra herencia genética. Por eso observamos que los más felices no necesitan esforzarse para serlo y salen solos y rápido de la tristeza, y los más pesimistas permanecen en su estado. El problema es que, ante la indefensión, estos últimos tienen mayor propensión a la depresión y a no superarla, aunque las experiencias a su alrededor cambien.

Hay quien nace estrella y hay quien necesita una batería para brillar: autoconocimiento y hábitos frente a la resignación.

Por esta razón, incluso cuando llevamos a cabo un proceso de transformación cultural y en la experiencia de empleado, cuando la mayoría puede haber salido de su indefensión y recuperar el compromiso, existen individuos que se quedan anclados en el pasado sin sintonizar con el presente, viendo un futuro que se repite, aunque no sea cierto.

Cultura, bienestar y desarrollo de personas

Hemos realizado un viaje que comenzaba con la experiencia de empleado, o EX, lo cual incluía el puesto de trabajo, las maneras de trabajar y el liderazgo o el estilo de *management*. Posteriormente hemos entendido cómo impacta psicológicamente en el individuo y, finalmente, en respuesta proyecta comportamientos que condicionan el compromiso o *engagement*, la creatividad, la colaboración, la productividad y, también, la satisfacción del cliente en la CX.

En un análisis causal ahora podemos entender por qué si cambiamos la experiencia laboral incidimos en las consecuencias. Además, ahora sabemos que el foco ha de estar en dar autonomía y control a las personas para que puedan cambiar aquellas experiencias que generan emociones o afectaciones negativas. Por supuesto, se puede determinar un marco de autonomía.

Sumado a las causas, encontramos que la personalidad del individuo condiciona la respuesta ante las experiencias. En este sentido, las personas tenemos un rango de variación para potenciar la frecuencia de nuestras emociones positivas, un mayor optimismo, integrar de una manera más pragmática las experiencias y ver oportunidades y esperanza en el futuro.

Ayudar a una mayor psicología positiva sin cambiar las causas de la indefensión y una mayor incidencia de la depresión, o incluso dar preferencia a atraer talento más optimista, no dará el resultado más eficaz. Es como contratar personas con mayor tolerancia al estrés pero que sigan viviendo una experiencia laboral de alto estrés, ansiedad y erosión emocional, aguantará más tiempo y, antes o después, sucumbirá. Personalmente me siguen sorprendiendo las mentalidades que en vez de poner foco en las causas siguen actuando sobre el contexto o las consecuencias. El cambio real no se produce.

Reflexionemos a continuación acerca de cómo se refleja en diferentes ámbitos de las organizaciones:

Actuar desde la cultura organizacional

Encontramos un conjunto de elementos que pueden apoyar una experiencia de control y maestría en el trabajo, desde un diseño e implementación de la cultura de la organización:

Definición del puesto de trabajo. Saber qué se espera de nosotros y nuestro ámbito de trabajo nos permite poner atención y centrarnos.

Objetivos y prioridades. Conocer la calidad, cantidad o plazos, entre otros, ayuda a la organización del trabajo y tener claridad sobre las expectativas.

Procesos y procedimientos. Todo experto en calidad total o procesos coincidirá en que el objetivo no es dar rigidez a la tarea y sí determinar el marco de realización de las mismas. La persona sabrá el rango de control que tiene para adaptar su trabajo.

Orientación a resultados. Respecto de las tareas y los estándares, la orientación a resultados permite mejor el error, el aprendizaje y también la iniciativa personal respecto del trabajo y los eventos que se suceden.

Datos. Esto se suele obviar; si damos datos de progreso y calidad, los individuos entienden mejor su trabajo y cómo adaptarse; además, si el dato está segmentado y es el «suyo», se sienten más propietarios y con mayor control sobre su trabajo y resultados.

Aportación de valor. Si tienes datos, puedes visibilizar el valor que genera cada equipo o incluso cada individuo. El control y sentimiento de propiedad, *ownership*, sobre el trabajo aumenta.

Autogestión. Es un modelo de trabajo en el que el equipo y hasta el trabajador tienen capacidad de decisión sobre la organización del trabajo, el entorno les provee la información para colaborar y aportar valor, tienen las herramientas, priorizan y se adaptan a un contexto cambiante a un nivel más granular que la organización, aportando mayor resiliencia.

Liderazgo. Los roles de liderazgo se orientan a facilitar el trabajo del equipo, a la interlocución con el resto de los equipos, lidera con cercanía, da *feedback* y el desarrollo del equipo forma parte de su agenda.

Si conoces la agilidad, es posible que en todo lo anterior hayas encontrado resonancia respecto al paradigma cultural y las maneras de trabajar de la agilidad. La psicología positiva y la neurociencia nos dan una respuesta acerca de por qué la agilidad resulta en resultados diferenciales, personas comprometidas, mayor productividad, calidad y satisfacción del usuario o cliente. Es un hecho comprobado, otro asunto son las barreras por las que está fracasando su implantación a escalas mayores que los equipos de trabajo.

Son muchas las iniciativas que conocemos que mejoran la productividad. Aquí me estoy centrando en la respuesta al análisis de las causas de la indefensión y la destrucción del *engagement* o, viceversa, las acciones que lo pueden revertir.

Con todo lo que sabemos ahora, parece lógico que poder hablar de emociones en los equipos, incluso de salud mental, del nivel de estrés que sentimos o de cómo nos sentimos, puede ser un paso importante para detectar y ser proactivos en evitar que los estados de indefensión y depresión puedan agravarse. Será importante crear espacios seguros de inclusión en el equipo y desde el liderazgo para poder conversar sobre salud mental y adaptar y actuar en favor de la recuperación.

Actuar desde el bienestar laboral

Hace tiempo que sabemos que el bienestar en el trabajo no solo es fruta en la oficina, y lo que nos evidencia la psicología positiva es que el bienestar se genera o se deteriora desde las maneras de trabajar y el liderazgo, a través de la experiencia de empleado: la EX.

Ojalá este libro ayude a que los equipos de EX y de bienestar colaboren más, pero también para que las áreas de operaciones o de producción (según la industria) se involucren desde el punto de vista de las maneras de trabajar, al igual que organización o CTO. Una de las problemáticas habituales es que unas funciones ponen la atención en la productividad, otras en el eNPS, otras en el clima, otras en el bienestar y la salud y la colaboración transversal es escasa.

Desde un punto de vista de bienestar en la experiencia laboral la psicología positiva nos apunta a un conjunto de líneas de acción a nivel individual. A continuación, comparto una lista de los contenidos que sería relevante incluir en un programa de bienestar integral:

La práctica de la gratitud. ¿Agradeces a diario?

El ejercicio del perdón. ¿Cuándo fue la última vez que, al menos, te perdonaste a ti? El perdón comienza por nosotros mismos. Nos va a ser muy útil a la hora de integrar y suavizar el pasado.

Virtudes y fortalezas, o *power-skills*. ¿Realmente te conoces y sabes qué se te da bien? Cuando identificamos lo que nos hace únicos y excelentes, también aprendemos mejor a valorarnos.

Valorar la vida. Valorar las experiencias, las circunstancias y a las personas. Va más allá de agradecer, es dar el valor a nuestro entorno. Aprender a mirar afuera y salir de nuestro mundo interior es una tarea fundamental.

Optimismo y visión de futuro. Todos construimos una visión del futuro con base en nuestros pensamientos, como miramos el mañana nos da esperanza o desesperanza en el presente, es la diferencia entre que nos falte aliento o recobremos la ilusión.

Gestión de nuestros miedos. Todos los tenemos, están a todas horas pululando, así que o ellos te someten o eres tú quien los gobierna. No desaparecen, e ignorarlos les da poder sobre ti.

Presente: el poder de la presencia. Estar aquí y ahora, conectados con lo que ocurre y lo que hay, con las emociones.

Atención, foco y el estado de flujo. Es el gran tesoro de nuestro siglo. Daniel Goleman escribió todo un libro sobre la atención, sobre poner foco en las tareas y acceder al estado de flujo que descubrió el psicólogo Mihály Csikszenmihályi, un estado de alta productividad y baja fatiga.

Proveerse gratificación para potenciar nuestras fortalezas. Es diferente del placer fugaz; una gratificación tiene que ver con dedicar tiempo a tareas en las que participan tus fortalezas, te harán sentir bien.

Propósito individual (no el de la organización). ¿Conoces tu propósito? Los mejores están escritos desde el nosotros, porque dejan un impacto alrededor, al tiempo que nos dan sentido a quienes somos.

El propósito da esperanza, pues conecta con la ilusión y la motivación de un futuro diferente y buscado, la persona visualiza futuros mejores. Además, da control a la persona, tiene la capacidad de realizar acciones pequeñas o de mayor envergadura para acercarse a ello. Víctor Frankl identificó el propósito como una herramienta terapéutica que ayuda a las personas a ganar sentido y motivación.

Es posible que todo lo anterior te parezca entre espiritual y bastante «hierbas»; sin embargo, la psicología positiva y cientos de investigaciones, algunas masivas en volumen de participantes, aporta datos y ciencia dura que demuestra la mejora individual tras el aprendizaje y la práctica habitual de las herramientas. El reto es que lleguen a ser hábitos porque, en caso contrario, ya sabemos que volvemos a nuestro estado mental por defecto.

Un incremento de emociones positivas lleva a una integración más equilibrada del pasado y una mirada de optimismo sobre el futuro, con una interpretación más creativa y positiva del presente. Por el contrario, una presencia persistente de emociones negativas lleva a un mayor catastrofismo del pasado, pesimismo sobre las opciones de futuro y sesgar las opciones del presente.

Actuar desde el desarrollo del talento

Otra de las problemáticas de los programas de bienestar integral es que son opcionales y cada empleado decide si se apunta y lo realiza. Te invito a una reflexión.

¿Consideras que una persona pesimista y triste sea quien más probabilidad tenga de apuntarse? Sin embargo, es quien más potencial tiene de beneficiarse.

Desde el punto de vista del desarrollo profesional es recomendable diseñar un itinerario alineado con las recomendaciones de la psicología positiva, dotando de herramientas y hábitos a todos los empleados.

En el año 2008 la Armada de EE. UU. acordó con la Universidad de Pensilvania un programa para que todos sus soldados, más de un millón, recibieran formación en aprendizaje del optimismo, psicología positiva y, como consecuencia, mayor resiliencia mental antes, durante y tras las experiencias en el frente. Para llegar a millones de soldados encontraron el perfil que canalizara este aprendizaje de manera contextualizada y experiencial: los sargentos instructores han pasado por múltiples experiencias en el frente y son quienes preparan a los soldados.

El aprendizaje de las herramientas de la psicología positiva no solo reportó un impacto en la experiencia en el frente, también en la relación con sus seres queridos, lejos, además de un mejor retorno junto a ellos. El testimonio de sargentos inicialmente incrédulos al inicio de la formación acababa siendo: «Esto salva vidas».

Conectemos los puntos: un programa de desarrollo personal que forma en psicología positiva ayuda a los profesionales a una mejor experiencia laboral, mejor colaboración, resultados y resiliencia ante la adversidad. Y, además, reporta un impacto positivo de los profesionales en su ámbito personal y familiar. Ganar en optimismo, pensamientos y emociones positivas y resiliencia.

Volviendo a los soldados: el impacto en salud mental, superación de dificultades, optimismo y reducción del catastrofismo en soldados desplegados en Irak y Afganistán fue más positivo en los entrenados respecto de los que no. La adicción a las drogas se redujo un 59 % respecto de antes del entrenamiento.

En el ejemplo descrito se alineó un programa de bienestar a modo de desarrollo de habilidades, lo cual es cierto, con un objetivo organizativo.

Adicionalmente, un programa de desarrollo integrado con la organización puede permitir la consolidación de hábitos y el éxito en forma de que las personas logren su mayor valor en el rango de vivir emociones positivas, respecto de las negativas.

CAPÍTULO 6. LA HUMANIZACIÓN DESDE EL EQUIPO

La mirada de Miriam D. Greene sobre la humanización

La mirada de Miriam nace de más de dos décadas de experiencia internacional, tanto dentro como fuera del mundo corporativo, como coach ejecutiva de C-Suite y fundadora de Harvest Coaching. Su mirada es la de una niña criada como military brat *por su padre, actualmente jubilado del Cuerpo de Marines de EE. UU. Su metodología de coaching y su perspectiva del mundo corporativo están profundamente arraigadas en la educación militar que recibió. Ella ve una carrera y el panorama corporativo de manera muy similar a una operación militar: requiere una planificación meticulosa, una evaluación exhaustiva y una escalada estratégica. Desde ahí Miriam envía una carta sobre la humanización:*

Para: El ejecutivo moderno (y el que aspira a serlo sin perder el alma)

De: Un *coach* que ha visto más transformaciones culturales que cambios de logo en Coca-Cola.

Asunto: ¿Salvar a las personas o salvar los números? La pregunta del millón.

Después de veinticinco años navegando en las turbulentas aguas del C-Suite, una cree que ya lo ha visto todo. He presenciado el auge y la caída de gurús, he sobrevivido a suficientes «paradigmas disruptivos» como para empapelar las paredes de mi oficina y he escuchado a más directivos prometer que «las personas son nuestro mayor activo» mientras en la práctica las tratan como si fueran fotocopiadoras fungibles.

Por eso, cuando un manuscrito como *Humanizar las organizaciones* aterriza en mi escritorio, mi primera reacción es una mezcla de escepticismo cínico y una pizca de esperanza, esa terca lucecita que se niega a extinguirse. Y he de decir que, tras su lectura, la esperanza ha ganado unos cuantos puntos.

Este capítulo aborda con una honestidad brutal la pregunta del huevo y la gallina que atormenta a toda organización: **¿Son las personas las que crean la cultura o es la cultura la que domestica (o destroza) a las personas?** El autor, con buen juicio, concluye que la respuesta es un rotundo: «ambas». Y es en esta dualidad donde reside el meollo de nuestro drama corporativo diario.

Observo este drama a través de un lente generacional que me divierte y me preocupa a partes iguales:

- **Los Baby Boomers (los veteranos):** muchos de ellos construyeron los sistemas que hoy criticamos. Operaban bajo la máxima del «ordeno y mando» y que el sacrificio personal era una medalla de honor. Hoy miran perplejos a las nuevas generaciones que exigen «florecer» en el trabajo, un concepto que para ellos suena a algo que se hace en un jardín botánico, no en una cuenta de resultados. Pregúntales por el «propósito» y te hablarán de la jubilación.

- **La Generación X (los supervivientes):** somos la generación sándwich, los hijos del *downsizing*. Vimos a nuestros padres ser despedidos tras 25 años de lealtad y aprendimos a no confiar en nadie más que en nosotros mismos. Somos los traductores cínicos entre los Boomers y los Millennials. Cuando oímos «humanizar», nuestro detector de palabrería corporativa se enciende, porque ya nos prometieron el *empowerment* en los 90 y todavía estamos esperando que sea una realidad.

- **Los Millennials y la Gen Z (los catalizadores):** ¡benditos sean! Llegaron a la oficina preguntando «por qué». No aceptan un «porque así se ha hecho siempre». Exigen *feedback* como si fuera aire, un propósito que vaya más allá del bonus del jefe y un liderazgo que se parezca más a entrenar para ser Jedi que para llegar a ser Darth Vader. Son los que han puesto sobre la mesa que conceptos como «acaparadores» (*takers*), «contribuidores» (*givers*) y el experimento de la cárcel de Stanford no son teorías académicas, sino la descripción exacta de su jornada laboral de lunes a viernes.

Este capítulo es el manual que explica el campo de batalla en el que estas generaciones chocan. Describe con una precisión quirúrgica esas «culturas heroicas» donde se aplaude al directivo tóxico que «da resultados» sin calcular el coste oculto en forma de rotación, absentismo y almas quemadas. Ese «héroe» suele ser el «acaparador» que el capítulo tan bien define: un parásito organizacional que gestiona su reputación extrayendo la energía de los demás.

Una crítica útil (porque el *coaching* sin un buen aprendizaje de mejora no es *coaching*)

Como todo buen análisis, el capítulo es un diagnóstico brillante. Es el equivalente a una resonancia magnética que te muestra exactamente dónde está el tumor. Sin embargo, y aquí viene mi labor de *coach*, todo ejecutivo que lo lea se hará la misma pregunta al cerrar la última página: «**Fantástico, ¿y ahora qué hago el lunes a las 9 de la mañana?**».

A continuación, comparto mi mirada ante esta pregunta compartida por todo ejecutivo:

1. **El puente entre la teoría y la trinchera:** el capítulo aboga, con razón, por un cambio sistémico desde la alta dirección. Pero ¿qué sucede con el mánager intermedio que está atrapado en una cultura tóxica?, ¿cómo crea una «isla de humanidad» en su equipo sin que el sistema lo identifique como un anticuerpo y lo expulse? El capítulo se beneficiaría de un capítulo más táctico, una especie de «guía de supervivencia y guerrilla» para el líder bienintencionado que no tiene el poder de cambiar toda la organización, pero sí el de cambiar el día a día de diez personas.

2. **¿Qué hacemos con los «acaparadores» inamovibles?:** la obra identifica perfectamente el daño que causan los perfiles tóxicos. La solución implícita es clara: hay que sacarlos del sistema. Pero en el mundo real, los «acaparadores» a menudo son intocables. Pueden ser los mejores vendedores, familia del dueño o maestros de la política interna. Mi propuesta es: necesitamos estrategias para **gestionar, neutralizar y contener a estos perfiles cuando no podemos despedirlos**. ¿Cómo se construye una coalición de «contribuidores» para limitar su radio de acción?

3. **La paradoja del C-Suite:** el capítulo acierta al señalar que la verdadera transformación debe ser liderada por el CEO y su comité. La ironía, y esto lo digo con una sonrisa socarrona, es que las personas que más necesitan leer este capítulo son, a menudo, las que más se han beneficiado del sistema «heroico» y deshumanizado. ¿Cómo convences a un «héroe» de que su modelo de éxito está obsoleto y es, en realidad, un lastre? Se echa en falta una sección sobre «vender la humanización» a quienes creen que la única emoción válida en la empresa es la ambición.

Kit de supervivencia y acción: de la teoría a la trinchera

Mi crítica señalaba un vacío: la acción inmediata. Si este capítulo es el mapa del campo de batalla, aquí va el equipamiento básico para no solo sobrevivir, sino empezar a ganar terreno, metro a metro. Porque la cultura no se cambia en una gran presentación de PowerPoint, sino en las interacciones de cada día.

Para el colaborador individual (el soldado de infantería):

*   **Autodiagnóstico de supervivencia:** ¿eres un «contribuidor» natural (das sin esperar), un «equilibrador» (pides y das), o un «altruista» que siempre acaba

quemado? Conocer tu estilo es tu primer escudo. Identifica a los «acaparadores» de tu entorno: son aquellos que te dejan sistemáticamente agotado y con menos energía.

- **Crea tu escuadrón de confianza:** identifica a otros «contribuidores». Comed juntos. Compartid información de forma segura. Apoyaos mutuamente. Un «acaparador» puede con un individuo, pero duda antes de enfrentarse a un grupo unido.

- **Establece límites con datos:** ante un «acaparador», tu opinión vale poco, pero los datos son tu armadura. Documenta interacciones y peticiones de forma objetiva («El día X me pediste Y, lo cual impactó en la entrega de Z»). Aprende a decir: «Claro, puedo ayudarte con eso. Para hacerlo, ¿cuál de mis otras tres prioridades debería ser pospuesta?». No es ser conflictivo, es ser profesional.

Para el mánager intermedio (el jefe de pelotón):

- **Convierte tu equipo en un laboratorio:** no puedes cambiar la empresa, pero puedes cambiar tu equipo. Empieza por tus reuniones. Dedica los primeros 5 minutos a una pregunta personal real: «¿Qué os ha quitado el sueño esta semana?». No es perder el tiempo, es invertir en seguridad psicológica.

- **Sé un «escudo humano»:** tu trabajo es ser el filtro de la toxicidad corporativa. Traduce la presión de arriba en retos motivadores, no en miedo. Protege el tiempo y el foco de tu gente. Cuando tengas que decir «no» a tus superiores, hazlo defendiendo a tu equipo y armado con datos sobre su capacidad y bienestar.

- **Mide lo que importa:** además de los KPIs de negocio, mide la salud de tu equipo. Pregunta en tus 1-a-1: «¿Qué tarea te ha dado más energía?», «¿Te has sentido valorado esta semana?», «¿Qué puedo hacer para facilitarte el trabajo?». Un equipo sano es un equipo productivo a largo plazo.

Para el alto directivo (el general al mando):

- **Realiza una «auditoría de lenguaje»:** durante una semana, escucha el lenguaje de tu comité de dirección. ¿Hablamos de «recursos» o de «personas»? ¿De «costes» o de "«inversión»? ¿Celebramos al «héroe» que gana a toda costa o al líder que crea otros líderes? Tu lenguaje delata tu verdadera cultura.

- **Cambia a quien promocionas:** la próxima vez que haya una promoción clave, elige al líder que tiene una baja rotación en su equipo, al que todos acuden para pedir consejo, al que construye puentes. Será la señal más poderosa y clara que puedas enviar. Nada cambia la cultura más rápido que ver quién llega a la cima.

- **Lanza un «piloto de humanización»:** no anuncies una «transformación cultural» abstracta. Escoge un equipo, dale un líder reconocido por su humanidad, otórgale autonomía real y protégelo de la burocracia. Mide sus resultados (productividad, innovación, rotación, eNPS). Convierte su éxito en el *business case* irrefutable para el resto de la organización.

Conclusión: un espejo necesario

Tras estas aportaciones, que no son más que el deseo de un viejo entrenador de ver la jugada llevada al terreno de juego, ***Humanizar las organizaciones* es una lectura esencial, valiente e incómoda**. No es un capítulo «blando». Es un manual de estrategia empresarial para el siglo XXI.

Demuestra que humanizar no es poner un futbolín y dar fruta los martes. Es diseñar sistemas inteligentes donde el talento pueda florecer, donde la confianza no sea una utopía y donde la gente no tenga que dejar su humanidad colgada en la percha de la entrada.

Léanlo. Subráyenlo. Discútanlo con sus equipos. Y luego, mírense al espejo y pregúntense: ¿estoy construyendo una cárcel de Stanford o un lugar donde las personas (incluida yo misma) podemos crecer? La respuesta a esa pregunta definirá no solo su legado como líder, sino también la viabilidad de su negocio a largo plazo.

MIRIAM D. GREENE

El equipo es el contexto relacional en el que una persona se relaciona de manera más frecuente en el trabajo. Si recuperamos el experimento de Philip Zimbardo y sus aprendizajes, las normas sociales y los roles asignados que nos dotan de funciones y responsabilidades a cumplir tienen la capacidad de influir en los comportamientos. Además, lo que vivimos, incide en nuestro compromiso y actitud ante el trabajo. Adicionalmente, si tenemos una imagen creada del rol que ocupamos y lo que se espera, nos hará adaptarnos como un efecto Pigmalión a lo que se espera de nosotros.

Desde mi punto de vista, es importante crear un paradigma relacional que determine un conjunto de normas sociales a partir de las cuales relacionarnos con mayor madurez. Es habitual que los manuales o códigos de conducta de las organizaciones sean poco prácticos, si bien podremos acudir a ellos para obtener información más detallada y referencial. Sin embargo, en el día a día de los equipos es poco práctico a la hora de que se plasme correctamente en los comportamientos y las relaciones, incluidos los estilos de reciprocidad.

Ante la inercia de la rutina o el empuje de los acontecimientos, reseteamos y volvemos a hábitos e interpretaciones personales, o incluso nos adaptamos a las dinámicas que construye el grupo de manera implícita y sin guía.

Crear un decálogo más sencillo que lo resuma o plasmar los valores en un documento o en la pared es algo habitual y poco eficaz. Los humanos somos altamente adaptativos, un letrero visible en la pared se vuelve invisible al cabo de una semana y más cuando nadie vuelve a hablar de lo que transmite.

Por ello, propongo una acción dual que suele ofrecer resultados más definitivos. En una línea de trabajo en el equipo desarrollemos la alianza, también llamada contenedor de interacciones o, en su versión más *trendy*, el equipo puede identificarlo como su manifiesto propio. En paralelo, los roles de liderazgo tienen como misión tenerlo presente, observar las dinámicas relacionales en el equipo y mantener activa la alianza como herramienta. En el marco de trabajo *scrum* en agilidad, es responsabilidad del *scrum master* mantener activo el llamado *norming*, o las normas sociales y operativas en el equipo. En el *management* tradicional se suele ignorar esta responsabilidad del mánager, que la tiene.

Forjando la alianza del equipo

La alianza en el equipo comienza con una dinámica para realizarlo que se guía mediante la respuesta a tres preguntas: ¿qué necesito yo del equipo?, ¿qué estoy dispuesto a dar? y ¿qué queremos todos? La dinámica de la alianza en un equipo ha de realizarse por todo el equipo al completo y de forma presencial, física, telefónica o por videollamada. El responsable del equipo o uno de los líderes explicará la intención de la dinámica, dará permiso para que las personas hablen y se expresen y comenzará dando voz a las necesidades de cada individuo del equipo.

Habitualmente lo apuntará en un *flipchart*, pizarra o similar de manera que sea visible para todos, es compartido y recogerá las palabras y expresiones sin interpretaciones. A su vez puede chequear con las personas qué se entiende para cada término como «sinceridad», «compromiso», «respeto», etc. El rol de liderazgo será conciso, se trata de recoger términos, no explicaciones.

El resto de las personas del equipo mostrará su conformidad con las necesidades que se exponen. Si hay disconformidad en alguna y tras un breve debate no hay consenso en la aceptación, se aparta para tratarlo al final.

A continuación, se realiza el mismo ejercicio con la pregunta siguiente: ¿Qué estoy dispuesto a dar al equipo? Aparte se irán apuntando los términos que recogen, en este caso no será necesaria la aceptación del resto de las personas, pues es un compromiso individual.

Finalmente, con ambas listas completas, el líder junto con el equipo explorará el espacio común que forma parte de la esencia de este, consensuando aquello que será el marco de comunicación y relación entre las personas que lo conforman, que han establecido desde ellos mismos y con los que se han comprometido. El equipo habrá identificado una lista con conceptos como sinceridad, alegría, empatía, respeto y puntualidad, términos que identificamos como valores y que dirigen los comportamientos reconocidos y valorados.

Realizar este ejercicio, que con práctica se puede hacer en poco tiempo, lleva a un cambio radical en el rendimiento y el ambiente en los equipos. Por supuesto, será labor del líder del equipo mantener la coherencia con los resultados del grupo y honrarlo en el día a día, con su propia comunicación y sus decisiones.

Leyendo la biografía de Steve Jobs[42], una conclusión que sacó sobre su diferencia con los competidores es que en Apple diseñaban los productos como si fuera para ellos mismos. Cuando consigues espíritu de pertenencia en un equipo, los resultados pueden ser diferenciadores. La alianza consigue pertenencia, pues desde ahí el equipo se construye desde sus miembros, cada persona participa en diseñar un espacio de relación donde pasará horas relevantes en su vida.

Es importante a lo largo de la realización de la dinámica que todas las voces sean escuchadas, ya sea para su aportación, ya sea a través de la aceptación. Tener la oportunidad de contribuir y tener voz delante del equipo tiene un impacto definitivo: la inclusión.

Al haber revisiones en el tiempo, es posible que en la primera ocasión algunas voces sigan siendo silenciosas o pasivas. Con el día a día, el ejemplo y la coherencia, poco a poco las voces participarán más.

La alianza es la herramienta con la que se diseña la relación entre dos personas o un grupo de personas de forma consciente. Es el momento en el que creamos la oportunidad para que todas las personas digan lo que necesitan y quieren de una relación y a la vez generamos el compromiso de las partes para actuar en un futuro según lo acordado. Con la alianza creamos el marco seguro y valiente en el que queremos que la relación se desarrolle.

Al igual que nosotros evolucionamos, nuestras relaciones van evolucionando y por tanto el marco de actuación de estas es algo dinámico y que evoluciona con nosotros. La alianza se debe ir transformando y no se debe quedar como algo estático. Es algo que se debe crear entre todos los que participan y con la que todos tienen que estar de acuerdo.

¿Qué sería distinto si creáramos alianzas con las personas con las que nos relacionamos? Habría menos malentendidos, menos falsas expectativas, seríamos más sinceros, no tendríamos miedo a expresarnos, se generaría mayor confianza… ¿Qué beneficios traería a la gestión de equipos? Puedes reflexionar sobre ello.

---

42. Walter Isaacson, 2013, *Steve Jobs, la biografía*, DEBATE

Uno de los impactos que tiene la alianza es que ha sido forjada por el propio equipo, en línea con el experimento del tique de lotería de Daniel Kahneman, el sentido de pertenencia y propiedad hacia el resultado es mayor.

Al mismo tiempo, es el conjunto mínimo de actitudes o comportamientos en los que estamos todas las personas de acuerdo para relacionarnos. Ante las desviaciones en el día a día, cualquier persona del equipo puede recordar que en su momento expresamos juntos el compromiso con el equipo para respetarlo. Por ejemplo, tras una falta de respeto o de colaboración. Más adelante profundizaremos en las personas tóxicas en los equipos, cómo identificarlos y actuar.

En ningún momento aspiremos a alcanzar la perfección, los equipos están conformados por personas diversas y en diferentes momentos vitales, existe variabilidad, ocurren eventos y reaccionamos ante los mismos, o no todos los días dormimos igual de bien.

El rol de liderazgo es fundamental para mantener la cultura en el equipo; de inicio tiene la autoridad e incluso el poder en caso de necesitarlo en forma de medidas disciplinarias, por la que sostiene y refuerza las actitudes y comportamientos acordados en el equipo, así como aquellos más resonantes con la cultura de la organización. En la forja de la alianza tengamos en cuenta que el rol de liderazgo tiene la potestad de proponer e incluir comportamientos acordes con la cultura, o incluso con las necesidades operativas. Si es un servicio de atención al público y la flexibilidad horaria no es posible, la puntualidad en los horarios es un acuerdo a alcanzar, al igual que la puntualidad en los descansos y el bienestar de las personas. Necesitamos comprender las necesidades de las personas y dejar a un lado que las necesidades solo toman una dirección: la que interesa a líderes u organizaciones.

Por otro lado, si la colaboración es parte de la cultura, es algo a proponer y debatir sobre ello, igual que si lo es la excelencia profesional. Conviene traducirlo a palabras que fácilmente sean comprendidas por todo el equipo, es posible que la excelencia profesional tenga múltiples maneras de ser llevada a los comportamientos. En todo caso, la conversación y la aceptación de las propuestas va a dar al rol de liderazgo una mejor comprensión acerca del equipo, de qué es posible y qué están dispuestos a aceptar o no. Aunque algunas propuestas, como la puntualidad, pueden ser irrenunciables, es recomendable que sean las menos.

La alianza está viva, como el equipo, porque de hecho es una proyección consciente de este. Será recomendable que el rol de liderazgo proponga momentos en los que conversar, cuestionar y revisar la alianza. El objetivo de la alianza es que sea útil, no olvidada o rechazada. Es algo fascinante cómo la alianza evoluciona en un equipo a medida que este lo hace.

La admiración y el apoyo mutuos para la comunicación

El psicólogo John Gottman, a lo largo de su trayectoria profesional e investigación, identificó dos elementos que al estar presentes cohesionan una relación, al igual que cuatro comportamientos o actitudes que minan la comunicación y, por ende, las relaciones. De hecho, comprenderemos cómo cuatro tipos de comportamientos siembran desconfianza y miedo en las relaciones, haciéndolas disfuncionales o imposibles.

John Gottman es un psicólogo clínico e investigador del comportamiento humano, famoso a lo largo del siglo xx por predecir, hasta con un 90 % de acierto, si una pareja iba a continuar meses o años después. ¿Cómo? Pues sencillo, y no tanto. Gottman observaba las interacciones de una pareja en conversaciones, cómo hablaban el uno del otro, cómo interactuaban entre sí o se respondían. Claro, cualquiera de nosotros podría pensar que observando algo tan sencillo como si se enfadan mucho o tienen numerosos desacuerdos, cualquiera podría predecirlo. John Gottman demuestra que no es en realidad así. Lo importante no es tanto el nivel de desacuerdo, sino cómo los gestiona la pareja, y sobre todo que existan dos elementos: admiración y apoyo mutuo. Esto también se extrapola al entorno laboral y a los equipos.

Comencemos por la admiración mutua. El ver comportamientos y decisiones admirables en nuestros compañeros es uno de los elementos cohesionadores más importantes. Es fundamental que los responsables de los equipos o las maneras de trabajar en las organizaciones provoquen de manera intencional momentos e interacciones para que las personas se valoren, se aprecien y expliciten lo mejor de los demás.

Existen estructuras que lo facilitan, como los *kudos* del *management* 3.0 o la realización de rondas de reconocimientos que son muy sencillas, vamos pasando por cada una de las personas del equipo y pedimos al menos uno o dos reconocimientos que verbalizan el resto de los compañeros. En mi experiencia, nunca he percibido que sea excesivo y siempre ha tenido un impacto positivo.

Ahora bien, el segundo de los dos factores es aprender unos de otros y sentir que somos apoyados en nuestro desarrollo. Eso pasa por una gestión del conocimiento en el equipo, que fluya la información, conocer las necesidades y dificultades de cada persona, provocar momentos en los que se apoyan y aprenden juntos, así como dar tiempo y recursos para el desarrollo personal y profesional.

El *feedback* es otra herramienta realmente poderosa, ¿sabes por qué? Porque además de estar personalizado, incluye el contexto del equipo, los comportamientos y las maneras de trabajar. Una de las barreras para el desarrollo de habilidades en este sentido es que las acciones suelen realizarse en formaciones fuera del contexto diario del equipo. Por ello el *feedback*, el *shadowing* o el *coaching* de equipos pueden ser opciones muy potentes para que el aprendizaje ocurra allí donde es más útil y provechoso: en el equipo.

En términos de gestión de equipos y productividad, la velocidad y la presión nos lleva a una orientación hacia la ejecución y ver cualquier otra tarea como una pérdida de tiempo y productividad. No es así, el tiempo compartido en el equipo para su desarrollo y aprendizaje, tanto en lo individual como en su trabajo en equipo, es una inversión necesaria para crear compromiso que está directamente relacionado con la innovación, la calidad de producto y servicio y la estimada productividad.

En el capítulo de los empleados tóxicos ya describí las barreras en la comunicación en los equipos y en el liderazgo, según el psicólogo John Gottman. Son comportamientos que cuando están presentes limitan y minan los equipos y su evolución positiva y creciente, crean una cultura tóxica. Las 4 toxinas o los 4 jinetes del apocalipsis en las relaciones y la comunicación han sido acuñados desde hace años.

Son la crítica a la persona, la ironía y el sarcasmo, la actitud defensiva y el *ghosting* o amurallamiento. Los equipos, para que lleguen a serlo, han de conseguir sintonía a través de las personas, requiere de un «pegamento» que una al equipo. Por muy irresistible que pueda ser la meta común de un equipo, la presencia de las cuatro toxinas, día a día, puede hacer caer a la misión más resonante.

La recomendación en este aspecto para favorecer la comunicación que forja relaciones entre las personas de los equipos y los cohesiona es que los roles de liderazgo estén formados en ello, al tiempo acompaña a los equipos en los comportamientos. Nuevamente podemos observar la importancia de que los líderes sean ejemplo, al tiempo de que sostengan la cultura. Si los roles de liderazgo transmiten admiración, apoyan al equipo, evitan las cuatro toxinas y, además, provocan dinámicas para que el equipo lo lleve a cabo, las relaciones serán más fuertes.

Tengamos en cuenta que si los roles de liderazgo dan soporte a la diversidad y junto con ello promueven la admiración y visibilizan el valor que aporta cada miembro, desde ahí las dinámicas de inclusión serán posibles. Igual que cada individuo ayude y apoye el desarrollo de sus compañeros, desde el valor diferencial que aporta. Los puentes que nos conectan son la inclusión.

Identificar el equipo

Las palabras pueden ser una trampa, el término equipo no lo es menos. En la definición comúnmente aceptada un equipo es un conjunto de personas, al menos dos, que interactúan de forma coordinada con un objetivo común. Convendrá tener esta sencilla definición presente para descubrir que existen equipos más allá de lo aparente.

Según la investigación de Marcus Buckingham y Ashley Goodall, publicada en el año 2019 en HBR[43], titulada *El poder de los equipos ocultos* (*The Power of Hidden Teams*), lo habitual es que relacionemos el organigrama y los departamentos con los equipos. A pesar de que en los años 70 del siglo XX la calidad total japonesa impulsó una visión de procesos que, a todas luces, son transversales al organigrama de la organización, podemos hacernos la pregunta de cómo unos 50 años después sigue siendo tan poco eficaz, a excepción de entornos industriales.

La principal resistencia para ello es el sentido de propiedad del equipo por parte de los departamentos y los directores de estos. Efectivamente en la actualidad estamos avanzando a modelos de OKR y, sin embargo, lo más abundante en la actualidad sigue siendo que cada departamento tenga sus propios objetivos, KPI, que cada dirección del mismo los haga propios, que identifique a su equipo como a los miembros de su departamento y, desde esa mirada, trabaje en un nosotros-equipo para un yo-objetivos, pues su consecución deriva directamente en la reputación, retribución y carrera del directivo, y el resto de los departamentos se convierten en ellos, en otros.

43. Marcus Buckingham y Ashley Goodall, 2019, *The Power of Hidden Teams*, Harvard Business Review

Si le añadimos una cultura heroica de competitividad y comparación, la guerra está servida. En todo este contexto, a ver quién va a convencerles de que todos ellos participan de un proceso transversal que finaliza con el producto o servicio al cliente, su satisfacción, ingresos y rentabilidad de la organización. La visión sistémica no existe, a los directivos se les pide ver lo suyo: como me mides es como me ves y respondo a lo que me pides. En las culturas heroicas acabamos por no tener personas empleadas, sino soldados. Hacer la guerra dentro de la organización es uno de los fenómenos de mayor ineficiencia y pérdida oculta: dinámicas de política, barreras, enemistades, confrontación e incluso conflictos abiertos.

El concepto de equipo va más allá de un contexto estático y permanente, o a largo plazo, igual que supera los silos de los departamentos. Un equipo es un conjunto de personas con una meta común, y es habitual que sean muy heterogéneos en perfiles profesionales.

El equipo conforma el contexto de nuestra experiencia de trabajo en el día a día, de una manera continua, en esa sucesión de micromomentos que van desde un saludo, un apoyo puntual, un café, vernos por el pasillo, reuniones o videoconferencias, hasta tener objetivos comunes, quejas comunes, jefes comunes, o no, o compartir espacio físico, como la oficina, o virtual, como carpetas compartidas. Tienes responsabilidades que están vinculadas a las responsabilidades de otras personas de ese equipo, más allá de organigramas. En ocasiones el equipo es quien te escucha en la amargura o en la adversidad, aunque no tengan tu mismo puesto, perfil o pertenezcan al mismo departamento. El equipo es una red de relaciones tejidas por interacciones diarias y continuas.

Como indican en el artículo de HBR: «La calidad de la experiencia en el equipo es la calidad de la experiencia laboral». Es como para pensarlo.

Sentirse parte de un equipo depende de cómo se muestran e interactúan el líder del equipo y el resto de los miembros: los saludos, las miradas, las conversaciones, que las haya y sean de calidad, si se apoyan en ti y si te dan apoyo cuando lo pides o de manera proactiva. Nuestra experiencia en el equipo condiciona la productividad, el bienestar, una mayor sensación de felicidad, confianza; también el nivel de creatividad, participación, innovación o la resiliencia; así como la decisión y el compromiso de permanecer en esa organización a largo plazo. En el estudio del *engagement* Q12 de Gallup, de las doce preguntas, aquella con un mayor peso de predicción en la fuga de talento o su fidelización es si «tienes un/a mejor amigo/a en el trabajo». Las relaciones, el equipo, lo cambian todo.

Si te preguntas cómo puedes incrementar el *engagement* en equipos o en individuos, comienza con las necesidades del equipo, la experiencia que vive. Un buen equipo y una buena experiencia de trabajo en equipo es el mayor predictor del compromiso en el trabajo. Pero no se trata de que nos metamos en los equipos, en su día a día o en su experiencia, sino en que escuchemos, facilitemos y los impulsemos.

Tenemos un reto en las organizaciones, dar visibilidad a los equipos independientemente de su duración, empoderarlos, darles espacio físico, digital y herramientas, medios y maneras de trabajar que les facilite una experiencia en equipo positiva, junto con líderes que marquen la diferencia. Pero que la estructura de la organización y el organigrama no les asfixie para frenarlos. Habilitar mecanismos para que los líderes vean representados a sus equipos en los sistemas y se formalicen, que las herramientas colaborativas nos ayuden a identificarlos, nos puede ayudar a RR. HH. a rotar los esfuerzos de encuestas, mediciones, evaluaciones o empoderamiento hacia los equipos reales en vez de tanto hacia los departamentos.

Nos podemos preguntar cuáles son los mejores equipos. Reconocer y formalizar en la organización que una persona pertenece a un equipo y trabaja completa o parcialmente en él, no es el único requisito para impulsar el compromiso en el trabajo. Incluso así, se hace evidente que hay equipos que logran un mayor *engagement* respecto de otros. Con todo, seguir por debajo de un 20 % de personas que se sienten activamente comprometidas, parece lejos de ser un éxito. Según el estudio de los autores, en los equipos más comprometidos, el cuartil superior o ese segmento superior del 25 % de equipos evidencia hasta un 59 % de miembros activamente comprometidos, mientras que en el cuartil inferior llega a ser de un 0 % de miembros comprometidos.

Entonces, repasemos las cinco principales mejores prácticas para impulsar nuestros equipos al cuartil superior:

La primera es la confianza, es el secreto de la salsa, la confianza en el responsable del equipo catapulta el compromiso del equipo 8 veces respecto del resto de las respuestas. De hecho, los autores indican que una mera afirmación en una encuesta no mueve la aguja del compromiso respecto de quienes no confían en sus líderes de equipo. La confianza ha de ser contundente y profunda.

El estudio encuentra una fuerte correlación entre la confianza en el responsable y dos preguntas específicas:

- En el trabajo, entiendo claramente lo que se espera de mí.

- Tengo la oportunidad de utilizar mis fortalezas en el trabajo diario.

Los responsables dedican tiempo a conocer a las personas de su equipo, sus motivaciones intrínsecas, sus valores, sus fortalezas, explican con claridad las expectativas, se aseguran de que son entendidas. Ahora bien, hacen algo que contraviene las prácticas habituales en el *management* tradicional: en la asignación de tareas en el equipo, existe un porcentaje de tiempo dedicado a aquellas que más alineadas están con sus fortalezas, con su talento. Es posible que conozcas el libro *El elemento*, de Sir Ken Robinson, el elemento es la confluencia del talento y nuestras fortalezas individuales con las tareas que realizamos.

Vayamos un paso más allá. ¿Sabes lo que es el estado de flujo? ¿Te ha ocurrido que realizando una tarea se te ha pasado volando el tiempo? Eso es el estado de flujo, un estado psicológico en el que la atención se siente plena, el cansancio es mínimo, sentimos satisfacción, y en el que la calidad, creatividad y resultados suelen ser sobresalientes. Las tareas en las que nuestras fortalezas son necesarias son propicias para sentir un estado de flujo, trabajar y sentirnos bien haciéndolo.

La segunda es la atención y procurar interacciones de calidad. Habitualmente pensamos que el reconocimiento se da en forma de gratitud o enhorabuena, y la forma más básica de reconocimiento se evidencia, sencillamente, por la atención que otro ser humano nos presta. Los humanos necesitamos de la atención y la interacción de otros para construir nuestra identidad y nuestra autoestima. La identidad y la realidad se conforman a través de otros, vivir en aislamiento es un camino para el deterioro de nuestra percepción de la misma. En estos últimos años cada vez conocemos más sobre el impacto que tiene la soledad sobre nuestra salud mental, no tiene nada que ver con la cantidad de personas a nuestro alrededor; la ausencia de relaciones y la falta de profundidad de las mismas es soledad. Compartir ascensor con nuestros vecinos no genera relaciones, salvo que compartamos algo más.

Según el estudio de los autores, los equipos más comprometidos, y los líderes más efectivos, saben y actúan frente al valor de las interacciones humanas y la atención real. Esto nos lleva a una reflexión acerca del dimensionamiento de los equipos respecto de los responsables de los mismos, lo que en RR. HH. y Organización se conoce como *span of control* o alcance de control, aunque hoy sea más gestión y liderazgo que control. Según los autores, en función de las tareas y carga de trabajo, el límite para lograr compromiso en el trabajo es que la persona responsable pueda dedicar tiempo y tener conversaciones con cada persona del equipo al menos una vez a la semana. Si estamos pensando en un «¿Qué tal?, ¿todo bien?» y la habitual conversación superficial que le sigue, no, no nos referimos a esas situaciones.

Podemos volver al punto anterior, la confianza se genera a partir de un conocimiento real de la otra persona, sus objetivos, sus fortalezas, sus emociones, sus valores, etc. Eso requiere conversaciones con escucha activa, empatía, curiosidad y tiempo. Los datos del estudio son claros, los responsables que están en contacto, presentes y facilitan al menos una vez a la semana, tienen niveles de *engagement* 21 veces superiores a los que lo hacen una vez al mes. Esto evidencia la correlación entre atención y compromiso, no significa que hayamos de conformarnos con estos ratios, pues pueden ser mejores aún.

A continuación, revisemos un «kit básico» para cumplir el mínimo en estas conversaciones:

- «Hola, ¿cómo estás?» (esperando una respuesta real).

- «¿Cuáles son tus prioridades en esta semana?».

- «¿En qué te puedo ayudar?».

Dedica el tiempo que sea necesario para escuchar y profundizar en cada una de dichas preguntas. No son un trámite. Como suelo repetir en cursos y charlas, no es suficiente con el «mi puerta está abierta», es importante que salgamos y vayamos proactivamente a preguntar, creando confianza, por supuesto.

Ahora abordemos al resto del equipo, dotar de tiempo en el día y en la semana para que el equipo interactúe, con una agenda de trabajo en equipo, y también a nivel personal, es fundamental para generar confianza entre las personas del equipo y cohesionar las relaciones. Recordemos que los equipos son las relaciones de los individuos que lo conforman y que comparten una meta común. En una sala puede haber muchas personas, pero si no se relacionan, no son un equipo, si no tienen una meta común, menos.

La tercera es anteponer la experiencia en equipo incluso por delante de la ubicación o el teletrabajo. Pensamos que el debate sobre el trabajo remoto o en oficina es actual, el artículo de Buckingham y Goodall es del año 2019 y ya mencionan el debate acalorado en las grandes empresas acerca del teletrabajo. En los cinco años anteriores numerosas compañías estaban mandando de vuelta a sus trabajadores a las oficinas. Curioso, no es algo de la pandemia hasta hoy.

El sentido común parece decirnos que el compromiso y los vínculos en los equipos son más favorables en un entorno de oficina. Pero los datos no dicen lo mismo. Es raro el curso en el que no me pregunten por esto, mi respuesta es la misma: en teletrabajo hemos de ser intencionales y provocar, gestionar, facilitar y dotar de tiempo en el equipo para la interacción profesional y personal. Por supuesto que en teletrabajo un miembro del equipo podría pasar una jornada completa sin conectar ni conversar con nadie, mientras que la oficina lo hace más propicio. Desde mi punto de vista estamos confundiendo delegar las interacciones a las circunstancias frente a una gestión intencional de las mismas. Es decir, en la oficina te encuentras un resultado por casualidad, mientras que en el trabajo en remoto no.

En algunas organizaciones todavía se preguntan si la pausa de media mañana es una pérdida de tiempo, no es por derechos laborales, que también, está aportando un retorno en interacciones y resiliencia del equipo.

Las organizaciones que lo saben diseñan e implantan maneras de trabajar que recogen e incluyen interacciones humanas frecuentes, de calidad y diversas. La experiencia de equipo se prioriza, y son sus responsables quienes sostienen que ocurra. Si estamos pensando: «pues que estén todo el día de charla y de fiesta», no estamos hablando de ese extremo, eso es pensamiento polarizado, cuidado.

El estudio de los autores del artículo indica un mayor compromiso laboral en las personas que teletrabajan la mayor parte del tiempo respecto de aquellas que trabajan en modo presencial. Incluso el 55 % de ese colectivo que trabaja en remoto indica que se sienten parte activa de un equipo y el 27 % están activamente comprometidos, frente a un 17 % de aquellos que trabajan en presencial.

Mandar a las personas de vuelta a la oficina no es un factor para incrementar el *engagement* ni la productividad, no es lo que va a mover el indicador. Ser intencionales en las maneras de trabajar y ofrecer una «experiencia de equipo», ya sea en presencial o ya sea en remoto, será lo que marque la diferencia. Acudir a la oficina para atender videollamadas, sabiendo que podrías hacerlo desde casa y sin atascos, es una de las experiencias más desmotivadoras que se pueden vivir en el equipo. Si el equipo va a la oficina, que viva en su mayoría experiencias de equipo, de interacción humana. Sin embargo, no pocos equipos están distribuidos en diferentes sedes o países. Recordemos que en el compromiso la experiencia de equipo prima más que otras, mandarles a la oficina para no vivir tales experiencias carece de sentido.

La cuarta se focaliza en una gestión del trabajo orientada a metas y medición de resultados. El taylorismo y el enfoque de la organización industrial hacia la especialización, casi que si tu puesto es apretar tornillos, eso es que lo vas a hacer todo el día, tienen una orientación hacia la eficiencia, salvo que no incluyen en ello el factor psicológico de la desmotivación y ausencia de reto o estímulo. El propósito puede ayudar mucho a encontrar significado a nuestro trabajo; sin embargo, si llevamos años realizando las mismas tareas seguramente lo haremos muy bien, pero casi en piloto automático, con un grado de estimulación cerebral o de habilidades bajo. La contradicción es que desde el punto de vista del *management*, ese es el estado óptimo de productividad: conocimiento, experiencia y calidad en el resultado. Cuando esa persona ideal en el equipo levanta la mano y dice: «me aburro, quiero un cambio», para el *management* es un dolor de cabeza.

Hay esperanza y puntos de equilibrio entre ambas situaciones, la involucración parcial en proyectos o colaboraciones estimula el desarrollo profesional, la motivación, el *engagement*, al tiempo que permite que profesionales expertos aporten experiencia y calidad en sus tareas por más tiempo. Es un enfoque muy positivo también en organizaciones en las que la movilidad interna es una quimera, y fuente de desmotivación. Nuevamente podemos caer en conformar equipos necesarios para estrategias, misiones o proyectos con base en nuestro organigrama. Otros enfoques más creativos nos pueden permitir incorporar perfiles heterogéneos que aporten un porcentaje de su tiempo, contribuyendo con un alto valor y motivación, con orientación a resultados y metas, mientras que les genera un mayor compromiso laboral que deriva del estímulo del reto y de sentirse valorados. Ahora bien, el trabajo por proyectos es algo que ya existe, que requiere una estructura y una manera de trabajar, improvisarlo y dejarlo a la buena voluntad es fácil que genere el efecto contrario, además de aportar escasos resultados.

Dibujemos un escenario adicional a partir de los resultados del estudio de los autores en referencia a los *gig workers*. Uno de los modelos que más compromiso generan es la combinación de un trabajo estable en nuestra organización, al tiempo que puede tener un trabajo o dedicación parcial para otra. Encuentran que es un modelo en el que la persona puede conseguir estabilidad en uno mientras logra estímulo y mayor satisfacción en el otro. En cierto modo es similar a participar parcialmente en proyectos internos, pero hacerlo fuera, y facilitarlo desde la empresa. Siempre que la no concurrencia o competencia lo permita, ser actores activos a la hora de facilitarlo para nuestros trabajadores puede ser una vía de reconocimiento y apoyo a su desarrollo. Dotar de flexibilidad horaria, herramientas o incluso un *mentoring* interno de apoyo o asesoría financiera respecto de los posibles ingresos adicionales, puede mostrar nuestro apoyo activo. Considero que los voluntariados pueden formar parte de este esquema.

Otro de los hallazgos interesantes, y que lo confirma, es que la autonomía de las personas para organizar su trabajo y su agenda es un factor de motivación y compromiso. Los modelos de organización del trabajo y reparto de tareas más orientados a misiones, proyectos y resultados, que permiten compatibilizar diferentes tareas o incluso equipos en la agenda, y que no sea un conflicto, generan compromiso, en vez de la orientación hacia la especialización y la estandarización de tareas y personas.

Parece necesario hacer una parada para reflexionar acerca de la relación entre el compromiso y la agilidad. No es una moda, es la confluencia de unos marcos de trabajo, de unas maneras de trabajar que por un lado estandarizan cómo trabajamos, asignan roles y aclaran las expectativas en el equipo, ofrecen una experiencia en este y añade un conjunto de «ceremonias» o rituales que favorecen la interacción entre los miembros del equipo, tanto en lo profesional como en lo personal.

No es necesario adoptar la agilidad para incrementar el *engagement*, todo lo comentado y las acciones recomendadas ya existían antes de la agilidad. Lo que sí te aporta la agilidad es un marco cultural y de maneras de trabajar que incide directamente en el equipo, estructura la experiencia del mismo de manera alineada con las necesidades de las personas, y eso coincide con el estudio y recomendaciones sobre el *engagement*.

La agilidad y adoptar alguno de sus marcos de trabajo, como *kanban* o *scrum*, nos va a ahorrar inventar nuestra manera de trabajar en la organización, estructurar y favorecer una experiencia de equipo. Al mismo tiempo, la agilidad es un paradigma cultural que favorece interacciones humanas, cohesión, e incide en los roles de liderazgo así como en el desarrollo de un liderazgo al servicio del equipo, del «nosotros» y de aportar valor por encima de agendas ocultas o personales. Claro, si se adopta de verdad, no solo en lo estético.

Un *daily* es un breve momento diario de compartición de necesidades, de identificar cómo a lo largo del día vamos a apoyarnos unos a otros en lo que necesitemos. Una retro será un espacio de aprendizaje y desarrollo profesional. La orientación al valor, la medición de este, conecta al equipo con el sentido y propósito de manera más cercana, así como permite observar logros más frecuentes y motivadores. En un *sprint planning* o en el reparto del tablero *kanban*, cabe repartir sobre la base de capacidades individuales y balancear, no necesariamente la misma persona haciendo lo mismo por años. Son algunos ejemplos.

Una de las premisas sobre las cuales se crean equipos en agilidad es la de tener la capacidad de trabajar de la manera más autónoma respecto del ecosistema para producir un servicio o un producto. Esto no suele coincidir con departamentos, sino con equipos de perfiles heterogéneos que participan en diferentes porcentajes de su día o semana, y en ocasiones al 100 %. Este paradigma favorece una progresión hacia la autogestión del equipo al tener el conocimiento, las herramientas, las capacidades y los estándares para tomar las decisiones respecto del producto o servicio que prestan.

La quinta es el foco en el liderazgo. A lo largo del trabajo y también de este capítulo las menciones a los roles de liderazgo son constantes. Su importancia en la humanización y en la cultura al ser ejemplo y sostener la cultura es clara. Al mismo tiempo, su evolución en madurez para ser capaces de amarse y amar a otros, a verse completos así como ver realmente a otros, es algo común a todas las personas en el capítulo anterior. Por supuesto, de manera adicional los roles de liderazgo requieren desarrollar competencias propias de su rol y diferentes a otros en la organización.

El desarrollo del liderazgo será fundamental para vertebrar la humanización de la organización, porque ellos son humanos maduros. En el siguiente capítulo revisaremos que el entorno se lo pida, que la organización los provea de un modelo operativo y de un modelo de gobierno donde las personas están en el centro, o son un *stakeholder* relevante en la sostenibilidad interna.

Visto lo anterior, recojo algunas conclusiones acerca del compromiso en los equipos:

- Visibiliza y reconoce a los equipos, sobre todo a los invisibles. La comunicación interna ayuda a que la narrativa haga que la realidad forme parte de la misma, de las agendas y en el cambio de mentalidad.

- Ayuda a los equipos transversales, cuando tienen una misión y una meta que contribuye al negocio, es fundamental que los objetivos por departamento sumen o al menos eviten frenar. Lo primero para la consecución del resultado, lo segundo por el nivel de frustración que genera en los equipos, y disminución del *engagement*. La frase suele ser: «La organización nos pide metas para las cuales luego no ayuda, o nos pone palos en la rueda».

- No hay café con leche para todos, no todos los equipos son iguales. Encontraremos equipos dentro de un mismo departamento, equipos transversales a los mismos, equipos a largo plazo y otros que apenas duran unos días. Nuevamente, necesitamos dar facilidades y flexibilidad en vez de asfixiar a los equipos. Pon las reglas del juego y empodera a los equipos.

- El poder de los rituales. Siempre han tenido el poder de focalizarnos hacia una intención incluso siendo inconscientes de ello, generando comunidad a través de rituales que compartimos. Cuando se le pregunta a una tribu la razón de los rituales que siguen juntos, no lo saben explicar, los hacen y tienen un impacto en las normas sociales, los roles y la identidad del grupo. En la agilidad se llaman ceremonias; un *daily* es una de ellas y muy potente cuando se hace correctamente, no para reportar. Es un rito diario en el que el equipo se escucha desde las necesidades y se pone a disposición del resto cada día. En el mundo actual huimos de todo lo que huela a esotérico, pero es que el ritual lo trasciende para ser una herramienta social. Rituales para la mañana a la llegada a la oficina, como que se saluda uno por uno, ritual para tomar café en el que cada viernes nos alternamos para llevar comida para compartir, de inicio de reuniones en las que los primeros minutos son una puesta al día personal, rituales para dar *feedback*, como pedir permiso, rituales como reservar un juego cada viernes, realizar un *townhall* trimestral, etc. Un ritual de iniciación en el equipo significa que, una vez pasado, perteneces al mismo. En la empresa se llama *onboarding*, pero igual convendría darle algo más de significado que sencillamente dar la bienvenida. (No, no recomendaría adoptar la práctica de las novatadas). Los rituales o ceremonias unen y crean identidad del grupo humano. Cuando unimos rituales, estructuras y frecuencias con roles, incidimos en las maneras de trabajar.

- Cambiar el rol de la función de RRHH para facilitar más la experiencia de equipo, desde el equipo y en el equipo, sin necesidad de protagonizarlo todo. Dado que nuestro alcance es transversal, se nos escapa el ámbito de cada equipo y por ello procuramos realizar acciones para todos: el *onboarding* igual para todos, la fiesta la misma para todos, el deporte igual para todos, y suele ocurrir que al final es para los mismos de siempre. El modelo de Centro de Excelencia (CoE) considero que es una buena referencia de cómo los equipos de RR. HH. podemos crear estándares para facilitar y empoderar a los equipos y sus líderes, para que las acciones ocurran a su nivel. La adhesión a la marca empleadora pasará más por lo que los empleados vivan en el equipo que por acciones eventuales en el año, en las que se preguntan si van también el resto de los compañeros del equipo.

El *feedback* en conversaciones

Llevo unos veinticinco años de carrera profesional y más de quince siendo responsable de equipos, he dado *feedback* de muchas maneras, incluidas las menos recomendadas. El formato al que mejor utilidad le observo es el de una conversación; antes he pasado por el *feedback* unidireccional o también el de sándwich. En este camino aprendí sobre *feedback*, me he formado en liderazgo, he leído de diferentes fuentes, he impartido formaciones sobre el tema y sigo reflexionando acerca de cómo mejorar en mi liderazgo y, específicamente, en el mejor aprendizaje y desarrollo en los equipos que lidero. Esta sección recoge buena parte de los aprendizajes que he encontrado en el camino.

Comencemos poniendo un ejemplo. Al abordarlo como una conversación planteas el tema con un «me gustaría escuchar tu punto de vista acerca de [...]». La acción de escuchar necesita ser intencional, un *feedback* bueno tiene más peso en la escucha que en lo que decimos. Cuando escuchamos damos responsabilidad, y también cuando intervenimos lo hacemos entendiendo mejor el punto de vista de la otra persona.

Es habitual acudir a un *feedback* con las ideas muy claras, solamente que esas ideas nacen de una información parcial, en ocasiones con un buen cúmulo de suposiciones. Ahí es donde perdemos a las personas: cuando nos escuchan hablar desde las suposiciones y las opiniones, incluso de terceros, sin ser escuchados.

En mi caso suelo incluir preguntas como «¿Cómo te sentías en esa situación?» o «¿Qué intuyes que entendió la otra persona?». Es esencial orientarlo hacia el aprendizaje y es importante acompañar con preguntas para explorar y descubrir más que dar respuestas que no resuenan. Uno de los temas sobre los que recomiendo ahondar es en la comunicación que ha llevado al resultado: si la comunicación ha sido escasa, si comenzó por esos correos que lo enredan todo, una actitud de no preguntar o escuchar, etc.

Es habitual que la persona sea consciente de su error y que ya se esté castigando a ella misma con ello. Solemos ser nuestros propios jueces y podemos ser muy duros con nosotros mismos. Afrontar la conversación ya es un trago. Me explico, lo normal es que la persona ya venga abroncada consigo misma, aunque hay personas y personalidades más evitativas o indulgentes con quienes puede ser importante conducir la conversación hacia su parte de responsabilidad antes de que se vuelva un ventilador de culpas hacia los demás.

Para que el formato de conversación sea productivo es recomendable crear confianza en la relación y un entorno de seguridad psicológica donde se puedan hablar las acciones o decisiones, incluso de los sentimientos. La confianza no se crea *ad hoc* para una conversación de *feedback*, es algo que proviene previamente de la relación y el entorno de trabajo que hemos creado. Si eres responsable de la persona, se espera que tengas un rol de mentor, además, puedes añadir experiencias que aporten tus aprendizajes. En la forja de un plan de acción y tomar decisiones no somos solo observadores que damos *feedback*, es importante ser facilitadores e involucrarnos en lo que nos corresponda para apoyar en la solución.

Tengamos también en cuenta que el aprendizaje se pone en práctica en las acciones futuras. Hace un tiempo escuchaba el término *feedback-forward*, algo así como que el aprendizaje se proyecte hacia el futuro. La pregunta que desde hace años me ayuda en ello es: «Si más adelante pasaras por la misma situación, ¿qué harías diferente?». Hay proyección, hay visualización, y los aprendizajes de la conversación se engranan para traducirse en comportamientos o decisiones. Desde mi punto de vista, se abre un canal directo al neocórtex y a la amígdala para cambiar alguna línea del código que nos programa.

Recordemos que otro *feedback* es hablar sobre logros, pequeños o grandes, y conversar sobre qué ha funcionado, decir lo orgullosos que estamos, el trabajo bien hecho, el esfuerzo, la creatividad. Para compartir reconocimientos no es necesario el sándwich, una de cal y otra de arena, para compensar. Conversemos como adultos maduros. Desde el efecto Pigmalión, si tratas a los adultos como personas maduras, es más probable que observes comportamientos acordes.

Uno de los inconvenientes del *feedback* y del reconocimiento es que se vincula con la revisión salarial. Si queremos contener la expectativa de incremento salarial, acumulamos errores y *feedback* críticos para justificarlo; en otro caso existe el temor de que la persona espere que le doblen el sueldo. Por otro lado, dosificamos los reconocimientos o ni siquiera los damos, pues asumimos que un trabajo bien hecho es lo estándar y no es necesario decirlo. Estos temores son consecuencia de la ausencia de una política salarial clara, coherente y que no es transparente. Los salarios son un reconocimiento relativo al valor del puesto que ocupamos. Si somos claros en ello, la persona puede esperar una actualización razonable del salario, también puede haber complementos o variables para desempeños extraordinarios, siguen existiendo las promociones, etc. Si el contexto económico interno o externo no acompaña, las circunstancias son un factor importante. En resumen, si la expectativa salarial es clara, deberíamos poder dar reconocimientos y *feedback* sin que sea una herramienta de contención salarial.

Otro contexto adicional es que no llevamos bien los errores, que nos regañen o que se nos ponga en evidencia. La educación desde la infancia no ayuda en este sentido. Es posible que hayamos acabado hartos de que nos digan en público, o ya en privado, lo que podemos mejorar. También es una cuestión de la personalidad, o el nivel de autoengaño que sostengamos: es posible que te hayas cruzado con personas sencillamente perfectas en todo que culpan al resto de todo lo demás. Existe el temor a sentirnos atacados, cuando un *feedback* nada tiene que ver con atacar a nadie. En general las personas sacan como conclusión que el *feedback* que reciben no les sirve para nada, e incluso que cuando lo reciben pierden en vez de ganar algo. Aquí es donde encuentro el mayor factor de desmotivación y rechazo.

No puede ser que se convierta en una bronca estéril, o en un medio para que quien lo da encuentre desahogo a sus frustraciones mientras quien lo recibe se siente como un saco de boxeo. Es importante aclarar los básicos, el *feedback* no se da una vez al año, ni dos. Se da en cada ocasión en que es necesario y ha de existir un aprendizaje y una mejora, igual que para tener una conversación no se espera a una fecha del calendario. En el apartado anterior compartí que las investigaciones recomiendan que cada responsable de equipo tenga al menos una interacción semanal con este, y de hecho esa medida condiciona su *span of control* óptimo. No es que haya un *feedback* semanal, pero sí al menos una ocasión para darlo si es que en el resto de la semana no ha sido posible hacerlo con mayor frecuencia.

El impacto del *feedback* radica en construir relaciones basadas en la confianza o en el miedo. Tú eliges, pero si prefieres la eficacia de lo segundo, luego no te extrañes de lo que observes. O las personas reaccionan y actúan por evitar una bronca, la penalización o el despido, o lo hacen para mejorar, aportar más y mejor y elegir la satisfacción de ser más útiles haciendo mejor las tareas o dar mejores resultados. El miedo como motivador funciona, es innegable y es tan antiguo como la humanidad. El problema es que genera disfunciones en los comportamientos, es reactivo, no activa significado en el interior de las personas y es poco sostenible; eso sí, funciona y da resultados. ¿Por qué es poco sostenible? Porque carga de mayor trabajo y atención, genera dependencia en lugar de autonomía: «Si ya me dices lo que he de hacer y cómo, entonces necesito acudir a ti con frecuencia». El *feedback* unidireccional es más rápido, pero a la larga requiere más tiempo. Lo mejor de la confianza es que la persona gana autoestima y genera proactividad, acción proactiva, requiere menos atención del mánager a medio plazo porque la persona aprende y gana entendimiento y significado. Una conversación puede ser vista como una inversión con un retorno en el tiempo.

El emprendedor y consultor Mark J. comparte en un artículo[44] diferentes recomendaciones acerca de cómo enfocar y conducir una conversación orientada al aprendizaje a través del *feedback*. El autor nos indica tres principios básicos a tener en cuenta, que adapto a continuación:

Mejor específico y constructivo: debe ser específica, resaltando acciones o comportamientos particulares que necesitan atención. Comentarios vagos como «necesitas mejorar tus habilidades de comunicación» carecen de claridad y dirección. En su lugar, opta por retroalimentación específica y constructiva, como «durante la reunión del equipo, al explicar la línea de tiempo del proyecto, desde mi punto de vista considero que habría sido útil contar con más elementos visuales para mejorar la claridad».

Busca la oportunidad: pierde su efectividad si se da mucho tiempo después del evento sobre el que conversar. Hacerlo de manera oportuna permite al receptor conectar lo que se dijo con sus acciones y ayuda a reforzar comportamientos positivos o abordar problemas de inmediato. Si notas que un miembro del equipo maneja bien una situación desafiante, no esperes hasta la revisión trimestral para reconocer sus esfuerzos. Tampoco te precipites, proponer un *feedback* «en caliente» puede estar cargado de emociones con una intensidad que nos sesgue y dificulte llegar a conclusiones.

Hazlo con curiosidad: aborda la conversación con una mentalidad curiosa. Mantén la apertura a entender la perspectiva del receptor y haz preguntas para explorar su proceso de pensamiento. Esto no solo muestra respeto, sino que también fomenta un intercambio bidireccional de ideas. Por ejemplo, si estás proporcionando retroalimentación a un empleado sobre un proyecto, pregúntale cómo lo abordó y qué desafíos encontró. Si es una nueva incorporación o un perfil junior, entenderemos mejor qué es necesario reforzar.

---

44. Joe Hirsch, 2023, *Feedback is a Two-Way Conversation.* https://medium.com/@thedigitalfirm/feedback-is-a-two-way-conversation-85d9d3f19f80

Yo procuro añadir un principio adicional que suele sorprender: Pide permiso. Puedes abordarlo con una pregunta como «¿te parece si conversamos acerca de la iniciativa?» o «me gustaría intercambiar puntos de vista sobre los plazos de entrega, ¿cómo lo ves?». Piénsalo por un momento, ¿en cuántas ocasiones te han dado opiniones o consejos que no has pedido? Imagino que tantas como me ha ocurrido a mí, entonces, ¿qué impacto suelen tener? Lo habitual es que generen indiferencia o rechazo. Pedir permiso genera involucración de la otra persona en el proceso y apertura para conversar además de transmitir respeto y generar confianza. Si una persona nunca quiere hablar, nos estará diciendo algo más profundo que el *feedback* que queremos ofrecer, hemos de estar preparados para que nos den una negativa puntual, pero si es un no permanente será importante profundizar y comprender el origen.

En su artículo, Mark J. nos ofrece una estructura para abordar el *feedback* a modo de conversación:

Paso 1: enfoca la conversación hacia la situación a abordar. Comienza la conversación describiendo la situación o el evento específico en cuestión, a modo introductorio, sin juicios y dejando claro que es tu punto de vista con la información que tienes, y tu intención de querer comprenderlo mejor. Mark nos comparte un ejemplo tan sencillo como: «John, quería hablar contigo sobre la presentación que diste durante nuestra reunión de equipo hoy».

Paso 2: continúa con preguntas abiertas. Al abordar la conversación con curiosidad, decides enfrentar la situación iniciando una pregunta abierta. Por ejemplo, podrías preguntar: «¿Cómo crees que fue la presentación? Me encantaría conocer tus pensamientos».

Paso 3: involúcrate, escucha y reflexiona. Participa activamente en la conversación escuchando con atención la perspectiva de la otra persona. Considera sus comentarios y haz preguntas para aclarar si es necesario. Esto brinda muchas oportunidades para expresarnos por ambas partes y demuestra que realmente estás escuchando sus respuestas. Evita interrumpir o desestimar sus puntos de vista. Al fin y al cabo es como lo ha vivido.

Mark comparte un nuevo ejemplo en la conversación: «Entiendo que los cambios de última hora pueden ser estresantes, y es completamente normal sentirse nervioso durante las presentaciones. Aprecio tu sinceridad al compartir tus sentimientos».

Paso 4: empodera y fomenta la responsabilidad. En lugar de decir a la otra persona lo que debería haber hecho, pidamos que proponga ideas para mejorar. Animemos a la persona a hacerse responsable de su proceso de desarrollo. Además, involúcrate, tanto en la creatividad de proponer acciones y en aportar experiencias propias que puedan inspirar, como en las acciones a llevar a cabo. Como responsable de la persona, o incluso como compañeros, es habitual que tu involucración facilite que lo lleve a cabo mejor y la persona se sienta apoyada. Puede haber decisiones sobre recursos o presupuestos, o a proponer al equipo. Mark incluye otro ejemplo: «John, si sientes que practicar te ayudaría a manejar mejor situaciones como esta, te apoyo en que dediques tiempo a practicar antes de futuras presentaciones».

Al seguir estos pasos y proporcionar un ambiente de apoyo y apertura, la conversación se transforma en un diálogo constructivo. La persona se siente valorada y comprendida, lo que fomenta una atmósfera positiva para el crecimiento, la confianza y el desarrollo. Es más probable que asuma la responsabilidad de su mejora y se esfuerce por ofrecer mejores presentaciones en el futuro.

Los líderes también aprenden. A lo largo de las conversaciones se da la oportunidad de comprender el impacto que tenemos como responsables del equipo, en qué grado facilitamos, nos involucramos y aportamos o en qué grado no. Es posible que parte del *feedback* sea para nosotros y aprendamos a mejorar. Además, pidámoslo, pidamos conversaciones en las que otras personas, del equipo o del ecosistema interno de la organización, nos compartan el impacto que tenemos en ellos. Pedirlo cuando necesitas darlo muestra coherencia y fomenta la confianza. No pedir feedback más que seguridad transmite indiferencia hacia otros y en mejorar nosotros mismos.

Joe Hirsch es otro autor que ha publicado múltiples artículos, es contribuidor habitual de Inc. y ha escrito el libro *The feedback fix*[45]. Como describe, los enfoques habituales tienen como resultado una cultura de retroalimentación superficial, construida en gran medida sobre la evasión, la confusión y el autoengaño. En el siguiente artículo Joe también nos explica elementos adicionales sobre la importancia de trabajarlo a través de una conversación. En su artículo,[46] el autor propone dos herramientas que, desde mi punto de vista, nos pueden ayudar a cambiar el enfoque y la mentalidad acerca de cómo abordamos el *feedback*.

45. Joe Hirsch, 2017, *The Feedback Fix: Dump the Past, Embrace the Future, and Lead the Way to Change*, Rowman & Littlefield Publishers

46. Joe Hirsch, 2020, *Good Feedback Is a Two-Way Conversation*, Harvard Business Review (https://hbr.org/2020/06/good-feedback-is-a-two-way-conversation)

Asomarnos a la ventana: para evitar caer en prejuicios o suposiciones es muy recomendable conversar como observadores, pedir a la otra persona que ambos nos asomemos a una ventana a través de la cual podemos ver los acontecimientos que se han desarrollado y el resultado que hemos obtenido. Podemos intercambiar lo que hemos visto desde nuestras perspectivas, nuestra labor es la de guiar con curiosidad para profundizar. Nos va a ayudar a comprender cómo lo ha vivido la otra persona, y viceversa, poder expresar y compartir desde dónde lo hemos vivido nosotros.

Sostener el espejo: lo habitual es que le digamos a la otra persona lo que ha de ver, porque es lo que nosotros vemos, pero para que sea útil no funciona así. Si la otra persona no lo ve igual es porque su experiencia, la perspectiva desde donde lo ve o sus conocimientos no se lo permiten o le llevan a verlo diferente. Al mismo tiempo, nosotros vemos lo que vemos por las mismas razones, juzgarlo como incompetencia de los demás es un error.

Una conversación no es un ejercicio de tener razón, por eso es útil vernos a nosotros mismos sosteniendo un espejo; en vez de decir lo que ha de ver, mantenemos el espejo para pedir dónde ha de mirar, observar y reflexionar. Como mánager puedo tener muy claro que la otra persona actuó con suposiciones, pero en vez de decírselo le puedo pedir que observe cómo se desarrolló la acción, preguntar qué la llevó a pensar así y también qué podría haber hecho diferente. Obtendrá un aprendizaje desde su situación actual, no impuesto por las experiencias que yo pueda tener. Dicho esto, puede ser positivo que tras obtener sus aprendizajes la persona podamos aportar experiencias propias y cómo aprendimos nosotros.

Joe Hirsch ahonda en una buena práctica, acompañar y tener conversaciones sin esperar a un resultado o un acontecimiento que requiera de un *feedback* como la evaluación anual. Las conversaciones frecuentes van a generar una relación de mayor confianza, además de un entorno de mayor seguridad psicológica. Como equipo y como responsables del mismo nos va a ayudar a conocernos mejor, tanto las fortalezas como a apoyarnos mejor unos a otros.

Haz preguntas que conecten: he de reconocer que «preguntas heroicas», como propone el autor, no son algo que me resuene mucho. Joe comparte algunos ejemplos:

- Cuéntame sobre al menos una ocasión este mes en la que te sentiste con ilusión y motivación.

- ¿Qué has aprendido sobre ti al realizar esta tarea/proyecto?

- ¿Qué fortalezas has encontrado más útiles en este proyecto?

- ¿A quién has ayudado recientemente y qué diferencia hizo eso en su trabajo y en el tuyo?

Acompaña en los retos: comprender cómo las personas de los equipos valoran sus tareas o proyectos nos ayuda en un liderazgo situacional. Tan perjudicial puede ser interpretar la delegación o la autonomía, como dejar a las personas abandonadas con sus retos, como asumir que todos están en las mismas condiciones o ven el plan de la misma forma. La inclusión comienza por escuchar y acompañar de manera más contextualizada y personalizada. El autor del artículo nos comparte algunos ejemplos:

- ¿Qué resultado estás tratando de lograr?

- ¿Qué está sucediendo? ¿Por qué crees que está sucediendo?

- ¿Qué has intentado hasta ahora? ¿Cómo has manejado situaciones similares en el pasado?

- ¿Has intentado resolver este problema? ¿Qué sucedió como resultado?

Ayudar a comprender cómo están abordando el día a día, cómo lo sienten y acompañar refuerza nuestro rol como mentores del equipo y facilitadores, pues parte de las conclusiones nos pueden involucrar. Nos ayuda también a entender a las personas y ser más inclusivos en nuestro liderazgo, más adaptativos.

El *feedback* trasciende a los líderes. Una cultura de *feedback* se extiende a la retroalimentación entre compañeros. Además de darlo o pedirlo como responsables, puede ser muy enriquecedor que los compañeros tanto del equipo como de otros equipos puedan intercambiarlo y tener conversaciones. En el apartado anterior sobre identificar equipos evidenciaba que los equipos pueden ser transversales entre departamentos, algo que pasa desapercibido en muchas ocasiones.

¿Cuál puede ser el objeto de dar *feedback* entre compañeros al margen de la posición o rol que desempeñemos? Lo primero porque en la cultura organizacional tienen un peso relevante las interacciones que se dan entre las personas y la calidad de las mismas condiciona de manera excepcional cómo vivimos la experiencia laboral. Es habitual leer acerca de los mánagers, pero no es menor cómo los compañeros pueden condicionar la forma en que vivimos la jornada.

Segundo, porque en la colaboración entre compañeros cada persona tiene sus necesidades. Una de las conversaciones más potentes que podemos proponer es que hablen acerca de qué necesitan y cómo les impacta en su trabajo recibirlo, los plazos o la calidad. En ocasiones los compañeros se frustran porque no se tienen en cuenta sus necesidades. La colaboración mejora cuando conversamos y comprendemos mejor las necesidades de las personas que nos rodean.

Y tercero, porque otros compañeros poseen más experiencia, perspectivas o pueden tener más antigüedad en nuestro puesto; escuchar sus visiones y aprendizajes puede ser creativo e inspirador. De estas conversaciones pueden surgir colaboraciones o apoyos entre compañeros.

Las formaciones acerca de cómo tener conversaciones entre pares y compañeros, y que los responsables apoyen y acompañen, pueden ser realmente útiles en este sentido.

Siempre es necesario recordar que el reconocimiento también es *feedback*. Habitualmente pensamos que el reconocimiento se da en forma de gratitud o enhorabuena, y la forma más básica de reconocimiento se evidencia, sencillamente, por la atención que otro ser humano nos presta. Los humanos necesitamos de la atención y la interacción de otros para construir nuestra identidad y nuestra autoestima. La identidad y la realidad se conforman a través de otros, vivir en aislamiento es un camino para el deterioro de nuestra percepción de la misma.

La confianza se genera a partir de un conocimiento real de la otra persona, sus objetivos, sus fortalezas, sus emociones, sus valores, etc. Eso requiere conversaciones con escucha activa, empatía, curiosidad y tiempo.

El reto en las organizaciones es que los líderes y los equipos desarrollen la mentalidad y las habilidades para un buen *feedback* conversacional. Comenzar a practicar una conversación de *feedback* no es inmediato, sin una preparación previa es muy predecible que encontremos que no funciona. Por ejemplo, estamos habituados a hablar para tener razón, posiblemente si tienes un puesto de responsabilidad, más aún. Por otro lado, no sé si lo has observado, pero muchas personas hablan más para escucharse que cuidando ser entendidas por quien tienen enfrente, no será el primer *feedback* que se convierte en un monólogo. En resumen, podemos tener la mejor intención tras leer este libro y caer en las mismas prácticas de siempre.

El referente profesional que posiblemente mejor agrupa la mentalidad y las competencias para un buen *feedback* en una conversación es el del *coach*. Desde mi punto de vista, ni responsables ni compañeros podrán ser *coaches* unos de otros, ni el contexto ni los roles se corresponden con la capacidad para serlo, ni realmente es el objetivo. Mentores o *counselors* también desarrollan competencias de comunicación similares para desplegar su actividad.

Desgranemos algunas de las habilidades o herramientas recomendables para desarrollar un *feedback* a través de una conversación:

- Curiosidad. Si nos acercamos al *feedback* con un juicio ya formado y con las conclusiones preconcebidas, perdemos la capacidad de explorar, escuchar y comprender. Una conversación es bidireccional y requiere una escucha atenta del punto de vista y experiencias de la otra persona.

- Humildad. Es la base imprescindible para abordar un *feedback* con curiosidad. Sobre todo desde un puesto de responsabilidad será importante aparcar el saberlo todo, el anticipar o los prejuicios para adoptar una mente abierta y una actitud de escucha, dando la oportunidad a comprender mejor otros puntos de vista.

- Escucha activa, *rapport* y empatía. Si tenemos prisa será poco recomendable abordar una conversación que queremos que sea útil. Además, será importante saber cómo establecer *rapport*, cuando la otra persona se siente escuchada y entendida, que es algo muy diferente de dar la razón en todo. La empatía, reconocer las emociones de la otra persona, va a ser fundamental. Las emociones son una fuerza importante en por qué y cómo tomamos decisiones o nos comportamos y, por ende, en cómo podemos aprender o acompañar a otra persona en su aprendizaje a través de conocer mejor las emociones que vive.

- Atención. Te puede sorprender, pero de esto vamos cortos últimamente. La capacidad para poner plena atención a una conversación es baja. ¿Cuándo tuviste la última conversación sin el móvil en la mano, sin llamadas, notificaciones, o que nuestra mente divagara en sus pensamientos perdiendo el hilo de la interlocución? Actualmente, el *mindfulness* o la meditación ayudan a reforzar y mantener los circuitos de atención en nuestro cerebro, que en el día a día se ven volados por los aires.

- Intención. Recuerda que la intención para quien da el *feedback* es comprender mejor, la intención para quien lo recibe es aprender y mejorar, diría que también lo es para quien lo da. Por último, una intención secundaria es construir o reforzar una relación de confianza y construir un espacio de seguridad psicológica, siempre que sea posible.

- Preguntas potentes. No son solo preguntas abiertas, sino preguntas que lleven a una reflexión mayor. Algo tan sencillo como: «¿Cómo te sientes?» o «¿Cómo te hizo sentir cuando ocurrió?» o «¿Qué significa eso para ti?», puede desencadenar hallazgos importantes en el aprendizaje y la comprensión de cómo se llegó a un resultado u otro.

- Desapego o compasión. Escuchar con empatía nos puede llevar a involucrarnos emocionalmente en las vivencias o el relato de la otra persona y puede sesgar nuestra capacidad para acompañar el aprendizaje, o caer en la complacencia o incluso en evitar cambiar nada para evitar aprender o mejorar. El desapego es la capacidad de escuchar y comprender las emociones sin necesariamente contagiarnos de ellas, escuchando como observadores. Desde mi punto de vista, la empatía con desapego desarrolla la compasión. Podríamos dejarnos llevar por el impulso de actuar por la otra persona, pero eso evitaría su experiencia y su aprendizaje, además de la responsabilidad sobre sí misma. En ocasiones es necesario involucrarte en el plan de acción, en otras no.

- Asertividad o Comunicación No Violenta (CNV). No son lo mismo, aunque tienen puntos en común. En resumen, será importante que tengamos la capacidad para comunicarnos de una manera clara, directa y sólida sin una crítica personal o velada a quien lo recibe.

Se hace evidente que dar un buen *feedback* a través de una conversación requiere de un desarrollo profesional necesario. No dejan de ser competencias para comunicarnos mejor, aunque no nos las enseñan desde la infancia, ojalá. Puede parecer difícil, y te hago una pregunta, ¿es difícil llegar a ser arquitectos y firmar planos de edificios? Entonces, ¿por qué liderar equipos habría de ser algo trivial para lo cual no nos preparemos? La contraparte de un mejor salario, capacidad para tomar decisiones, influir o tener un mayor protagonismo en ocasiones parecen una recompensa, cuando realmente el liderazgo es una responsabilidad.

Cómo me posiciono respecto de la otra persona a la hora de ofrecer *feedback* es importante. Si lo hacemos desde una posición jerárquica, de mando, de «haz lo que te digo» o dando a entender que lo importante es tu punto de vista y no el de la otra persona, puedes tener toda la carga de la razón, pero el impacto o utilidad del *feedback* puede verse reducido o que sea peor aún. Es decir, que la otra persona esté más pendiente de otros aspectos de tu lenguaje o de las consecuencias que de aprender y mejorar.

Si te preguntas cómo abordarlo de manera específica, desde hace cerca de 20 años se vienen impartiendo formaciones de *líder*-coach, es decir, roles de liderazgo que desarrollan las competencias como las que describo, así como la mentalidad que favorece la conversación con las personas de sus equipos y de otros sin la necesidad de realmente formarse o ejercer como *coaches*. Puedes pedir al proveedor de formación o de *coaching* que incluya prácticas de *feedback* a modo de conversación como ejercicio para desarrollarse e ir adquiriendo la capacidad.

CAPÍTULO 7. LA HUMANIZACIÓN DESDE LA ORGANIZACIÓN

La mirada de María del Castillo sobre la humanización desde la organización

La mirada de María del Castillo nace de su extensa experiencia como alta ejecutiva en consejos de administración y también asesores, especializada en transformar organizaciones desde el binomio propósito-resultados. Además, acumula años de experiencia como CEO y directiva. Su experiencia profesional ha ocurrido en sectores clave como marketing, educación, salud y tecnología. En su estilo directivo impulsa un liderazgo coherente, humano y con impacto real. María nos comparte su perspectiva acerca de la humanización desde la organización:

¿Existe una necesidad real de humanizar las organizaciones? Desde mi experiencia como CEO y consejera, la respuesta es rotunda: sí. No se trata de una moda blanda ni de un gesto ético aislado. Se trata de una urgencia estratégica. La ausencia de una mirada verdaderamente humana en las organizaciones está lastrando el cumplimiento de muchos planes estratégicos, erosionando culturas, frenando la innovación y debilitando los vínculos con el talento.

Este capítulo nos invita a mirar la organización como sistema: desde sus políticas, desde su modelo de gobierno, desde la forma en que mide lo que valora. Porque humanizar es una tarea colectiva que empieza por el diseño: diseñar procesos coherentes, liderazgos valientes y estructuras que alineen experiencia de empleado, propósito y resultados.

Humanizar no compite con la rentabilidad. Todo lo contrario. Hay una oportunidad inmensa: las organizaciones que se toman en serio los datos (como el eNPS, la rotación o el absentismo) descubren que estos indicadores están directamente conectados con la productividad, con la sostenibilidad y con la reputación. El buen gobierno tampoco no puede ser ajeno a esto: los consejos deben asumir un rol activo en activar culturas que permitan florecer a las personas y, con ellas, al negocio.

Este capítulo es, en el fondo, una llamada a gobernar con coherencia. A trabajar desde la convicción de que liderar la empresa desde el humanismo es la única forma de crecer, de diferenciarse y de perdurar.

María del Castillo, PhD.

Ubuntu.
Significado: «Yo soy porque nosotros somos».

<small>Concepto social xhosa (cultura y tribu del sur de África).</small>

Es también necesario abordar las políticas, la estrategia y los modelos operativos y de gobierno para crear un marco cultural a favor de la humanización. Este capítulo está lejos de querer ser un libro de organización, ya existe múltiple literatura e investigaciones acerca de ello. Por lo tanto, recojo un conjunto de recomendaciones que considero importantes desarrollar para que el sistema se encuentre con los equipos y sus líderes en resonancia e impulsando interacciones, decisiones y prioridades que plasmen que la sostenibilidad interna es una realidad.

El C-Level

Cuando tenemos en cuenta que desde los CEO hasta toda persona empleada en una organización son seres humanos, personas, entendemos que este es el punto de partida. Todo lo revisado a lo largo del libro les aplica.

Una de las preguntas más frecuentes en los cursos que imparto es: ¿Qué hacemos cuando los CEO no creen en todo esto? Es indiferente si el taller es de transformación cultural, de implantación de programas de bienestar o de liderazgo. Es la principal barrera o el motor clave, los CEO pueden proyectar confianza en el proyecto de humanización y que los cambios son necesarios y, sin embargo, en algún momento se van a plantear acciones que atentan directamente contra su mentalidad y su manera de verse y ver a los demás. Cuando decimos CEO es importante extenderlo al llamado C-Level. Si los directivos siguen haciendo política y teniendo actitudes agresivas-competitivas o pasivo-agresivas entre sí para perpetuar o ganar poder, riqueza o influencia, dirigidos por sus miedos traducidos en ambición, las barreras a la humanización son relevantes.

Esto es importante porque en estos mismos foros se cuestiona el poco impacto de los programas de transformación cultural sin apuntar a raíz de las causas que lo dificultan.

En ningún caso es imposible, solamente que el impacto de los resultados en la experiencia de empleado se reduce si no se aborda, así como el retorno de la inversión.

En mi experiencia, se pueden dar islas en las que la cultura y las personas florezcan, o que se logre incluso en los niveles más operativos, mientras se deteriora en cierto modo en la capa de mánagers al hacer de amortiguación frente a sus superiores y siendo imposible una evolución en la capa directiva. En más de una ocasión diferentes directivos me han comentado amargamente la envidia respecto del cuidado que se pone a los equipos y cómo ellos carecen de lo mismo. En ningún momento se referían a trabajar menos, sino a sentir confianza, delegación sobre su trabajo o sentirse escuchados; algo que recae en el C-Level o CEO.

Es frecuente que los CEOs o C-level se bajen del proyecto de humanización desde un inicio, pidiendo el encargo de los resultados, pero posicionándose como meros observadores a quienes acudir para ayudar en lo que sea necesario si acaso, no como actores protagonistas a partir de quienes comienza todo. Volvemos a la importancia de ser ejemplo, al tiempo que sostener la cultura desde la autoridad que confiere el poder del puesto. Así, una de las iniciativas necesarias será el diseño y la ejecución de un itinerario para acompañar y fomentar la madurez de las personas que trabajan en una organización, C-level incluido, sin duda. En este sentido, un *assessment* de personalidad, evaluaciones entre pares o incluso 360, poner objetivos de comportamientos y la aproximación desde el *mentoring* y el *coaching* son recomendables. Incluido el *coaching* de equipos sobre el comité de dirección y el consejo.

Gestión del talento

Este es uno de los ámbitos clave a la hora de conducir la humanización. Tengamos en cuenta que contempla cómo y a quién se selecciona para incorporarse a la empresa, las opciones de desarrollo, el marco del *feedback,* que incluye a las tan denostadas evaluaciones y también con los mapas de carrera y las prioridades estratégicas en talento, así como la sucesión y el acompañamiento en el *offboarding.*

¿Tienes una idea de la cantidad de talento que está deseando trabajar en una organización en la que, sencillamente, le dejen trabajar? El talento sénior, tras haber pasado por diferentes experiencias profesionales, valora poder trabajar bien sin estar pendientes de adular, aguantar a jefes o jugar a política. Si a ello le sumamos la demanda de generaciones Millennials y Z por entornos más humanos que las motiven, el resultado de este trabajo puede ser un factor clave para el *employer branding,* tanto en la atracción de un talento harto de que los expriman, como en la fidelización de personas que quieren aportar su mayor valor y su mejor versión siendo ellos mismos. En el siglo XXI el compromiso se obtiene y crece a través de experiencias laborales más motivadoras y vinculantes. Ni los séniores están acabados, ni a los jóvenes les falta compromiso.

A continuación, propongo un conjunto de iniciativas a tener en cuenta:

- Seleccionar mejor en absoluto significa que se descarten acaparadores, pues en un contexto con normas sociales y una gestión del talento claros pueden aportar y retar; sin embargo, sí considero recomendable filtrar la entrada de perfiles con comportamientos o tendencia a comportamientos psicopáticos o acaparadores muy polarizados.

- Ampliar las métricas a través de las cuales se evalúa y valora a los empleados para incluir otras de desarrollo y formación. Fomentar la empleabilidad siempre va a aportar valor a la organización si es dinámica y busca dónde y con qué tareas obtener un mayor valor. Los objetivos culturales asociados a actitud o comportamientos pueden ser medibles a través de evaluaciones 360 dentro de las valoraciones de los compañeros.

- En la consecución de objetivos necesitamos medir, ir más allá de los objetivos operativos para contrastar si estos se obtienen en detrimento de las personas: restando al eNPS, aumentando la rotación o el absentismo. Dentro de las iniciativas de People Analytics será importante obtener datos segmentados por responsable de equipo de sus indicadores de clima, *engagement*, eNPS o rotación.

- Seamos exigentes en el ajuste del perfil profesional, la mentalidad y las capacidades para el puesto, al menos que exista el potencial para desarrollarlo. Cuando una persona accede a un puesto, ¿para qué lo hace? La promoción ha de dejar de ser un premio, porque no lo es. Una promoción a modo de regalo en una persona sin el perfil profesional adecuado genera una alta frustración individual y proyecta toda la disfunción de líderes impostados.

- Las evaluaciones 360 nos pueden ayudar a analizar el ego a modo de índice de acaparamiento a través del *feedback* de pares, equipos y colaboradores. Los acaparadores acaban siendo penalizados por los equilibradores. En mi experiencia, es llamativo cómo los acaparadores procuran gestionar las respuestas a las evaluaciones 360, a medida que van deteriorando sus relaciones con compañeros y el equipo; como resultado, mientras los demás callan, aquellos que se han visto dañados o abusados les penalizan, en ocasiones con dureza y contundencia.

- Una de las experiencias más recurrentes con los acaparadores es la del chantaje, a medida que obtienen resultados y se genera la expectativa de un mayor crecimiento, comienzan a solicitar contrapartidas e incluso, abiertamente, asomar su posible abandono si no se les da lo que quieren. La expectativa de perder lo logrado lleva a la organización a ceder, el problema es que se convierte en un *modus operandi* que se repite y alimenta su necesidad de atención y protagonismo.

- Potencia a los altruistas, no sin que se desarrollen a nivel de mentalidad. Existen programas, como *I am Remarkable* o similares, que ayudan a entender y practicar la autopromoción, crecer en autoestima y en la importancia de atendernos a nosotros mismos y nuestras propias necesidades. A través de talleres, *mentoring* o *coaching*, impulsar a los altruistas para que se conviertan en contribuidores va a beneficiar a la organización de un talento altamente fiel, volcado en aportar valor y colaborar, cambiando las reglas del juego. Con una buena escucha, serán los compañeros quienes les identifiquen. Es posible que no salgan en las evaluaciones de desempeño como altos potenciales, ni que sus compañeros les destaquen profesionalmente, pero sí como grandes compañeros que ayudan y apoyan en todo momento.

Política retributiva

Te propongo una escena para reflexionar acerca de ello. Quedas con un cliente en una cafetería, llegas antes y pides tu café, *espresso*. Pagas y esperas, hasta ahí todo bien. Un rato después llega tu cliente, os saludáis y pide un café, resulta que también pide un *espresso*. Escuchas cómo le dicen un precio diferente al tuyo. Con la sorpresa, lo comentáis. Incluso acudís a la barra para preguntar, ¿hay una oferta?, ¿es por la hora?, ¿es por ser cliente habitual?, ¿es un error? No, es que depende de quién te lo haga, el mismo café y de la misma manera, el precio es diferente.

Una de dos, o acabo de describir una situación absurda, o no lo es y el problema es que no estamos acostumbrados a pagar diferente por lo mismo.

Estas situaciones que nos rompen los esquemas se reproducen con los salarios. Puede que no le veamos el paralelismo, diferentes sesgos comienzan a justificar que los salarios sean diferentes y, normalmente, por circunstancias. En esencia la situación del café y el salario tienen muchas similitudes. Dos personas se incorporan para el mismo puesto, las mismas tareas, los mismos objetivos, el mismo equipo, pero una cobra menos. Es que una sabe inglés y la otra no, pues entonces puede que ya haya una diferencia. Si es para estampar sellos todo el día, el inglés no repercute en el puesto, ni las tareas ni el resultado. Si es para un departamento de ventas, puede que sí y en la valoración del puesto sea una variable precisamente de eso, del valor que se aporta y se percibe en un trabajo.

La equidad salarial, por lo que vemos, depende de puestos y trabajos del mismo valor pero, al mismo tiempo, está condicionada por el valor que se aporta o el perfil profesional, que va más allá de la experiencia y los conocimientos.

Una evaluación en Europa de la aplicación de la anterior Directiva 2006/54/CE apunta a que la desigualdad salarial, en concreto entre hombres y mujeres, tiene una barrera coyuntural en la ausencia de transparencia en los sistemas retributivos. Las personas carecen de la información para valorar y comparar los niveles retributivos en las categorías profesionales que realizan el mismo trabajo o un trabajo de igual valor. Los estudios demuestran que, en ausencia de información, las mujeres negocian los salarios a la baja respecto de los hombres.

Puede ocurrir que vayas a un restaurante y escuches que a los de la mesa de al lado les invitan y les sale gratis sencillamente porque son guapos, y al restaurante le gusta que haya guapos. ¿Cómo te quedarías? ¿Qué te parece? Es posible que lo aceptes con un «la vida es así», y que paguemos por ser feos, o menos guapos. Pero también podemos decidir en qué sociedad y bajo qué normas queremos vivir y convivir. Que hayamos podido normalizar que existan salarios diferentes por un mismo trabajo es diferente a que sea correcto o ético. Cuando lo llevas a dos compañeros, un hombre y una mujer, que trabajan juntos y hacen el mismo trabajo, pero el hombre gana un 30 % más, en condiciones de resultados similares incluso, es difícil encontrarle sentido. Tenemos la capacidad de decidir en qué sociedad queremos vivir.

Todo tiene diferentes maneras de ser visto, reconozcamos que fichar a alguien en circunstancias desesperadas aceptando un salario inferior acaba por no ser un ahorro. Todo depende de lo cortoplacistas que seamos, si alguien acepta una oferta un 30 % más baja que sus compañeros o el mercado, ¿qué va a suceder a los 3, 5 o 7 meses? Si el mercado está activo, se va a ir a otra empresa que pague mejor sin que haya superado la curva de adaptación al puesto y a la empresa, precisamente el tramo de mayor inversión y cuando aún la persona no ha tenido tiempo de aportar al 100 %. Si el mercado no está activo y sigue, vamos a tener una persona desmotivada y con una productividad suficiente como para que no la despidan, poco más.

En la contratación pública se habla de «bajada temeraria», es decir, si un proveedor ofrece tarifas o precios muy bajos no es bueno, de hecho, puede descalificarte, porque por experiencia sabemos que lo «demasiado barato» acaba dando problemas, o de calidad, o que acabe saliendo más caro.

La progresión retributiva se refiere al proceso por el que un trabajador pasa a un nivel retributivo superior. En este sentido se apunta al desarrollo profesional, pues una banda salarial superior tiene relación directa con un trabajo de mayor valor. Esto no necesariamente significa una promoción, como se suele entender, no todo es jerarquía en la carrera profesional, pero sí implica un cambio profesional a un puesto de mayor valor y salario superior.

Los criterios han de medirse para ser valorados y eso, en las organizaciones actuales, se corresponde con la evaluación. De la evaluación se han escrito muchas páginas, ahondar aquí en ello aportaría poco. Sin embargo, sí parece tener sentido que las evaluaciones comiencen a incluir los criterios por los que se valora un puesto para tener un *feedback* y una medición cualitativa acerca del valor aportado y el potencial sobre el puesto o de los siguientes. Además, de cara a generar una evidencia de la objetividad en la valoración, la posición en la banda retributiva o la progresión a otro puesto y su banda asociada, es más que recomendable.

Recordemos que las movilidades profesionales en las empresas no solamente son hacia puestos con salarios superiores, se abre una puerta para posibles movilidades a puestos con igual valor, similar a una movilidad horizontal, o al menos en lo que se refiere a nivel salarial. En algunas organizaciones, la carrera profesional y el puesto pueden resultar una condena. No siempre existen puestos o diversidad en el puesto de trabajo y cualquier cambio profesional apunta hacia arriba, pero o todos los puestos de mayor valor ya están cogidos o no hay demanda según la función. Poder activar la transversalidad y desarrollar a las personas para que puedan optar a ello es un factor de estimulación y motivación profesional.

En el ámbito de las evaluaciones, comúnmente llamadas evaluaciones de desempeño, yo opto mejor por evaluaciones de desarrollo, el reto son los evaluadores. Sin culpa y sin juicios, ser *team leader* o mánager ya es suficientemente complicado; si no te queda tiempo ni para respirar cuando RR. HH. te envía la evaluación, es como una losa para respirar un poco menos. Si, además, no hemos recibido la información y la formación acerca de su importancia, el impacto que tiene y nuestro rol para realizarlas con valor para la empresa y para el desarrollo de las personas del equipo acaban siendo un teatrillo que genera frustración o indiferencia. De hecho, la excusa perfecta para justificar el no hacerlas.

Las evaluaciones son, definitivamente, una inversión. Tanto en formar adecuadamente a los roles que evalúan, como en el tiempo que se dedica a ello, y no solo una vez al año, sino que conviene que el *feedback* se aporte con frecuencia y cuando es necesario. Dicho lo anterior, si queremos evaluaciones que aporten evidencia y respalden las decisiones de talento, y cambios retributivos, será recomendable que estén correctamente realizadas. Es posible que haya gestores que no se organizan bien, o que no dan importancia a esta tarea, en mi experiencia lo más común es que los gestores o líderes de equipos estén sobrepasados.

Cuando se carecen de políticas salariales claras, compartidas y con reglas del juego transparentes, se dan comportamientos más basados en creencias que en realidades. Por ejemplo, es difícil que una empresa suba los salarios un 10 % o un 20 % todos los años, al menos no a todas las personas de la plantilla, o concretamente en los conceptos fijos del salario. La norma tácita es que si un año realizas un trabajo y al siguiente año realizas el mismo, pueda existir una actualización salarial por la actualización del coste de la vida o lo que comúnmente conocemos por IPC, en caso de que la empresa o el sector tenga la capacidad de maniobra económica para ello. Sin embargo, cuando no existe una política salarial, se dan creencias como que cuantos más años llevas en una empresa más has de cobrar (al margen de complementos por antigüedad) o que cada año es necesario que te suban el salario un 10 %. Otro asunto es que consideremos que nuestro salario es inferior al mercado y consideremos necesaria una nivelación para que exista equidad con el mercado, y esa situación es distinta a lo descrito anteriormente. Otra situación diferente es si nuestro salario es inferior a nuestra expectativa de vida o llegar a final de mes, nos generamos la esperanza de que recibamos nivelaciones anuales de un 10 % por nuestras circunstancias cuando seguimos desempeñando el mismo puesto.

En resumen, cuando se acaba la arbitrariedad o la sensación de la misma, si quieres incrementar significativamente tu salario apunta a puestos con una valoración superior y explora si en la empresa existe demanda de puestos con una mayor valoración. El desarrollo profesional es la clave para ello, porque en otro caso el valor del puesto y el valor aportado no van a estar alineados, y eso en las evaluaciones se va a notar. En otro caso, si sigues en el mismo puesto de trabajo puedes esperar una actualización salarial, aunque no un incremento económico significativo, salvo que cambie la valoración del puesto, o tu valor sea diferencial y se justifique que seas brecha respecto de tus compañeros.

Como consecuencia de la orientación del salario al valor aportado, será una tendencia que se rompa el techo para los puestos técnicos y que perfiles especialistas que aportan un alto valor accedan a las bandas exclusivas para puestos directivos. Esto tiene una incidencia directa en la humanización de las organizaciones; los acaparadores con una ambición salarial alta, o incluso influencia, pueden optar a puestos especialistas siendo técnicos que aporten un alto valor y se vean recompensados por ello, que reciban reconocimiento a nivel técnico, al tiempo que no necesariamente han de evolucionar a puestos de gestión con responsabilidad sobre equipos para lograr su ambición. Para no pocos acaparadores liderar equipos es un peaje para cumplir sus objetivos personales y aplacar sus miedos internos.

Una gestión del talento más objetiva que se alinea con la política retributiva reconoce en función del talento y del valor esperado y realmente aportado. Esto último se mide en las evaluaciones. En las culturas heroicas o acaparadoras esto choca con la mentalidad y las normas no escritas, el reconocimiento no ha de ser para el talento o el valor, es para aquellos que han hecho lo necesario y que han de ser premiados: los héroes, que no siempre coinciden con criterios objetivos. Cuando hablamos de meritocracia nos referimos a criterios objetivos de talento, valor y sostenibilidad para lograrlos, los acaparadores lo distorsionan para que sea una meritocracia que premia a los favoritos, crea distinciones y perpetúa una competitividad individualista.

Si avanzamos hacia puestos directivos que dejen de cargar con el peso de la maquinaria de dinámicas sadomasoquistas, podremos avanzar a una valoración más real y equitativa, pues el enriquecimiento no es la principal ambición, sin necesidad de que los puestos directivos tengan salarios tan diferenciales a cambio de jornadas inacabables, esfuerzos agotadores y una tensión continua y erosiva en salud mental, física o social. Además, contener las bandas tan diferenciales de puestos directivos hará que quienes los ocupen lo hagan más por propósito y aportación de valor que por satisfacer sus miedos en forma de poder, influencia y riqueza. Actualmente encontramos la *quiet ambition*, jóvenes que no quieren ser gestores o líderes de negocios porque lo insostenible de las dinámicas a medida que escalas en la jerarquía no se ve compensado por el salario.

Modelo de negocio

No pocos modelos de negocio están dibujados en una plantilla de un *business canvas*, algo que se enseña en la mayoría de MBAs para la descripción y viabilidad de una idea de negocio. Te invito a revisarlo y que juguemos a una adivinanza. ¿Dónde están las personas? Sí, los empleados. El talento y las personas son identificados como recursos, igual que el equipamiento o incluso las materias primas.

SOCIOS CLAVE	ACTIVIDADES CLAVE	PROPUESTA DE VALOR	RELACIÓN CON CLIENTES	SEGMENTOS DE CLIENTES
	RECURSOS CLAVE		CANALES	
COSTES		INGRESOS		

Imagen de ejemplo de un business canvas

En esta visión, que es la base de la que nace un negocio, las personas son algo a consumir. Se identifican actores relevantes externos, los clientes y el retorno económico. Para quien lo tenga presente y posea la voluntad, todo se puede *hackear* y posicionar a las personas como socios clave, pero el modelo no invita a ello.

Podemos acudir también al modelo de la cadena de valor de Porter, otro paradigma que se implementa en la mentalidad de los directivos que pasan por un MBA, y que se sigue repitiendo, simplificando la realidad de organizaciones cada día más complejas. En resumen, la organización tiene una cadena de actividad principal, que te enseña que se relaciona a nivel de procesos con el *core* del negocio y las actividades clave. En esencia, aquellas actividades o procesos sin los que entregar el servicio o el producto es inviable. La mente humana es aficionada a simplificar para manejar de manera más sencilla los eventos, necesitamos comprender para participar del escenario, para reducir la sensación de ser abrumados, y todo lo que no podemos explicar entra en el pensamiento mágico para completarlo con suposiciones que suelen estar contaminadas de nuestros propios sesgos. El problema es que los principios de un paradigma pueden ser erróneos o incompletos, y condicionan nuestra visión, entendimiento y decisiones.

Veámoslo en la cadena de valor de Porter. Si el departamento de RR. HH. es una función de soporte, es porque está al servicio de las funciones clave, esto es correcto. Lo que no es correcto es que no ocurra a la inversa. Mentalmente el mensaje implícito es que cuando eres soporte de lo primario, lo clave o el *core*, las prioridades están claras, a nivel de inversión, presupuestos, atención o métricas. ¿Cómo vamos a colaborar en un «nosotros» cuando desde la propia concepción del negocio y el paradigma que impone que unos son lo primero y los demás son secundarios? Efectivamente, sin aprovisionamiento o producción no hay producto; sin embargo, actualmente muchas industrias se están dando cuenta de que sin talento tampoco. Faltan personas en numerosas industrias, los modelos de negocio e incluso el crecimiento se están viendo frenados porque las personas no están ni quieren incorporarse. Cuando dejamos de tratar a las personas como un activo clave y el talento que aportan al mismo nivel de importancia que los ingresos o los socios clave, así están respondiendo, que si renuncia silenciosa, *quiet ambition* o la gran renuncia. Hay una gran diferencia entre el litio de las baterías o el robot de una fábrica y las personas.

Mi propuesta apunta a dejar de diferenciar categorías en la cadena de valor para visualizar colaboración entre funciones y equipos transversales; asimismo, incluir una caja transversal al *business canvas* con la etiqueta «Talento y personas». Incluir un análisis del talento ya será un cambio. Ver a las personas detrás significa poner medios para escuchar, medir y procurar una experiencia de empleado con impacto positivo, no solamente desear ávidamente su talento como un acaparador cualquiera. Desde mi punto de vista, considero que la mentalidad de acaparamiento se induce a través del paradigma de los modelos que priorizan la extracción frente a la sostenibilidad, que invisibilizan a las personas y las utilitarizan a modo de recursos, creando una realidad que perpetúa la mentalidad y el modelo acaparador.

Cuando las condiciones sociales de contorno imponen un paradigma, a base de vivirlo aceptamos que es así. Suelo repetir que las personas somos como soldados, nos dan un objetivo, nos dan un rol, las herramientas y el escenario y nos ponemos a ello, aunque en el camino veamos síntomas o contradicciones, perseveramos contra viento y marea. Sin ser conscientes de ello venimos perpetuando un modelo extractivo en el que los acaparadores se camuflan como uno más y se legitiman. El éxito en lograr que todos los colectivos jueguen dentro de las normas de los acaparadores no evita que tenga consecuencias en un alto conflicto interno en las personas que no participan de ello, con un alto coste en salud mental y la somatización asociada, algo de lo que la capa directiva no se libra, salvo quien tiene mentalidad de acaparador.

Cultura de transparencia y reputación

Una de las experiencias que más fidelizan a los equilibradores es la transparencia, porque lo perciben más justo y hace las reglas más justas y equilibradas. Los contribuidores se sentirán cómodos con ello, e incluso lo favorecerán, mientras que los acaparadores se sentirán más contenidos ante la potencial pérdida de reputación si son expuestos sus comportamientos.

Existe una resistencia común a la transparencia en las organizaciones para evitar problemas derivados de decisiones poco objetivas, desigualdades u otras casuísticas. Desde mi punto de vista es un razonamiento erróneo, los problemas ya existen y generan disfunciones en la implementación de las políticas, en el descrédito y desconfianza hacia las organizaciones, incluida la desconfianza hacia los departamentos de Recursos Humanos. En el contexto actual las generaciones Millennial y Z imponen la transparencia; si no ocurre por comunicación interna, ya se ocupan de compartirse los salarios o expresar sus puntos de vista y lo amplifican con redes sociales internas o informales. Lo que ha ocurrido toda la vida en la máquina de café se expande con Internet, las redes sociales o plataformas como Glassdoor o Indeed.

Evidentemente, hay para quien la transparencia es una amenaza, las personas con mentalidad y comportamientos acaparadores se mueven mejor en el uno a uno, controlando las conversaciones y las versiones, filtrando la información que comparten y modulando la reputación para proyectar una imagen que evite rechazo e incluso atraiga favores o colaboración. Considero que el símil del engaño que puede realizar, por ejemplo, una planta carnívora ante los insectos que serán su presa es bastante acertado. Los acaparadores gestionan la imagen que proyectan, pueden ser aduladores, atentos con quienes les interesa, mientras que pasan a lo contrario con quienes sienten que dependen de ellos y están bajo su control. En esta técnica de engaño y seducción el propósito es atraer, y cualquier atisbo de transparencia es un peligro para su manera de interaccionar con otros. Los acaparadores transmiten que existen problemas que si salen a la luz con comunicación y transparencia van a tener consecuencias peores, una técnica basada en infundir miedo para evitarlo y perpetuar el control sobre la información haciendo que los demás colectivos participen de la creencia.

El impulso de las redes sociales internas que permitan a las personas conectar de manera informal, crear grupos e intercambiar información, al tiempo que potenciar una comunicación interna que comparta desde los canales formales con transparencia, será un enfoque importante. Existen otras acciones, como los Town Hall, en referencia a los ayuntamientos o lugares de reunión de la comunidad, en los que participa la dirección y se abren foros abiertos de diálogo con honestidad y en igualdad de comunicación, teniendo presente que los diferentes roles no lo son en responsabilidad o capacidad para tomar decisiones. Precisamente en esa heterogeneidad se produce la cercanía y la empatía, la comunicación desde el «nosotros» para que las decisiones estén más conectadas con la realidad y las necesidades.

El poder del humor

«No te tomes la vida demasiado en serio. No saldrás de ella con vida».

ELBERT HUBBAR

Esta cita la leía de uno de los referentes a quien sigo, Sergio de la Calle, quien ha escrito varios libros[47] acerca del humor en el trabajo y en el liderazgo. La diversión y la productividad parecen enemigos eternos, o al menos eso nos han hecho creer. También es cierto que tenemos un concepto amplio acerca de la diversión y que, al relacionarla con el ocio y el ámbito personal, su extrapolación al ámbito laboral nos hace tener una idea distorsionada de lo que podría ser la diversión en el trabajo. Así que partimos de una doble barrera inicial, un rechazo «histórico» a la diversión en este ámbito, el trabajo es obligación doble, porque lo necesitamos para vivir, porque hacemos lo que nos obligan a llevar a cabo, eso que genéricamente llamamos «tareas». Es posible que ahí tengamos un punto de partida, no asociamos el divertirnos con algo que realmente no quiero hacer y que nos sentimos obligados a ello.

En este tema no hablo de montar fiestas en el trabajo, sino de integrar la diversión en las maneras de trabajar y en la mentalidad. La diversión comienza con la actitud, con la alegría y con una mirada inclusiva hacia otros, al menos, una mirada curiosa.

---

47. Sergio de la Calle, 2020, *Lidera con sentido del humor,* 2021, *Divertirse trabajando,* 2024, *La risa asusta al miedo*

Y también continúa con dinámicas y estructuras en las interacciones y maneras de trabajar que hacen que forme parte de la experiencia que vivimos y de la cultura.

Hace años escuchaba a un directivo quejarse porque en las plantas de la oficina se notaba un ambiente gris por doquier. ¿Y por qué a un directivo le puede preocupar que se sienta diversión y alegría en el ambiente de trabajo? Porque cuando algo no te alegra, puede que no te motive o te consuma la motivación, y las personas no estén dando lo mejor de su capacidad. Seamos realistas, lo del «motivado se viene de casa», por sí solo, no es cierto.

Cuando existe un ambiente de alegría y diversión, es un indicador de alta probabilidad de motivación y buen ambiente de trabajo. Es habitual que el común denominador sea: ausencia de miedo, fomento de la admiración mutua, la conexión entre personas y trabajo en equipo, que las personas estén unas para otras, y sin olvidar el propósito, es decir, tener claro un para qué hacemos lo que hacemos.

Así que no, la diversión, cuando quieres que esté conectada con la productividad, no va de poner futbolines en la oficina, y cuidado, que no sobran, pero antes hemos de ocuparnos de las maneras de trabajar.

Hace unos años estuve asesorando a una entidad acerca de su equipo digital, lo tenían todo: un proyecto bonito y retador, unas oficinas fantásticas, un mini-campo de golf, áreas de descanso y conversación. La puesta en escena era la mejor. Sin embargo, llevaban meses de retraso en sus entregas, es decir, la nueva aplicación no llegaba. Lo primero que percibías al sentarte a trabajar en aquellas oficinas era que aquello parecía un bar un viernes por la tarde, pasaban buenos ratos, la productividad estaba en mínimos y ni siquiera se divertían, el nivel de desmotivación era alto.

¿Qué faltaba? Lo primero: propósito. Lo segundo: objetivos y plazos bien definidos. Lo tercero: una organización de equipos y colaboración con responsabilidades claras. ¿Por qué lo cuento? Porque sí he visto auténticas fiestas en la jornada laboral, y hunden la productividad, las propias personas te lo reconocen. La rotación era alta, trabajar en un aparente paraíso acababa siendo una tortura.

¿Cómo lograr el equilibrio? Pues integrando todo. Integrar la diversión en el trabajo es totalmente compatible con que haya funciones, responsabilidades, roles, plazos o *sprints*, etc. A veces la trampa que le ponemos a la agilidad es pensar que poner a un grupo de personas a trabajar en un entorno molón con *scrum* ya hace que funcione, y eso solo no es agilidad.

Añadamos un poco más de ciencia, ahora del siglo XXI, en su charla TED[48] : «¿Por qué los grandes líderes toman el humor seriamente?». La científica del comportamiento Jennifer Aaker y la estratega Naomi Bagdonas exponen, con base en su curso en Stanford, el poder del humor y su impacto positivo.

¿Cuánto nos reímos en una jornada laboral? Reírnos de verdad, bueno, y si te pregunto reírte a lágrima viva, ¿de eso que te meas de risa? Nada, no solemos llevar un recambio de la ropa interior al trabajo, así que no pasa mucho.

Jennifer y Naomi han analizado que, a medida que nos incorporamos al mundo laboral, dejamos de reír. El trabajo es una cosa seria.

Veamos algunos datos que comparten:

- Los líderes con sentido del humor en el trabajo son un 72 % más inspiradores para sus equipos, que están más cohesionados y son más creativos. Los equipos, me refiero.

- Cuando el humor se añade a un proceso de venta, los datos demuestran que el comprador tiene una mayor motivación y puede estar dispuesto a pagar un 20 % más.

- Cuando dos personas desconocidas se encuentran y sonríen, se sienten más cercanas, se abren más a compartir y a ser curiosos con la otra persona.

Cuando reímos liberamos endorfinas, que nos suben la energía vital, se reduce el cortisol asociado al estrés, aumenta la dopamina que nos hace sentir más cercanos y unidos a otras personas, todo un 3 en 1.

Bueno, hay una diferencia entre estar contando chistes toda la reunión y evadir la agenda, lo cual no es humor, es irresponsabilidad, frente a incluir comentarios que ayuden a reducir la tensión, mejoren el ambiente, y hacer sentir a las personas más cercanas sobre el tema del que se está hablando.

¿Es posible reír manteniendo el respeto? Esta es una regla básica. Acudir a la ironía acerca de otros, aunque no estén en la sala, no, no es un humor recomendable ni creará un ambiente sostenible a largo plazo. Reírnos de otros puede generar risas en el momento, algunas por amabilidad, por apoyo social, pero en el fondo genera desconfianza en el grupo de personas. Te propongo una reflexión: si alguna vez has estado en un grupo de personas que critican a otros, ¿has acabado pensando alguna vez «cuidado con lo que digo» o «aquí no puedo contar esto»? Pues a eso me refiero.

48. Jennifer Aaker and Naomi Bagdonas, 2022, *Why great leaders take humor seriously*, TED (https://www.ted.com/talks/jennifer_aaker_and_naomi_bagdonas_why_great_leaders_take_humor_seriously)

Como recomiendan Jennifer y Naomi, el primer paso está en la intención, es importante cambiar la intención de «¿esto me hará ser gracioso a mí?», porque desde ahí habrá una búsqueda desesperada por ser graciosos, y un riesgo de menor empatía, por la intención de «¿cómo hará sentir a los demás?». En resumen, humor con empatía y respeto.

¿Cuáles son las condiciones necesarias para que exista una diversión sana? Pues las bases de una cultura sana: confianza. Allí donde las personas sienten seguridad psicológica, confianza, se sienten escuchadas, sienten que no son juzgadas, reciben *feedback* de crecimiento, pueden participar, reciben una autonomía adecuada, etc. Y, volviendo a la curva de Yerkes y Dodson: que exista un nivel de exigencia sano, la persona sabe qué se espera de ella, el trabajo que ha de realizar tiene objetivos, entre otros. Un buen equilibrio entre organización, operación, carrera y liderazgo.

Con todo lo anterior, nuevamente, ¿se trata de tener una sonrisa adherida siempre a los labios como una mueca? En absoluto, a estas alturas espero haber podido explicar que la diversión comienza por un puesto de trabajo bien definido, por amabilidad y reconocimiento mutuos, por apoyarnos mutuamente y colaborar, por tener metas comunes. Por saber perdonar y por la empatía, añadiendo humor según el nivel de confianza, y en todos los foros y niveles, para que forme parte de la cultura y se reconozca. Y si a alguien no le apetece sonreír, pues que tampoco pase nada.

La diversión necesita de un terreno fértil para ser sana, en las culturas tóxicas no niego que haya risas, pero suelen ser más desahogos que siembran críticas y burlas, retroalimentando la cultura.

Entonces, ¿qué podemos hacer para que haya más diversión? Mi primera recomendación es que comiences a practicar el hábito de reírte de ti misma, de ti mismo. Sí, comienza por reírte de ti.

Reírnos de nosotros nos ayuda a ser más humildes y a trabajar el miedo de mostrarnos vulnerables ante los demás. Otras personas no te van a considerar mejor profesional por ser más serio, sino por los resultados que logras o por el criterio de tu discurso, o por cómo les ayudas. En resumen, el valor que aportas.

Una persona en una posición de liderazgo que sabe parar y pedir perdón, reconocer que se ha equivocado, es más creíble, genera mayor confianza. Quienes escurren sus errores y evitan pedir perdón no son percibidos mejores, sino falsos y poco creíbles

Así que ríete de ti, lo cual es muy diferente de que te conviertas en un chiste permanente, te minusvalores o permitas que otras personas te falten al respeto. Como Michael Scott en la serie *La oficina*.

En un comité de dirección, acercándose la Navidad, estábamos comentando las acciones planificadas y recuerdo que varias personas nos pusimos el gorro de papá Noel, a lo cual me sumé. No por hacerlo las acciones de Navidad perdieron importancia, de hecho, al contrario, la motivación crece cuando anclamos un buen recuerdo a una tarea por realizar.

Podemos profundizar acerca del impacto que tiene el reírnos de nosotros mismos o las acciones que se burlan de nosotros. En la tribu de los hadza utilizan la risa para gestionar el ego de los campeones y conciliar el agradecimiento por la caza con su inclusión como uno más en el grupo social. Uno de los mayores retos que nos encontramos en las culturas de las empresas es apaciguar los egos individualistas y con complejo de superioridad. Te cuento que en la sociedad hadza, existente actualmente en nuestro planeta, realizan una ceremonia en la que todo el grupo se ríe y mofa de quien ha realizado la mejor caza o recolección. Y esto es totalmente compatible con el agradecimiento por el esfuerzo y con el orgullo por contribuir al grupo, y con hacerlo por y para todos, con propósito, no por recibir estatus o un trato diferencial.

Recientemente el Wall Street Journal publicaba una noticia acerca del cómico Kelley James en la que describe cómo es contratado por CEOs de diferentes empresas para que, literalmente, se ría de ellos, y además en público delante de los empleados. Con una equivalencia con los hadzas, permitir que alguien se ría de nosotros en público nos ayuda a bajar a tierra, a sentirnos mortales como el resto, lo cual es una verdad absoluta. Desconozco si en alguna ocasión has tenido la oportunidad, o incluso la responsabilidad, de transmitir a un CEO una verdad incómoda, verdad por los datos que la respalden e incómoda porque cuestiona sus decisiones o el impacto de su liderazgo. Salvo que sea una persona con una alta madurez, autoestima y humildad, mi recomendación siempre será hacerlo en privado y evitar que se sienta expuesto. Los CEOs son personas y tienen miedos, igual que el resto de las personas, como cualquiera no dejan de activarse internamente junto con las estrategias de supervivencia asociadas. Traducir cualquier nivel de crítica en desconfianza hacia los demás y alimentar un diálogo interno en el que se ven ridículos a sí mismos o sabiendo que sus errores son conocidos, como en el cuento de Andersen del traje nuevo del emperador. Lo que el cuento no relataba es que lo más probable en un emperador o en un CEO es que, lejos de admitir la responsabilidad sobre las consecuencias, rueden cabezas posteriormente porque nadie supo verlo hasta que aquel niño lo verbalizó en el desfile, con el poderoso desnudo ante todos.

En este punto es posible que nos preguntemos si es adecuado soportar la crítica o la burla en público cuando hemos visto que John Gottman lo describía como un factor de destrucción de la comunicación y de las relaciones, incluidas las laborales. Y es cierto, la diferencia radica en que un contexto es que compañeros o responsables se burlen abiertamente de una persona, lo cual apunta hacia el acoso, un comportamiento tipificado y penalizado por ley, y otro contexto bien diferente es recibir una burla de manera intencional, en el marco de una ceremonia específica y de manera controlada. El problema de lo primero es que si se permiten las sátiras, críticas o ironías de manera indiscriminada, las personas podemos tender a caer en la crueldad y en una frecuencia desmedida, al tiempo que caer en el acoso. Lo segundo, solicitar una burla de manera deportiva o fomentarla es un acto de humildad ante el resto, un acto de creación de un «nosotros» en el que se bajan las barreras para tratar a un CEO u otro rol como una persona más, en igualdad, en vez de hacer valer su posición para ser tratados de manera diferente y privilegiada.

Visto lo anterior, podemos ampliar el concepto de diversión más allá de las risas, al igual que la felicidad es algo más que la alegría. Es posible que hacer el informe mensual sea una tortura... Ahora, imagínate que el día que lo vamos a presentar, una persona de Dirección dice: «No, no, mejor envíanoslo por correo, no sea que estemos superando los objetivos de ventas y tengamos que celebrarlo». Como todo, depende del nivel de confianza, el nivel de sorpresa, el contexto. La empatía es vital. También es cierto que añadir un: «Gracias por el informe, porque sabemos que os lleva muchas horas de trabajo y revisiones para que tengamos una gran calidad de datos y conclusiones», sería una frase que no divierte, pero alegra. El reconocimiento, cuando es sincero, genera motivación intrínseca.

Como podemos darnos cuenta, la diversión no solamente son chistes, también puede ser transmitir admiración y reconocimiento hacia otras personas. Digamos que hay una diversión más de efecto de choque, como pueden ser los chistes, y también otra más sutil y tranquila, como los reconocimientos o los *kudos*.

Como dicen las expertas Jennifer y Naomi, la diversión es una actitud; si todos los días practicas reírte de ti misma, de ti mismo, si pones intención, tendrás mayor atención sobre cómo dar un giro a cómo interactúas con otras personas, cómo enfocas una venta, los problemas o una reunión. La diversión es una capacidad que suma inteligencia emocional, de autogestión de nuestras propias emociones, introduciendo el humor y la alegría como herramientas que nos ayudan a gestionarnos mejor a nosotros mismos. La diversión y practicarla es una señal de una alta inteligencia.

Modelo de gobierno y People Analytics

«Lo que no se define no se puede medir. Lo que no se mide, no se puede mejorar. Lo que no se mejora, se degrada siempre».

WILLIAM THOMSON KELVIN (LORD KELVIN), FÍSICO Y MATEMÁTICO BRITÁNICO (1824-1907)

Al famoso científico Lord Kelvin no le falta razón en lo último, no pocos equipos o empresas arrancan con una cultura y a medida que pasa el tiempo, y sobre todo si crecen, la cultura se degrada o no escala con el tamaño de la empresa, se diluye. No pocos fundadores echan de menos el ambiente de los inicios y se preguntan resignados cómo podrían hacer para recuperarlo siendo más grandes en negocio o en plantilla de personas. La cultura se trabaja de manera intencional, de otra manera se degrada evolucionando hacia un Frankenstein indomable que refleja múltiples disfuncionalidades y que habitualmente se identifica como islas en las que dependiendo de los líderes y los miembros de los equipos se vive una experiencia u otra.

La cultura se mide de una manera tangible y existen indicadores que nos ayudan a identificarla y observar su evolución. Indicadores como el *engagement*, el eNPS, el absentismo, la rotación, la satisfacción o la productividad están cada vez más presentes en las organizaciones. Además, de manera segmentada, por lo cual cada responsable de equipo tiene sus valores de los indicadores. En mi experiencia, la cultura se interpreta a través de conversaciones y a partir de los datos. Si decimos que el eNPs de un equipo es de -20 y el de otro de +40, se hace evidente que en la actualidad uno y otro equipo viven experiencias que valoran de una manera diferente, pero poco más. Nuestro cerebro tiende a asumir y llenar los espacios con información inventada que obtiene de experiencias pasadas, sesgos y prejuicios varios, lo cual lleva a errores de análisis, en las conclusiones y en las acciones que se derivan. Es posible que el primer equipo venga de un eNPS de -80 y el otro de +80, la evolución y una posible tendencia en el comportamiento del indicador nos va a dar aún más información, pero todavía no entendemos lo que sucede.

People Analytics es la disciplina de la estadística y la ciencia de datos que nos va a ayudar a descubrir, interpretar y comunicar patrones significativos. También nos puede permitir aplicar estos patrones para ayudarnos en una toma de decisiones más efectiva. En el caso de los recursos humanos aplicamos People Analytics para describir, predecir y mejorar el rendimiento de los diferentes ámbitos de nuestra función, por ello podemos hablar de cuatro contextos de aplicación diferentes.

El primero es la analítica descriptiva, que organiza, presenta y describe un conjunto de datos con el propósito de facilitar el uso. Es la más conocida y habitualmente la realizamos en forma de tablas de datos o gráficas que ilustran los mismos. Asimismo podemos aplicar algunos cálculos que solíamos estudiar en secundaria o bachillerato, como medias, medianas, modas, frecuencias, rangos o similares. Un análisis descriptivo nos ayuda a analizar comportamientos, comparar evoluciones a lo largo del tiempo, detectar anomalías o incluso fortalezas o debilidad. Imagina una gráfica con *clusters* de conocimientos, podemos observar fortalezas en talento así como puntos a mejorar. Esta aplicación de la analítica aporta valor, aunque es limitada en una comprensión más profunda de lo que ocurre.

El segundo contexto es la analítica diagnóstica, que nos permite realizar un análisis de causas, correlaciones y pesos de las dimensiones en un resultado. Por ejemplo, en un dato de rotación nos puede ayudar a comprender las causas y cuáles tienen mayor peso o incidencia en su comportamiento. Su objetivo es determinar las razones subyacentes a lo que los datos exponen. El análisis diagnóstico da el siguiente paso de resumir lo que ocurrió en términos comprensibles. Investiga el porqué detrás de las tendencias, correlaciones y anomalías de los datos. Esto ayuda a RR. HH. a ver el panorama general de una situación y a centrarse en los factores que tienen el potencial de crear problemas.

En este segundo contexto, aunque también en el primero, podemos observar que las personas que participan saltan rápidamente a conclusiones a partir de los análisis de los datos. Esto desde mi punto de vista es un error. En mi experiencia el siguiente paso es crear equipo junto con los responsables afectados por los datos a analizar y establecer conversaciones que nos ayuden a conectar el contexto con el comportamiento de los datos y el análisis; desde mi punto de vista es en esta manera de trabajar cuando logramos auténticos hallazgos o *insights* más ricos. Adicionalmente, veo fundamental realizar entrevistas individuales o grupales de escucha que nos ayuden a contrastar y enriquecer aún más los hallazgos y los patrones identificados. En no pocas ocasiones he escuchado a científicos de datos en las reuniones de exposición de resultados lanzarse a sentenciar conclusiones sobre los equipos o las personas solamente a partir del análisis, sin conocer lo más mínimo del colectivo que analiza, lo cual es una auténtica osadía. Los datos explican una parte de la realidad, el ser humano y los equipos son tan complejos que es necesario contrastar y complementar y, en todo caso, que la toma de decisiones sea realizada por humanos que reflexionan y ponderan los resultados. El contexto y las conversaciones complementan y dan sentido a los datos.

El tercer contexto es la analítica predictiva que nos permite hacer proyecciones sobre el futuro; si las condiciones actuales se mantienen nos puede ayudar a anticiparnos. Es evidente que ayuda a los profesionales de personas a una mejor toma de decisiones, si bien está condicionado a que las condiciones del entorno e individuales permanezcan en el tiempo, una variación en las variables puede llevar a resultados radicalmente distintos. Es decir, predice el futuro si todo sigue igual. Esto lleva a la necesidad de análisis frecuentes que tengan en cuenta los cambios en el escenario analizado.

El cuarto contexto es la analítica prescriptiva, que sugiere opciones con base en escenarios y las implicaciones de cada uno de ellos. Es el contexto que entronca con la inteligencia artificial, los algoritmos y el *machine learning*, siendo una aproximación que requiere grandes volúmenes de datos. Al contrario que la analítica predictiva, esta capacidad prescriptiva permite responder a la pregunta «¿Qué ocurriría si...?».

Como podemos observar, las técnicas analíticas y la inteligencia artificial aumentan las capacidades humanas, además de superar nuestros sesgos o la inventiva de nuestro cerebro de suponer aquello que no conoce. Uno de los efectos que tiene es el de una gestión basada en datos con decisiones que se han contrastado de manera más objetiva y, junto con ello, hablar uno de los lenguajes más comunes en los negocios y las empresas: números. Al mismo tiempo, el mejor valor que podemos sumar los profesionales de recursos humanos es, precisamente, añadir la interpretación a las analíticas a partir de nuestra experiencia y las conversaciones con los colectivos analizados que validan lo cuantitativo y lo cualitativo con lo subjetivo.

Los datos y un modelo de gestión de estos, en el que los responsables de los equipos, e incluso los equipos mismos, tienen un acceso sencillo, les va a permitir gestionarlos basándose en los objetivos que determine la organización o ellos mismos. Medir nos permite poner objetivos y, por ende, comunicar desde el «lenguaje de la organización» cuál es la prioridad en materia de personas. Cuando diferentes indicadores, como he mencionado al principio, están en la agenda de los responsables, actualizados con frecuencia a lo largo del año, podrán gestionarlos y pasan a formar parte del modelo de gobierno de la organización. Como ya conocemos, el cumplimiento de objetivos puede tener consecuencias en la valoración y compensación de los responsables.

En mi experiencia es importante evitar las comparaciones habituales de las culturas heroicas, en las que siempre es necesario incrementar el resultado y que sea mejor que el del resto. Así se identifican los héroes, se crean las desigualdades, aunque sean falsas. Pongamos como ejemplo el indicador de la rotación. Un departamento es de contabilidad con una rotación de un 4 % y otro es de tecnología, con un 18 %. Volvemos a entender la necesidad de sumar el contexto a los datos. Podemos entender que en el primero la demanda del mercado es inferior y un dato bajo de rotación en ningún momento es síntoma de un mejor ambiente o experiencia que el departamento de tecnología. Sin embargo, cuando la mayor rotación del segundo se compara con análisis del talento tecnológico con rotaciones del 30 %, nos ayuda a entender que por encima de la presión de la alta demanda del mercado, estamos teniendo un resultado más positivo con 12 puntos porcentuales menos que el dato externo.

Por último, tras haber desarrollado la importancia del liderazgo en la cultura, en la incidencia en la experiencia de los equipos y el impacto de la madurez de los líderes, considero fundamental medir la calidad del liderazgo para contrastar la calidad de los resultados que obtiene o si ocurren de manera sostenible con las personas que lidera. Así, los líderes tendrán la oportunidad de hacerse responsables de su actitud, decisiones y comportamiento desde una visión de resultados más integral y holística.

Veamos algunos indicadores que podríamos medir para tener un indicador más completo acerca del liderazgo, que sumarían al cumplimiento de objetivos económicos y rentabilidad:

- OKRs: ¿en qué grado los resultados contribuyen al propósito?

- Corresponsabilidad desde el impulso de acciones hacia las personas, el entorno social y medio ambiente.

- *Feedback bottom-up* de los equipos que lidera.

- *Feedback* del ecosistema interno, el liderazgo cada vez más ocurre por influencia, activando la cooperación y la colaboración.

- *Feedback* del ecosistema externo. Ídem con los agentes externos, no es lo mismo construir relaciones de *partner* que gestionar proveedores.

- Indicadores de bienestar y salud de los equipos que lidera.

- Indicadores de diversidad, equidad e inclusión.

Cuando no se mide lo que transmitimos como organización es que da igual cómo se logren los resultados, no podremos pedir escalabilidad porque puede que las personas e incluso los inversores no depositen la confianza en nosotros, ni pidamos la sostenibilidad porque igual nuestra reputación está debilitada. Tampoco trivialicemos, solo quien se ha enfrentado a la decisión de decir que no a un negocio por valores y coherencia, sabe lo que significa.

El impacto de una cultura de excelencia y centrada en las personas

Una de las críticas más habituales sobre la humanización de las organizaciones es que se pierde foco en la productividad y en la excelencia, al dedicar tiempo en las agendas y recursos a acciones orientadas a las personas, como conversaciones, *feedback*, pausas activas o análisis de datos, se pierde el foco sobre el resultado y su calidad. Es una falacia, así de sencillo, fruto de la mentalidad acaparadora de más tareas, más tiempo trabajando, equivale a más y mejores resultados. Es, nuevamente, una perspectiva hacia las personas como recursos, a los que es importante extraerles todo lo que puedan aportar en una disociación entre el yo y mis objetivos, necesidades y ambiciones, y el «ellos, que están a mi servicio para lograrlo». Es frecuente en psicología escuchar cómo la disociación entre el yo y el ellos convierten al otro colectivo en objetos sobre los que ninguna empatía es necesaria y sobre los que toda acción es posible con tal de obtener lo que persigo. Con una amplia diferencia, por supuesto, es el mecanismo que necesita un soldado para matar o un torturador para llevar a cabo su trabajo; siendo contextos y dinámicas distintas, la disociación es un mecanismo peligroso bajo el cual los límites se pueden difuminar.

Desde un punto de vista científico, está ampliamente demostrado que el trabajo puede ser un factor de motivación y realización para una persona, de interacciones y experiencias a partir de las cuales se desarrolle profesional y personalmente. Ya en el año 1908 se enunció la ley psicológica de Yerkes y Dodson, que evidenciaba que un nivel de reto y estrés sano es estimulante y motivador, además de alcanzar la capacidad óptima de productividad en la persona. Esta ley muestra cómo un exceso en la carga de trabajo y el estrés sobre la persona no solo va reduciendo su productividad, sino que también le hace enfermar por ansiedad o incluso *burnout*. Son numerosas las investigaciones que sostienen que las pausas activas, la socialización, el aprendizaje o el desarrollo profesional derivan en una mayor productividad, participación, compromiso o fidelización. Yo al menos no he encontrado evidencias de que trabajar 80 o 120 horas a la semana sea sostenible y más productivo. Hasta el momento no he hallado publicaciones serias que respalden que tener a las personas trabajando en modo macrogranja sin parar, sin moverse y sin ver la luz del sol sea el método más efectivo de producción. Sin embargo, sigue siendo frecuente en numerosas organizaciones, y no es porque haya una validez científica ni probada, sino que sencillamente obedece a una mentalidad acaparadora que, para mitigar sus miedos de carencia o abrumamiento, hace que estas personas necesiten asegurarse para sí mismas riqueza, influencia y poder, escalar en la jerarquía para lograrlo con una base de competencia y desconfianza hacia todos los demás. Cualquier otro modelo les va a generar un estado de ansiedad relevante y no van a poder convivir con ello, por muy probada que esté su eficacia. Esta es la principal barrera que nos encontramos a la hora de humanizar o transformar culturalmente las organizaciones. ¿Recuerdas el estudio de Daniel Goleman que metieron en el cajón y lo cerraron con llave? Es un ejemplo más.

En febrero del año 2023 la consultora McKinsey publicó un artículo[49] en el que describe cómo un enfoque dual en desarrollar a las personas y una buena gestión de equipos lleva a las empresas que se enfocan en la excelencia a resultados a largo plazo diferenciales. El estudio analiza cuatro categorías de organizaciones. En la primera se encuentran las que están dirigidas por el rendimiento como eje que lo condiciona todo, tienen una visión clara desde arriba a abajo, objetivos orientados a la eficiencia, orientación al mercado y clientes, y un estilo de liderazgo empoderador y retador. El segundo podría verse como su antagónico, las organizaciones enfocadas en las personas, que cuidan a la plantilla, con formación y *coaching*, apoyo a la iniciativa personal y la participación o transparencia interna. La tercera incluye a las organizaciones dirigidas por el rendimiento y al mismo tiempo enfocadas en las personas, que agregan los factores de las anteriores además de trabajar el alineamien-

---

49. Anu Madgavkar, Bill Schaninger, Dana Maor, Olivia White, Sven Smit, Hamid Samandari, Lola Woetzel, Davis Carlin, Kanmani Chockalingam, February 2, 2023 | Report, *Performance through people: Transforming human capital into competitive advantage*, McKinsey Global Institute (https://www.mckinsey. com/mgi/our-research/performance-through-people-transforming-human-capital-into-competitive-advantage)

to individual y grupal con la visión, con modelos transversales de colaboración e innovación que rompen los silos para ser más holísticas, y crean entornos inclusivos con seguridad psicológica y confianza. El cuarto grupo son el resto de las organizaciones promedio a modo de grupo de control que no se encuadran especialmente en ninguno de los anteriores.

Los resultados de su investigación son muy relevantes, contradiciendo la mentalidad de los acaparadores y demostrando que existen sinergias con un impacto muy diferencial entre la humanización de las organizaciones y el rendimiento y la productividad. A nivel de tamaño, aquellas focalizadas en las personas y el rendimiento logran un factor de 1.1, mientras que aquellas que solamente se dirigen por su rendimiento llegan al 0.4. Es decir, la respuesta a cómo podemos lograr escalar en resultados e impacto está en personas y equipos con una experiencia de empleado y una cultura humana, al tiempo que conectados y dirigidos hacia el rendimiento óptimo. En cuanto a la rentabilidad, ambos colectivos de organizaciones coinciden en un factor de 28, lo cual podría hacernos pensar que empatan, pero cuando llevamos la rentabilidad a las empresas que se vuelcan en rendimiento y personas con un crecimiento de casi el triple, nos lleva a entender que en términos cuantitativos la rentabilidad es mayor.

Pero ahora analicemos otro de los resultados que mejor evidencian el valor de la humanización de las organizaciones, además de los resultados y la rentabilidad. Es evidente que a nivel global e incluso por sectores vivimos un contexto de incertidumbre y con sucesivos escenarios de condiciones adversas. Podríamos resumirlo en que en la planificación estratégica suelen darse los escenarios más pesimistas y en pocas ocasiones los más abundantes y favorables. Esto nos lleva a preguntarnos por la resiliencia de las organizaciones, que en el estudio de McKinsey miden como crecimiento de los ingresos durante la crisis, en este caso se refiere a la pandemia. Las organizaciones enfocadas en las personas y el rendimiento obtenían un factor de ocho, mientras que las que solo se enfocan en el rendimiento obtenían la mitad, un cuatro. Lo que tampoco sorprende es que aquellas que se enfocan en las personas sin hacerlo especialmente en el rendimiento obtenían un factor de 6, un 50 % superior a las que se enfocan solo en el rendimiento.

Son las personas quienes reman y hacen crecer las organizaciones más aún en momentos de crisis; son las personas las que hacen que las organizaciones superen de manera positiva las adversidades internas o externas; son las personas las que hacen crecer a las organizaciones cuando se les cuida y se les dirige hacia un objetivo común, de manera colaborativa, rompiendo silos, favoreciendo la participación y la transparencia. Es decir, las organizaciones que contienen la mentalidad y las prácticas de los acaparadores para que se favorezcan los equilibradores y los contribuidores, con foco en la experiencia de empleado y compartiendo objetivos y propósito, aportan resultados diferenciales respecto de aquellas en las que solamente los resultados es lo importante y lo demás está a su servicio, lo cual se corresponde con una mentalidad acaparadora y con una ejecución extractiva que erosiona, descarta talento y necesita reponer al ritmo que destruye.

También se hace evidente que las organizaciones con mentalidad y cultura acaparadora, con dinámicas apoyadas en el miedo, funcionan. Es importante evitar caer en la falacia de asegurar lo contrario. Claro que funcionan, desde hace milenios se viene demostrando que el miedo individual y las dinámicas que se dan en las relaciones humanas como consecuencia llevan a grupos de personas a dar un resultado. Lo que demuestran las evidencias es que las organizaciones que vencen el miedo, fomentan la confianza, la colaboración y la participación, la transparencia, que favorecen los comportamientos propios de personas que aman más allá de sus miedos, funcionan de manera diferencial respecto de las anteriores. Aunque las organizaciones extractivas funcionan, ocultan un coste de oportunidad respecto de las humanizadas.

Una estrategia de bienestar es compatible con la orientación a la excelencia y, de hecho, se suman una a otra, en la que el desarrollo y el florecimiento aportan valor al negocio y a las personas, donde la diversidad, la equidad y la inclusión forman parte de la estrategia interna como clave para una experiencia humana en bienestar, con seguridad psicológica como marco mental de trabajo, y las personas no necesitan impostarse para ser ellas mismas dentro del contexto de unas normas sociales de convivencia.

La sostenibilidad interna y su impacto en la sociedad

Desde una mentalidad acaparadora, fundamentada en el miedo de proveerse y sin equilibrio en proveer o aportar a las personas que trabajan para ello, se plantean jornadas de 12 o 14 horas, porque nada es suficiente para obtener lo que los acaparadores necesitan. En este contexto el talento sénior está descartado, ni mental ni físicamente hay cuerpo que lo aguante, no solo por la cantidad de horas y trabajo sino también por la ausencia de sueño, el alto estrés, presión y las condiciones mentales para ello. En la actualidad, la ausencia de sostenibilidad de un modelo que quema personas para reemplazar tiene como consecuencia que las generaciones Millennial y Z, de su experiencia digital y con las redes es que saben que tienen la capacidad de elegir, y eligen no vivir jornadas eternas. No se lo plantean: elegir forma parte de sus dinámicas. También saben que pueden comparar, preguntar, piden transparencia para elegir. Como han visto a sus mayores quemarse y enfermar mental o físicamente, tienen claro lo que no quieren. No es que falte talento, es que el talento elige.

Cuando vemos a la organización como una caldera que queremos que produzca al máximo, claro que nos interesa la calidad de la leña que entra, pero también que dure todo lo posible. Lo que nadie se pregunta cuando tienes esta perspectiva acaparadora es cómo saldrá esa leña de la caldera. Se asume que saldrá peor que como entró, o sencillamente como cenizas. La leña son las personas y su talento. Pero cuando ves un «ellos», no importa. En estas mentalidades, la selección es importante y la tolerancia al estrés es crítica para que la leña, la persona, dure más.

Mientras los dedos apuntan a las generaciones y mientras nadie acaba de dar una explicación clara sobre el edadismo, porque de manera objetiva no la tiene, es posible que todo comience a cambiar cuando en vez de leña veamos personas, cuando en vez de gestionar calderas evolucionemos a modelos productivos más sostenibles con las personas. ¿Es necesaria más madera o cambiar la caldera por modelos más sostenibles?

La sostenibilidad interna pasa por cómo dejar de quemar talento en la caldera para transicionar a un modelo productivo y de liderazgo con experiencias laborales que desarrollen profesionalmente, en motivación y en bienestar, que den a las personas resultados más positivos a los que estas esperaban obtener cuando entraron.

EPÍLOGO

La investigación recogida en este libro, si bien se basa en la experiencia acumulada durante más de veinte años desde diferentes roles, en los últimos años en cultura organizacional y talento, no deja de ofrecer un marco de referencia. Ninguna organización es igual a otra, es necesario realizar un ejercicio de adaptación en función de la visión de cada una, probar, corregir y avanzar, incluso dejando iniciativas por el camino que no han funcionado y, ante todo, sincronizar las acciones entre las líneas de trabajo individual, a nivel de equipo, en el liderazgo y a nivel organizacional, para que los individuos encuentren un contexto que les impulse y les encuentre en la cultura que deseamos, al tiempo que las políticas y una organización que apoya a los individuos, a los equipos y la relación entre los mismos, así como roles de liderazgo que se vean amparados en la misión que se les pide.

La intención del libro es ganar claridad acerca de aquello que es irrenunciable para la humanización de las organizaciones, al tiempo que dar ideas de las diferentes líneas de acción para avanzar en ello. También establece líneas rojas claras ante las cuales es importante ser firmes y claros.

El reto de ser más competitivos y sostenibles está servido. La respuesta es que la sostenibilidad hacia las personas nos hace más competitivos. Ante la resignación existen opciones y acciones; la perseverancia y la valentía serán fundamentales. Como hemos podido entender, existen parásitos que ante nuestro descuido extraerán todo lo posible, esquilmando la cultura y el valor. Por supuesto que seguirá funcionando, solo que, en vez de generando valor, consumiendo cada vez más recursos para poder dar resultados, un enfoque ineficiente e insostenible con las personas y con el entorno.